纪念范用先生诞辰一百周年

范用：为书籍的一生

汪家明

生活·讀書·新知 三联书店

图书在版编目（CIP）数据

范用：为书籍的一生 / 汪家明编著． —北京：生活·读书·新知三联书店，2023.7
ISBN 978-7-108-06437-0

Ⅰ．①范…　Ⅱ．①汪…　Ⅲ．①范用－传记
Ⅳ．① K825.4

中国国家版本馆 CIP 数据核字 (2023) 第 046168 号

责任编辑　王　竞　张静芳
装帧设计　宁成春
责任校对　张　睿
责任印制　张雅丽
出版发行　生活·讀書·新知 三联书店
　　　　　（北京市东城区美术馆东街 22 号　100010）
网　　址　www.sdxjpc.com
经　　销　新华书店
印　　刷　天津图文方嘉印刷有限公司
版　　次　2023 年 7 月北京第 1 版
　　　　　2023 年 7 月北京第 1 次印刷
开　　本　880 毫米 × 1230 毫米　1/32　印张 14
字　　数　280 千字　图 214 幅
印　　数　0,001 - 5,000 册
定　　价　59.00 元
（印装查询：01064002715；邮购查询：01084010542）

目　录

写在前面 / 1

第一章　时光 / 9

最初的梦 / 10

父亲和外婆 / 17

老　师 / 20

买书结缘 / 27

进了读书生活出版社 / 31

在重庆和桂林 / 45

迎接上海解放 / 61

《文萃》烈士 / 70

来到北平 / 75

第二章　书时光 / 83

"三联书店编辑部" / 84

《蒋介石言论集》和"灰皮书" / 92

《为书籍的一生》/ 99

咸宁批判 / 109

《寥寥集》——新的消息 / 113

从《新华文萃》

　　到《新华文摘》/ 122

《读书》杂志的

　　创办与影响 / 129

《西行漫记》与《"我热爱

　　中国"》/ 148

"多出些友好人士的

　　小册子" / 160

《傅雷家书》及其他 / 166

《干校六记》/ 185

"书话书"出版的推动者 / 190

发掘老版书的乐趣 / 201

杂文系列 / 208

《随想录》/ 214

第三章 朋友时光 / 221

书友田家英 / 222

六十年的老友

    ——戈宝权 / 226

师恩难忘——陈白尘 / 233

衡宇相望——李一氓 / 246

王老和启老 / 253

《编辑忆旧》——赵家璧 / 263

海内存知己

    ——杜渐和罗孚 / 269

漫画之大情人也 / 285

美妙插曲

    ——《逝去的童年》/ 299

自得其乐

    ——叶至善、张允和 / 309

范式贺年片 / 318

出版同行的来信 / 323

相约在书店 / 330

第四章 最后的书时光 / 341

"书痴" / 342

我爱穆源 / 355

泥土 脚印 / 365

爱看书的广告 / 371

郑超麟及其回忆录 / 375

《叶雨书衣》/ 382

《存牍辑览》/ 397

附 录 / 405

我这个人（范用）/ 406

出版工作之外的

    父亲（范又）/ 411

范用编辑出版大事年表 / 419

参考文献 / 425

文末小记 / 427

写在前面

2008 年秋天，三联书店举办了"范用先生与三联书店七十年"的活动，做了一个展览，出了一本小册子，重新编辑出版了范用的三本著作。那时，范用刚出医院回家，整日躺在床上，也不太说话了。做展览和出小册子，需要一些他自己的资料，但不能跟他明说是为了做这样一个活动，因为他肯定会一口拒绝。我们编了一个冠冕堂皇的理由，说给他，他答应给我们找，但又说："等我有空再找。"我们觉得，他明明每天躺在床上，"空"多得很，怎么还说等有空？

其实，从那次进医院，他的身体已经极度虚弱，几乎没有气力做任何事情，精神也很萎靡，也就是翻翻书、看看编辑出版史方面的杂志。有时候心血来潮，写几个字的信，托朋友买书。他从此再也没有出门，直到 2010 年 6 月 2 日又一次去医院，再也没有回家，与他珍爱了一辈子的满屋的书，彻底告别了。

7 月中旬，人民出版社的副总编辑吴道弘等人去医院看望范用，当呼唤他的名字时，他睁开眼，一一叫出来人的名字，并问吴道弘："刊物还在搞吗？"吴道弘明白是问《出版史料》，忙点头说："还在编《出版史料》。"并递给他一份《出版发行研究》上介绍范用的文章剪报。范用很快用右手接过去，看了看，就往自己枕头底下一塞，说："是给我的吧！"这情景让吴道弘似乎又看到了快节奏的那个范用。这大概是范用最后清醒的时刻。

2010年9月14日17时40分，范用先生因肺功能衰竭于协和医院逝世，享年八十七岁。二十多年前体检医生怀疑他得了胰腺癌，他曾写下遗言，这份遗言就成为他最后的嘱托——

人民出版社：

偶见本社正在拟订离退休干部后事料理办法，想到老人每有猝然发病不辞而别，特将自己的后事安排预告如下：

一、本人与家属对组织无任何要求，子女早已自立，老妻有退休金可领，不虞衣食，只请协助接洽火化，并取回骨灰交付家属收存。

二、我自拟讣闻，请用稍微好一点的纸张铅印一二百份，并请按照我留下的名单寄发。务请不要印发任何行述。我是一名普通工作人员，一生所作所为不足道，何况还说过不少错话，办了不少蠢事。生于今世，很难有人能够逃脱这种历史的嘲弄，绝非一篇行述清算得了。讳过饰非，不是实事求是的态度。

三、日后若搬家，请借用汽车，免不了还有其它一些麻烦事，统请关照，为托。

致

诚挚的敬礼！

范用

1989年2月1日

他还预先代儿女拟了讣闻——

家父范用（鹤镛）于　月　日　时　分辞世。遵从他的嘱咐，不追悼，不去八宝山，遗体捐供医用。他留下的话："匆匆过客，终成归人。在人生途中，若没有亲人和师友给予温暖，将会多寂寞，甚至丧失勇气。感谢你们，拥抱你们！"

范用去世仅四天，9月18日，三联书店、人民出版社和中国出版集团联合举办了"范用先生追思会"，中宣部、新闻出版总署、中国出版集团、三联书店和人民出版社领导，以及知识文化界代表、出版界新老同志等一百多人参加了追思会。会上宣读了时任中宣部部长刘云山的唁电，其中说："范用先生是当代著名编辑家、出版家，为新中国出版事业做出杰出贡献。先生视书籍为生命，视作者、读者为亲人，堪为文化界、出版界大家，新闻出版人的楷模。"时任国家新闻出版总署署长柳斌杰在现场发言中说："范用先生有强烈的历史责任感和文化使命感，只要他认为对历史、对文化、对社会有重要价值的书，他就是冲破一切阻力也要出版，由此才有了中国出版史上一些传世之作。"九十多岁的老出版人曾彦修和三联书店老同志曹健飞、仲秋元都发了言。曹健飞身材高大，但腿有疾，是坐轮椅来的，可是发言时他坚持站着，一边说一边流泪……整个追思会的气氛是发自肺腑的、深情的，也是朴素的、肃穆的，大家实在太爱范用了，因而对他的离去也就太难以接受了！

范用是一位职业出版家，一个纯粹的爱书人。他是真正热爱书籍才投身出版这一行的。所谓职业出版家，就像邹韬奋、张元济、陆费逵，像俄国的绥青、美国兰登书屋的瑟夫、日本岩波书店的岩波茂雄，他们终生和书生活在一起，与书同甘共苦，为一本又一本好书的出版和传播竭尽心智，忘记其他。书，对于他而言，就是生活，就是生命。所以，20世纪60年代初翻译出版绥青传记时，范用就建议书名为《为书籍的一生》，这是他自己心灵的写照。所谓纯粹的爱书人，就是全方位地热爱书籍，没有任何附加条件，把书看作有生命的整体，无论是内容、开本、纸张、封面、扉页、书眉、页码、字体字号、行距字距，甚至封底、勒口的内容简介和新书预告，都不能凑合。范用说："我最大的乐趣就是把人家的稿子编成一本很漂亮的书，封面也很漂亮。"常人无法想象范用拿到一本里外都美的好书时的快乐心情，恨不得晚上睡觉也搂着。他自小喜欢艺术，十三岁时用省下的饭钱买了四本一套由鲁迅、郁达夫等编印的《麦绥莱勒木刻连环画》，至死保存如新；他家里的书很多，把几个房间的书架都压弯了，可是与他谈起一本书的内容，他起身快步走到里屋，立刻就把那本书取来了，哗哗哗翻动书页，刹那间找到了谈论的地方。这些细节是许多与他相熟的人都亲见的。对一本值得重印的好书，他甚至不管能否联系到作者，也不管作者是何许人也，总是说"先印吧，先印吧"。说实在的，他脑子里根本没有比一本好书立刻出版交到读者手里更重要的事情了。

范用是一个特别要好的人，包括穿戴和做派。对所珍爱的书，他更是讲究，讲究用纸，讲究装帧设计。讲究并不是豪奢，正相反，他讲究内容和形式的融洽，讲究书的书卷气，讲究朴素高雅，讲究手感和亲切感。从1938年进入读书生活出版社起，他就开始设计图书，直到晚年，成为真正继承并发展了鲁迅时代装帧设计风格的书装艺术家，影响了三联书店几十年来的设计风格，也影响了中国书籍设计界。由于对书的挚爱，他还策划了《西谛书话》《晦庵书话》等一批书话书，编辑了《爱看书的广告》《买书琐记》《叶雨书衣自选集》等有关书的书。

范用又是一位一生追求真理、敢于坚持真理的编辑家。在这一点上，更多可以看出经过20世纪三四十年代的腥风血雨，在邹韬奋、李公朴等老一代三联创办人和革命烈士的影响下所形成的，为抗日救亡和传播进步文化而勇于牺牲的无畏精神。1979年与陈翰伯、陈原等创办《读书》杂志，发表文章《读书无禁区》；《傅雷家书》、《牛棚日记》、《随想录》全本、《为人道主义辩护》等书的出版，都具有开创性的意义，对"文革"后解放思想和文化启蒙起到了巨大的作用。这些都是大家耳熟能详的。范用在20世纪80年代初还策划出版了《聂绀弩杂文集》《胡风杂文集》《高尔基政论杂文集》《我热爱中国》《凋谢的花朵》等一批思想性、开放性很强的书。杨绛的《干校六记》，也是经范用介绍到香港的杂志发表，后来又力争在内地出版，为此他写了观点鲜明的审稿意见。在这篇审稿意见的最后，他写道："我曾设想三联可以出版一些纪实的作品。这类作品，并非历史，但是当事者的实录，也可看作'历史的证言'或'历史的侧记'……"这段话突出显示了一位出版家的深谋远虑。这套书后来出版了十多种，产生了广泛影响。同一类型的书，已经成为三联书店至今的传统和品牌。

范用为人的最大特点是真诚和赤子之心。他喜欢交朋友，可以说朋友遍天下。夏衍先生说：范用哪里是在开书店啊，他是在交朋友。也有人说，上世纪80年代整个文化界的著名人士都是范用的朋友。许多朋友的杰作都是他促成的，以至于好多作者众口一词：没有范用，就没有我的这本书！他为这些文化人出书，组织一次次的聚会，为了书的事情和他们频繁通信。他把这些内容充实、字迹漂亮的信一封封贴到自制的牛皮纸本子上，足足有一千八百多封，五十多本！在每一本的封面写着来信人的名字：茅盾、冰心、叶圣陶、巴金、曹禺、夏衍、钱锺书和杨绛、吴祖光和新凤霞、黄苗子和郁风、王世襄、费孝通、黎澍、萧乾、冯亦代、卞之琳、戈宝权、唐弢、黄裳、汪曾祺、叶至善、叶浅予、丁聪……他为有很多好朋友而开心，晚年又因为一个个老朋友相继离世而心伤。他的伤心是那样发自肺腑，让别人看了都不忍心……他花了五六年的时间，把朋友们的三百多封信抄下来，编辑了一本《存牍辑览》，连封面都设计好了，可惜没等到这本书出版，就去世了。

仔细想想，范用对三联书店的意义在某些方面是清楚明了的。比如，他是唯一一位从1938年起直至离休都没有离开三联书店、没有离开出版第一线的出版人。是他，全面承继了老三联的珍贵传统，又从各个方面开创了新三联的独特风格和境界。在三联书店的历史上，他是承前启后的关键人物，"是邹韬奋以后三联书店影响最为深远的一位领导人"（中国出版集团原党组书记王涛语）。只有通过他，今天的三联人才能直接汲取到邹韬奋、胡愈之、徐伯昕、李公朴、艾思奇、柳湜、黄洛峰、钱俊瑞、华应申、徐雪寒等先贤的骨气和文气；只有通过他瘦弱而极富生命力的形象，我们才不断感受到那一代叱咤风云的出版人的神采。三联书店原总经理董秀玉说得好：

范先生不善言辞，但他快乐开朗，是个扎扎实实勇往直前的行动派。他做的全部事业，他对文化的坚守与坚持，对出版的执着与认真，他的人品与思想，他生活中的一点一滴，都让我们看着、感受着和学习着。他让我们懂得，怎样才是一个真正的编辑，一个合格的出版人。

范先生倔强、固执，有时还有点怪脾气，但他真实、真诚、至情至性，为书籍无求无悔奉献一生，对读者、作者亲切细致全心全意。他是一个难得的纯粹的出版人。

范用先生是三联书店的文化灵魂……

童年，是梦中的真，是真中的梦，是回忆时含泪的微笑。

——冰　心

愿化作泥土，留在先行者的温暖的脚印里。

——巴　金

1936 年底，我在读书生活出版社出版的柳湜先生主编的《大家看》杂志封面看到韬奋先生的手书题词："一面工作，一面读书——与现实联系起来的读书——这是大家努力求进步的重要途径，这个途径是大家应享的权利，也是大家应尽的义务。"这句话，可以说影响了我一生，成为我的忠实信条。

——范　用

最初的梦

1923年7月18日，范用出生于江苏镇江。是个三伏天，天很炎热，因此父亲给他起了个乳名："伏星"，有时写为"福星""福鑫"。

镇江在长江下游，民国最初那些年，算得上是个像样的城市，是有名的水陆码头。从那里坐火车，可以东到上海，西到南京。江里来往的，有大轮船、小火轮，更多的是大大小小的帆船。

城里有条河通往长江，河上有桥。跟河道平行的，是条街，两边全是店铺。挨着河的房屋，从窗户可以往河里倒脏水，倒烂菜叶子，因此河水总是脏兮兮的，有时还漂浮着死猫，一到夏天，便散发出一股味道。可是到了夜晚，住在这条街上的人，热得睡不着，还是愿意到桥上乘凉，聊天。

桥叫"洋浮桥"。北伐以前，往东不远是租界，大概桥的式样不同于老式的，所以有了这么个名字。

范用家就在这条街上，离洋浮桥不远。家里只有四口人：外婆、爸爸、妈妈和范用。有个姐姐，很小就死掉了。外婆原先在洋浮桥边开豆腐坊，挣了钱，开起百货店，她是老板，爸爸当经理。

范用六岁开蒙，上私塾。那是个家塾。那家人家是开酱园店的，家里有四五个孩子，请了个先生在家里教学。范用家原籍宁波镇海，跟那家人是同乡，于是他也进了家塾，陪公子念书。老师给他起了个学名，叫"范鹤镛"。这名字意思不错，但笔画太多，写起来很难，总出格，擦了再写，还是出格，急得他直掉泪。去刻图章还要多收钱。他吃了这个名字不少苦头，到十四岁终于下决心，从"镛"字里取出一个部件，改名"范用"，使用至今。

在私塾念的书，先是《百家姓》《三字经》，然后念《论语》。先生不讲，光叫念，背熟了就是。先生桌子上有把厚厚的戒尺，但从来没有用来打过学生的手心。有时用它在桌上拍一下，说一声："念书！"于是大家摇头晃脑："子曰！子曰！"

先生教他们做对子。先生说："下雨。"他说："天热。"先生说："路滑。"他说："汗臭。"先生说："行人少。"他说："蚊子多。"先生觉得不俗，捻着胡须夸奖："范鹤镛孺子可教。"

范用下学后不喜欢在自家的百货店里玩，因为里面成天就是"的的得得"打算盘声，还有买东西的人讨价还价，很无聊。开蒙认了字，他拿红纸裁成一小块一小块，用毛笔写上"人""天""大""小"……认一个字写一张，写了一摞。后来从书局买来成盒的方块字，彩色印的，背面有画儿，好看，他很喜欢。他把红纸做的方块字送给了邻居家的小女孩儿牙宝。大人开玩笑说牙宝长大了做他的堂客（老婆），他不稀罕。

范用家里只有他一个孩子，邻居除了牙宝，没什么人一起玩，他很寂寞。他觉得最有意思的去处，是家对门的一家小印刷铺。铺子不大，有两部印刷机，一部大的，一部小的，大的叫"对开架子"，小的叫"圆盘"（这是他后来到汉口进出版社当练习生跑印刷厂才知道的）。

印刷机就放在店堂里，在街上看得见，常有过路的乡下人站在门口看机器印东西，看得发呆。圆盘转动的时候会发出清脆的响声："kelanglanglang，kelanglanglang"，蛮好听。三伏天时，狗都不想动，街上静悄悄，只听见印刷机的声音。

范用每天下了学都到印刷铺子里玩，看一张张白纸，从机器这头吃进去，那头吐出来，上面就印满了字。看工人用刮刀在圆盘上调油墨，绿的跟黄的掺在一起，变成草绿色，红的跟白的掺在一起，变成粉红色。他很想调调，当然人家不许，碰都不许碰。

印刷铺有个小排字间，五六个字架，一张案桌。排字工人左手拿个狭长的铜盘，夹张稿子，右手从字架上拣字，他们叫"撮毛坯"。奇怪的是，工人不看字架，好像手指有眼睛，能够找到字，而且拣得飞快。问他拿错了怎么办，他说"不关我的事"。原来，另外有个戴眼镜的老师傅专门对字。

印刷铺的地上丢着印坏的纸片，上面有画儿的，他就捡几张带回家。也捡用红纸绿纸印的电影说明书。他认不得那么多的字，捡了再送给别人，觉得自己很有面子。

他还捡掉在地上的铅字。若捡到拼花边用的五角星啊，小花儿啊，更开心。这不算偷，排字工人让他捡，不在乎这几个铅字。排字工人还从字架上拣了"伏星"两个头号铅字送他。他把捡来的铅字和花边拼起来，用线扎好，在店里的印泥缸里蘸上印泥，盖在一张张纸上，然后送人。尽管拼不成一句话，却是自己印的。别人收下后，也许看一眼就扔了，也许在家里放几天。纸上印了东西，总算是一个东西。

他把印有"伏星"两个字的纸片贴在墙上，东一张，西一张，到处是伏星，好像仁丹广告，自己看了得意。

这条街上还有家石印铺，他也常去玩。石印铺印的是各种广告、京戏院的戏单等，字很大。他看老师傅怎样把稿子上的字弄到石头上，还用毛笔细细描改，但怎么也弄不明白为什么石头是平面的，不像铅字，可是用油墨滚一下也能印出字和图案来，很奇怪。

那时候，傍晚街上有唱新闻的，边唱边卖："小小无锡景啊，唱把那诸公听……"唱词也是用颜色纸石印的，很便宜，他买了不少张，攒起来借给人看。

还有一种石印的小唱本，叫作七字语（其实就是弹词），唱本封面上有图画，画的是花前月下、公子小姐。两三个铜板一本，范用买不起，但可以在石印铺里看没装订起来的。

字认多了，范用可以看书了，看的第一本书，是在家里阁楼上放杂物的网篮里找到的《新学制国文》第一册，爸爸念过的课本，油光纸印刷，线装，有字有图。第一课的课文是："夕阳西下，炊烟四起，三五童子，放学归来。"画上远处有两间小茅屋，烟囱在冒烟，还有柳树、飞鸟，两个背着书包的学童，走在田埂上，水田里有头拉犁的牛。这本课本，他看了好多遍，有的课文都背得出来。

范用八岁那年，不再上私塾，改上学堂，从此，看的书就多了，除了印得很好看的课本，还在图书室里看到《小朋友》

《儿童世界》《新少年》这些杂志，还有彩色的呢！他知道书是怎么印出来的。

打这个时候起，范用成了不折不扣的书迷。他觉得好似一下子有了无数新奇的朋友，觉得没有比书更可爱的东西了。

十岁那年，"一·二八"日本军队在上海开仗。那时候，中国人连小孩子都晓得要抗日，打东洋鬼子。范用知道"五三惨案"，日本人在山东杀了蔡公时，挖掉他的眼睛；知道日本人占了东三省，像大桑叶的地图从此缺了一大块。上海打仗，人人都关心十九路军打得怎样了。每天下午三四点钟，街上叫卖号外，他把人家看过不要的号外讨来，用小张纸把号外的大标题抄写五六份。号外尽是好消息："歼敌三百""我军固守"……他把自己编的抄的号外送给想看号外又想省两个铜板的人（两个铜板可以买个烧饼）——像茶水炉（上海叫老虎灶）的老师傅、剃头店老板、救火会看门的、刻字铺先生，都是这条街上的。他们拿到范用送给的"号外"挺高兴。

妈妈又生气又好笑，说："这小伢子送号外，晚饭都不想吃了。"她不知道范用抄号外要多长时间，抄错了还要重写。

小学五六年级，他编了一份叫作《大家看》的手抄刊物，材料来自邹韬奋编的《生活星期刊》中《据说》专栏和《新少年》杂志《少年阅报室》专栏。比如，停在镇江的日本军舰的水兵时常登陆"游览"拍照，画地图，警察不仅不敢得罪，不干涉，还要保护，真是岂有此理！又比如，湖北有个地方，穷人卖儿卖女，两三岁的男孩，三块钱一个；七八岁的女孩，顶高的价钱是六块钱；十五六岁以上"看货论价"。他要让小朋

在镇江故居老屋前

友们知道有这样丢人的事情，这样悲惨的事情。

《大家看》每期还抄一首陶行知作的诗歌，像："小孩，小孩，小孩来！几文钱，擦双皮鞋？喊一个小孩，六个小孩来，把一双脚儿围住，抢着擦皮鞋。"谁读了心里都很难过，都会想一想为什么。他的同学，就有家里很穷的，说不定将来也要擦皮鞋。

范用还是个漫画迷，办了个漫画"刊物"《我们的漫画》——买张图画纸，裁成课本那样大小，用铁丝骑马订，从画报或其他报刊选一些漫画，描在纸页上。有的原来是黑白线条，他用蜡笔、水彩、粉画笔着上颜色，更加好看。"刊物"在同学之间传阅，大家都说"滑稽得很""好看得很"。范用和同学们还不懂得什么叫讽刺，只是觉得夸张的形象有趣。他最爱看黄尧画的《牛鼻子》。

这本手工漫画"刊物"一共"出版"了九期，最后一期是在"八·一三"以后出的，封面是"蒋委员长"的漫画头像。那时蒋是领导抗战的。这件事，1949年后范用从来没有坦白交代。如果让人知道，那还了得！画得不错，给蒋介石戴上德国式的钢盔，是模仿漫画家胡考的手笔。

还有就是暑假期间，请老师讲文学作品，他跟几个同学刻钢板，油印"活叶文选"。印过夏衍的《包身工》、高尔基的《海燕》、周作人的《小河》、朱自清的《荷塘月色》等。

那时候，书店里卖《开明活叶文选》，很便宜，很受欢迎。他们是仿照着做。

就这样，从十岁开始，他异想天开，抄抄摘摘，办起了"出版"，自得其乐，其乐无穷。

不幸的是，小学快毕业，爸爸死了，外婆和妈妈没有钱供他继续升学，打算送他到一家宁波同乡开的银楼学手艺。他要求当印刷徒工，因为看了《新少年》杂志登的茅盾的小说《少年印刷工》，那个叫元生的，姑父劝他去当印刷工，说排字这一种职业，刚好需要读过小学的人去做，而且到底是接近书本子，从前学的那一点，也不至于抛荒。一本书，先要排成了版然后再印，排字工人可以说是最先读到那部书的人。当印刷工人，一面学习生活技能，一面又可以满足求知欲。还说，说不定将来也开一个印刷铺。元生听了以后，晚上做了一个梦，但不是开印刷铺子，而是坐在印刷机旁边读了许多书。

范用也想做这个梦。

父亲和外婆

　　范用的父亲是入赘女婿（倒插门），当过学徒。后来外婆用积蓄开百货店，让父亲当经理。

　　父亲不善于经营，加之市面萧条，年成不好，蝗灾水灾，乡里人不进城买东西。没有生意，年年亏本，负债累累，走投无路。他觉得对不起外婆，两次寻死，一次跳江，一次吞鸦片，都给救了回来。

　　他开铺子做生意十分规矩，真正是如店堂里挂的牌子上面写的："童叟无欺"。后街的姑娘（妓女）来买丝袜，选好了，他都要仔细检查，有跳线的就告诉姑娘这双有毛病，请她另选一双。跳线一般人是看不出的。

　　范用印象中，父亲总是愁眉苦脸、唉声叹气，以致天庭下两只眼眉之间形成一个结，再也展不开。人说是"苦命相"。他每天忙，不怎么管范用。范用是家里的宝贝疙瘩，主要是外婆管他。但读书学习的事，是父亲的责任。

　　父亲念过私塾，也上过学堂。父亲送范用念私塾，念完《三字经》《百家姓》，《论语》从"子曰：学而时习之"念到"子曰：巧言令色鲜矣仁"，就改上国民小学了。

　　父亲对范用的学习督促很严，每个月都要请塾师上茶馆吃茶，吃肴肉干丝包子，问塾师"小孩子学习好不好？"，塾师

1933

范用十岁时与父亲合影

总是说"好！好！好！"。范用的确学习好，读书学习有兴趣，所以不用父亲多费心。

父亲粗通笔墨，会记账写信，喜欢看小说，买过李涵秋、张恨水的章回小说。范用看小说就是受父亲的影响。

父亲跟范用照过两次合影，一岁一张，十岁一张。照相一定要穿马褂，范用是小孩子，但也要穿。一岁那张范用身上挂的锁片是照相馆用金粉画上的。这两张合影是范用留下来的仅有的父亲照片。

范用十三岁那年，1936年，父亲一病不起，才三十几岁就死了。给他看病的宁波医生说，父亲是急死的。他死的时候，在他贴身的口袋里找到一张当票，当的金表链，是外婆送他的，他一直不敢告诉外婆。

范用十岁以前，跟外婆住。外婆说，小孩子有火气，晚上睡觉给她焐脚。

外婆家在柴炭巷。说是巷子，其实是条小街，很热闹的小街。

小街并不长，它连接着西门大街（后来开辟为马路，叫大西路），那时候是镇江的商业街，好多铺子都开在这条街上。穿过柴炭巷，可以到轮船码头，人来车往，熙熙攘攘。车是人推的小车和人拉的黄包车。

柴炭巷里，有个范用感兴趣的地方，是裱画店。裱画店里有个红漆大案，裱画匠在上面用排刷细细地刷糨糊，一遍又一遍，然后揭起来贴在墙上，这时就可以看那些画儿了，有山水，有人物，挂满墙，好像在办画展。街上还有个刻字摊，刻字的是位戴老花眼镜的先生，就是牙宝的爸爸。

外婆家在茶楼隔壁。早些年还没有邮局，外公就开了一家"明信局"，给人家寄信送信。寄信是把信送到码头，托船上的人带走，带到了给酒钱。送信也是船上人带来，外公再统一分送。外公早已去世，可是他用过的信插（一块蓝布有十几个小口袋，贴着写有地名的红纸条）还挂在墙上；还有一个用过的印泥缸，也一直放在桌上。外婆常常一边吸水烟，一边看着信插和印泥缸，嘴里不知道说些什么，说给外公听。

外婆十分能干，用现在的说法，是个女强人。她会做生意，从浙江绍兴随外公到镇江，卖卖豆腐，挣了钱，开锡箔店、洗染店、咸货店、洋机店（用缝纫机做衣服），还做黄酒生意，从绍兴贩运黄酒到镇江，除了成坛卖给开店铺的宁波人，还在家里零卖。没有招牌，浙江同乡常在晚间来外婆家喝酒聊天，谈家乡事。他们多是手艺人，银楼的、咸货店的、锡箔庄的。外婆炒年糕给他们吃，他们说外婆炒的年糕最好吃。喝的是绍兴黄酒。范用还很小，抱在手上时，他们用筷子蘸点酒抹在他的嘴唇上，一来二去上了瘾。父亲不会喝酒，来了客人由范用替他喝。下酒菜有发芽豆、咸花生，最多剥个松花蛋。

外婆开这个店开那个店，按说是有钱的人，可以享享福。她却天天忙于做饭，不仅全家人的饭，而且给店里的伙计做饭，春夏秋冬，一日三餐，总是围着灶台忙碌，过年过节更忙。她很少生病。

外婆是个有主见的人。父亲死后，妈妈想送他去学生意，外婆说：一定要念书，借债也要念！

父亲的本分做人和外婆的精明强干影响了范用一生。

老　师

1936 年，范用从浙江同乡会小学转到穆源小学上五年级，认识了沙名鹿老师。沙老师主要教低年级课程，但同时兼任五年级的音乐课老师。他只比范用大八岁，才二十一，看上去像个大孩子，而范用虽然身材长得小，却因读书而早熟。他们成了朋友。

使他们接近起来的，是文艺。沙老师房间里有好多文艺书刊。杂志有《文学》《光明》《中流》《电通》《联华画报》等，还有几种早些年的文学刊物《北斗》《萌芽》《拓荒者》《现代》。沙老师让他随便看，还可以带回家看。这些刊物一下子打开了范用的眼界。读过之后他经常向沙老师提问题，交流读

沙名鹿老师

书感想，渐渐地，他们两个密不可分了。

　　沙老师有时会买一些新书送给他，很多是巴金先生主编的
一套"文学丛刊"中的，每本不怎么厚，有丽尼、陆蠡的散文
集，张天翼、陈白尘的短篇小说集等。他过生日那天，沙老师
送给他一本巴金的《家》，扉页上写着一些勉励的话。曹禺的
《雷雨》，也是沙老师推荐他看的。这些，都是那个年代年轻人
特别迷恋的"新小说"和"新戏剧"。

　　这年夏天，苏联作家高尔基去世，沙老师组织学生读高尔
基的作品，第一篇就是瞿秋白翻译的《海燕》，先刻印下来发
给大家，然后集体朗读。沙老师还带领他们唱俄罗斯歌曲《伏
尔加船夫曲》《囚徒之歌》等。读书会后，沙老师借给范用一
本邹韬奋编译的《革命文豪高尔基》。这本书邹韬奋力求把它
写得通俗易懂，适合中国普通读者阅读，但对十三岁的范用还
是深了一些。不过它的前几章"儿童时代""幼年时代""青年

时代"，他能一路读下去，津津有味。这几章讲到高尔基五岁成为孤儿，十一岁投身社会谋生，当学徒，十二岁逃难、流浪，和码头上的脚夫做朋友，到轮船上洗碗碟，在神像铺子里绘图，尤其是他给厨师读书，开始懂得社会和生活……这本书对范用最有影响的是开头的一段话：

物质环境支配人的力量诚然是很大的，但是人对于环境——无论是怎样黑暗的环境——的奋斗，排除万难永不妥协的奋斗，也能不致为环境所压倒，所湮没。

这段话标了黑点。书中还有不少标了黑点的话，范用都抄在一个本子上，一有时间就拿出来看。这些话刻印在他的脑子里，几十年后还记得。

这本书使他开始思考人生和命运。这一年他失去了父亲，前途茫茫。可是，高尔基独自面对人生的时候不是比他还小嘛！但最后成为世界闻名的文豪！

这是他读到的第一本由生活书店出版的书。这次读书会、这本书影响了他一生。后来他明白，在那个时候能读到生活书店、读书生活出版社、新知书店的书，是一种幸运，是一种幸福。后来他常常想，未来的下一代，在读书方面，也能够有这样的幸福吗？或是别的什么？做出版的，要多想想这个问题。

沙老师自己也写小说，写散文，在日报副刊发表，笔名"伍是""又名父"。后来他给报纸编《每周文艺》副刊，整整一版，版面仿照天津《大公报》沈从文主编的《文艺》副刊，范用很喜欢。

那时抗日救亡很热，沙老师教学生唱救亡歌曲，组织儿童剧社演话剧。"七七""八一三"一开仗，带学生上街下乡宣传，排演活报剧。

沙老师爱看电影，镇江来了新电影，便买两张票，带范用从城外走到城里电影院去看。看完电影，买四两酱鸭或者干切牛肉，用荷叶托着，再买几个高桩馒头或者半斤侉饼（镇江人叫北方人"侉子"，他们的硬面大饼就叫"侉饼"），也就是羌饼，厚厚的一大块。夜晚，他们坐在河滨儿童公园的石凳上，边吃边聊。聊看过的电影，谈自己的看法；聊上海正在上演的话剧《钦差大臣》《罗密欧与朱丽叶》，聊陈白尘先生写的话剧《太平天国·金田村》。

那时看过的电影，像《渔光曲》《大路》《都市风光》《十字街头》《压岁钱》《夜半歌声》《天伦》等，完全把范用迷住了，他成了个小"影迷"。

有几天沙老师去了上海，回来问范用，愿不愿意去拍电影？那时，正要拍《迷途的羔羊》，他十三岁，可以演流浪儿。沙老师认识导演郑君里先生，推荐他去试试镜头。可是，要一个人去上海，范用有点胆怯，再说，也买不起来回的车票，想是想，只好算了。

办儿童剧社，沙老师又编剧，又导演，又主持剧务，他们之间的关系就更加密切了，天天在一起，一天不见面，就好像少了什么。

暑假，他征得外婆同意，住到学校里，陪伴沙老师。家里房屋窄小，阴暗潮湿，学校里住处宽敞，假期里，整个校园非常清静，成了他的度假胜地。尤其是和沙老师常常谈到深夜，听他谈作品，谈作家，谈"普罗文学""布尔乔亚文学""烟士披里纯"，似懂非懂。还谈普希金为了女人决斗，"罗曼蒂克"得很。他完全沉浸在文艺之中，做起一个又一个文学梦。

沙老师很有趣，明明每天见面，还每星期一给他写一封长信，写在一种很讲究的印着银色格子的稿纸上，密密麻麻好几页，称之为"文学书简"。信的内容很广泛，从文艺、人生理想到身边琐事。读信成了范用最愉快的事情，从中既受到思想观念的熏陶，也体会着沙老师的文笔以及优美的字迹。信中沙老师称他为"弟弟"、"小斐斯"（face）。十三四岁的孩子懂什么！情感丰富的沙老师是把他当作倾诉对象了。

沙老师认识陈白尘先生。陈白尘是江苏淮阴人，作家、编剧。他1930年参加左翼戏剧家联盟，从事戏剧活动，参加南国、摩登等剧社。后回家乡从事革命活动，1932年7月任共青团淮阴特委秘书，因叛徒出卖而被国民党逮捕。在狱中创作了一些短篇小说和独幕剧。1935年出狱后在上海从事文学创作，坚持参加进步的戏剧活动，很活跃。此时他创作了大量剧本，有《乱世男女》《结婚进行曲》《岁寒图》《升官图》等。范用读了陈白尘先生的小说和剧本，知道他原名陈征鸿，还有一个笔名"墨沙"。在他心目中，陈白尘先生是一个了不起的人。有一天，陈白尘来镇江，沙老师带范用去见他。一见面，陈白尘就开玩笑说："唔！小把戏，像个小姑娘。"范用本来很紧张，听了这句玩笑话，加上陈白尘的苏北口音，立刻不紧张了。谈话中，陈白尘发现范用爱看闲书，杂七杂八的书，爱看小说，爱读剧本，还读过他写的剧本，而且有独到见解，十分惊讶。过后，他送给范用一本厚厚的托尔斯泰的《复活》，是耿济之翻译、商务印书馆出版的。按说这是成人读起来都觉得深奥的书，可见陈白尘认为他已经具备了读这本书的基础。范用如饥似渴地读了这部小说，它震撼了他稚嫩的心灵。他同情被侮辱被损害的玛丝洛娃，为她流了不少眼泪。他憎恨那个虚伪的贵族地主少爷聂赫留道夫。这是和巴金、高尔基作品完全不同的作品，但在范用的阅读体验里它们完全没有隔阂和矛盾。越来越多的阅读将他带到一个无比广阔、丰富和迷人的世界。

范用给陈白尘留下深刻印象。回到上海，他为范用订了一份《作家》月刊，还寄给他鲁迅先生主办的刊物《海燕》。于是，每个月初，范用都翘首以望邮局寄来这份珍贵的刊物，读过后他都好好保存起来。陈白尘还寄给他一期《小说家》月刊，里面有小说家座谈记录，参加座谈的有艾芜、沙汀、萧军、欧阳山、聂绀弩、周文、陈白尘、蒋牧良等，说是"给初学写作者一点力量"。他如饥似渴地从这些读物中汲取着精神养料。

陈白尘写信告诉范用：你们的儿童剧社不要光演大人的戏，小孩子应当演儿童剧。他寄来许幸之的两个儿童剧《古庙钟声》和《最后一课》，还特地写了《一个孩子的梦》独幕剧，也寄给范用，供他们演出。在《一个孩子的梦》这个戏里，小学生高喊："打倒日本帝国主义！"（书上只能印成"打倒 × × 帝国主义"。）排练的时候，孩子们一遍又一遍高呼这个口号，范用觉得说不出的痛快。

在沙老师指导下，他也开始学写小说。他爱读张天翼的小说，学着写了一篇，名为《教室风波》，内容是小学生拒绝用东洋货铅笔，闹出一场教室风波。陈白尘把这篇小说拿到上海的一个刊物发表了。这大大鼓励了范用，又写了几篇小说、散文，在沙老师编的副刊发表。发表时，沙老师代他起了几个笔名："范多""汎容""帆涌"。

就这样，他一下子冒出了强烈的创作欲、发表欲，一有时间就写，甚至彻夜写。发表后有稿费可得，虽然不多，但可以用来买几本书。

沙老师还跟报社谈好，出一个刊登儿童作品的副刊《蝌蚪》，推荐范用去编。范用兴奋极了，画了一个刊头图案，沙老师请人带到南京制成锌版。画的是一群摇头摆尾的小蝌蚪，配上稚气十足的"蝌蚪"两个字。等到锌版做来，"七七"事变发生，这件事就撂下了。

他把自己写的"作品"剪报贴在洋抄本上，一本小说，一本散文。后来带到汉口，小说那本，舒群先生说要看看，再也没有还他。散文那本保存下来了。

自从办了儿童剧社，在省城，人们把沙老师和范用看成抗日分子。因为这个，1937 年 10 月日本军队即将打到镇江时，他俩不得不出外逃难。范用是独苗，母亲和外婆只好叫他快快逃走。好在跟沙老师一块儿走，她们放心。

没想到，上了轮船，沙老师家里追来了，他不得不改变主意，侍奉老母去苏北逃难，把范用一人留在船上。10 月底，江风吹到身上，已经颇有寒意，范用心里十分难受。为了排解，就写日记。写了四天。这些日记充满文艺味，有人物素描，有歌声，有灯光，当然也有开船、停船的记事。有些像几幕剧本。无论怎么看，其文学成熟的程度都很难和一个刚过了十四岁的孩子联系到一起。这四篇《江上日记——1937年的四天》后来发表在读书出版社办的内部《社务通讯》上。

范用到汉口不久，沙老师还是绕道逃难到了武汉，跟着又撤退到重庆，结了婚，有了孩子，住在歌乐山，家累很重。再后他回到镇江——他是孝子，丢不下老母。

范用一生都把沙名鹿和陈白尘视作自己最尊敬的老师，人生和文学路上的启蒙者。

买书结缘

范用小的时候，镇江有好几家书店。上小学以前，他没有进过书店，那时只知道看小人书，书摊上租来的，或者跟邻居借的，内容都是武侠、神怪之类。念私塾识字多了，就看"七字语"。七字语讲的多是古代故事，才子佳人，忠臣奸臣，皇帝国王，他不怎么感兴趣，也看不大懂，只是觉得好玩——手上有几本书，翻来翻去。像蚂蚁一样的小字，密密麻麻。

到八九岁，他是小学生了，开始上书店。书店多在城外西门大街一带。鱼巷就有一家，他在那里买过上海中华书局的《小朋友》周刊，主编王人路或陈伯吹——这两个名字他记了一辈子。再往后，看商务印书馆的《儿童世界》，郑振铎主编，是给高年级学生看的。镇江有个商务印书馆分馆，也卖《儿童世界》。

鱼巷书店还卖一折八扣的书和新文艺书。"一折八扣"，定价一元，一折是一毛钱，再打八扣，只卖八分钱，挺便宜。都是翻版书或盗版书，印得马虎。书很杂，既有《笑林广记》《今古奇观》《老残游记》之类，也有新文学作品，如鲁迅、茅盾的小说。正规出版的文艺书，北新书局、新中国书局出版的书，放在玻璃柜里，定价贵得多，他买不起。

开在城里的一家书店，门面对着去体育场的那条路。在这里可以买到上海出版的文艺杂志、画报之类。电影画报最好卖，人们喜欢电影明星，像胡蝶、阮玲玉、王人美、高占非、金焰这些大明星。

西门大街有家"镇江书店"，门面很大，老板是回民。穆源小学是回民小学，他见到穆源的小学生，挺和气。

伯先公园对面还有家小书店，"七七"抗战爆发不久，范用在这家书店买到一本小册子：《毛泽东自传》。那天天很热，他钻进洗澡堂，脱了衣裳，一口气把书看完，从中知道了中国工农红军，知道了两万五千里长征，也知道了毛泽东。他有种看禁书的感觉（其实当时控制并不严），挺刺激。后来他在一篇回忆文章中说："我的心，我的思想越飞越远。书真是个奇妙的东西。"

范用最常去的是镇江书店，放学路过，总要进去看看。店里日常人不多，也就两三人，到快要过年的时候才热闹起来，学生来看贺年片，买贺年片，七嘴八舌，叽叽喳喳。有的贺年片还印上洋文，买的人大多不识洋文，收到贺年片的人大概也不识。

这家书店新文艺书比较多，除了商务、中华这两家老牌子书局，上海的一些出版社，现代书局、良友图书公司、新中国书局、生活书店、开明书店、文化生活出版社的新书，大多都有。北新书局、亚东图书馆早年出的书，也还有一些。成套的书，像生活书店的"创作文库""小型文库"，良友图书公司的"文学丛书""良友文库"，文化生活出版社的"文学丛刊""文化生活丛刊"，一溜摆在书架上，挺馋人。现代书局、新中国书局也各有一套文学丛书，封面看上去蛮舒服。

范用买不起书，只有开学的时候，跟爸爸多报几毛钱文具费，再加上过年的压岁钱，能买几本书。他一般都是在书店白看；一本本看，看完一本再看一本。看过张天翼的《蜜蜂》《团圆》，茅盾的《春蚕》，巴金的《砂丁》《电椅》，施蛰存的《上元镫》《梅雨之夕》，穆时英的《南北极》。巴金翻译的《俄罗斯童话》《门槛》，也是站在书店里看完的。

镇江书店三开间门面，宽敞明亮，门口两侧有橱窗，早晚上下门板。冬天，风往里灌，店堂里冷飕飕；天好，阳光照进来，暖和一些。

店里有三个店员，从不干涉他看书，不像有的书店，用眼睛盯着你，生怕你偷书；你看久了，脸色就不大好看。店员中有一位年轻人，书生模样，年龄二十来岁，后来熟了，范用就叫他"贾先生"。贾先生人挺和气，用亲切的眼光看这个小学生，渐渐攀谈起来。谈些什么呢？年轻人关心的职业、婚姻这些问题，贾先生不会跟这个小孩子谈，多半谈喜欢读什么书，哪些书好看。再就是谈学校里的事情。贾先生是回民。

还有一个谈话题目：国难问题，日本人侵略中国，抗战抗不抗得起来。

就这样，他跟贾先生成了朋友，相差六七岁，大概把他看作小弟弟。

不花钱看书，是受沙老师影响。韬奋先生主编的《大众生活》（后来是《生活星期刊》）范用是每期要买的。《大众生活》《生活星期刊》虽然只有薄薄的十几页，得买回去细细看，反复看。它用大量篇幅报道北平学生爱国运动，每期有四页新闻图片，不仅内容吸引人，编排也很出色，还有金仲华、蔡若虹编绘的"每周时事漫画"。有一期封面，是一个拿着话筒的女学生，站在北平城门口演讲，标题是："大众起来！"

《大众生活》《生活星期刊》四分钱一本，合十二个铜板。家里每天给他四个铜板零用钱，用两个铜板买个烧饼当早点，一个礼拜积余十二枚，正好够买一本杂志。

在书店看书，他特别当心，绝不把书弄脏弄皱。放学以后先把手洗干净，再到书店看书。看到哪一页，也不折角，记住页码，明天接着看。这也许是店员们从不干涉他白看的原因之一吧。

后来，贾先生到国货公司文具部当店员，文具部兼卖杂志，他就跟过去看杂志，《光明》《中流》《读书半月刊》《生活知识》这些杂志就是在那里看的。

他只在文具部消费过一次，买了一支"关勒铭"自来水笔。这是中国人最早制造的自来水笔，也是他用的第一支自来水笔。

比范用年长的年轻人都喜欢跟他交朋友，大概是因为他聪明、好学、热情，读书多，有独立思考的习惯，而且知恩图报，真心爱他所认识的大朋友们。

贾先生后来去了台湾，他们再见面已是五十多年之后了。

进了读书生活出版社

1937年暑假，范用从穆源小学毕业。毕业前这一学期，同学们一直在议论报考中学这件大事。

镇江有名气的中学是镇江师范和省立镇江中学。上师范学校，学费要少一些；省镇中，人家说是"贵族学校"，学费贵得多，还要做一套校服。这两所学校分数要求高，都不好考。师范学校毕业得做教师。范用还在做文学梦，不想做教师，想上省镇中，将来上大学。这跟外婆想到一块儿了，她卖东西借钱凑够了学费，让他考镇中。为了保险，范用决定镇江中学和镇江师范都报考。

考镇江师范那一天，天蒙蒙亮他就起身，因为从家里到学校有四五里路。街上除了挑担子赶早市卖菜的、拎了篮子去买菜的，没有多少行人。太阳还没有出来，比较凉快。

不到两小时他就答完了卷子：做一篇作文，再就是几十道算术题和史地常识题。他觉得很轻松，考完了一个人溜达回家。发榜那一天，他在学校门口贴在墙上的大红纸上看到头一名是"范鹤镛"，心花怒放，立即回转身去穆源小学报告黄建平校长。黄校长平日挺严肃，脸上很少见笑容，今天他眯起眼睛笑了，还摸了摸范用的头，算是表扬他给穆源小学争得了一份荣誉。镇江中学他也考上了，是第二名。外婆和母亲自然高兴。可惜爸爸不在了，要不他会更高兴的。爸爸的期望没落空。

转眼9月初开学，他扛着铺盖卷，带上手巾、牙刷、牙粉，住进了省镇中。头一件事，是把新发下的课本仔细包上皮儿。

省镇中的校舍是新落成的，在那年头的镇江，算是挺气派的。学校依山建筑，一进校门，两条道，中间是座自来水塔，两边是二层楼房宿舍。往前走，是一排教室、办公室、图书馆。边上是食堂、小卖部。

省镇中只有男生，没有女生。他最满意的是图书馆有不少书，许多新书是小学图书馆所没有的，凭学生证一次可以借五本。课程比小学多了很多门，每天上课很忙碌。可是刚开学一个多月，新鲜劲儿还没过去，10月底，日本军队由南京向西打来，镇江立即紧张起来。消息传来说日军已过苏州，于是一夜之间全校师生一哄而散，范用也只好回家。充满憧憬的中学生活就此结束，交的学宿费也就白扔了。

母亲和外婆俩合计一下，范用是独苗，一定要保住，凑了八块银元，叫他仔细带着，乘船去汉口投靠舅公。舅公在汉口会文堂书局当经理，他和外婆感情甚笃，当然会收留这个机灵的小外孙。

当时从上海撤退到汉口的读书生活出版社租用会文堂书局二楼办公，这让范用特别高兴，每天在舅婆那儿吃完饭没有事做，就到出版社去玩。读书生活出版社的同事刘大明后来回忆说：

正当我们在二楼忙碌——特别是打邮包（大捆的、小包的）时，我们大家不论职务高低、年龄大小，都是又唱又笑，一起动手，非常热闹，体现出我们有别于一般行业中上下尊卑界限严格的民主气氛。这时，我们就能经常看到一个小朋友在我们门口"欣赏"我们的热闹。很快我们便知道，原来这位小朋友是楼下会文堂书局经理的亲外甥范用。会文堂书局出售的书，大都是线装、木刻的"古书"，所以门市读者很少，也不"热闹"，范用没处可玩，于是几乎天天到我们二楼来"看热闹"。一天生，两天熟，我们就招呼他进来玩，他进来后竟和我们一同干起打邮包的活儿了。我们大家都很喜欢他，就"动员"他干脆到社里来工作。

特别吸引范用的是，出版社有很多可看的书，还有杂志。出版社的工作人员除经理黄洛峰和万国钧、孙家林三位年纪较长，其余六七人都是二十岁左右的年轻人。范用打小就跟比他年龄大的人交往，所以很快就和他们相熟了。他的文化知识并不比他们差，还可以帮他们做些事情。

读书生活出版社的前身是1934年11月由李公朴、柳湜、艾思奇、夏征农创办的《读书生活》半月刊。

李公朴

　　李公朴 1902 年生于江苏省武进县，十三岁到镇江京广洋货店做学徒，就读于镇江润州中学。毕业后辗转考入上海卢江大学附中，后在卢江大学半工半读。他曾投军北伐，1928 年离开军队赴美留学。在美国他边读书边打工，并在邹韬奋主编的《生活》周刊上撰文向国内介绍美国社会情况。1930 年底结束留学生涯回到上海，立即投入抗日救亡活动，与邹韬奋等筹办《生活日报》。他还在史量才支持下创办《申报》流通图书馆、《申报》业余补习学校和妇女补习学校，被聘为馆长和校长。为了具体帮助、指导读者读书，图书馆于 1933 年 8 月成立了一个读书指导部，采取与读者直接通信的办法，指导读者如何读书，很受读者欢迎，不但上海的读者，甚至还有外埠的读者，每天都有几百封来信。这个指导部在柳湜、夏征农共同负责后，工作更加活跃，最高峰时，读者多达两三万人。

　　1934 年春天，考虑到读者需求，经史量才同意，在《申报》

第七版开辟一个每日刊登的《读书问答》副刊，由柳湜负责。副刊刊出后，影响很大。那时民族危难、政治黑暗、经济凋敝、生活困难，许多青年人彷徨苦闷，《读书问答》成为他们的人生指导和学习顾问，也成为救亡运动的一面旗帜。由于读者来信提出的问题越来越多，有许多是严肃的理论性问题，1934年5月间，柳湜提出派一个有理论修养的人员参与问答工作，有关部门（其实是地下共产党组织）派来了艾思奇。艾思奇来到《读书问答》后，主持哲学问题，柳湜主持社会科学问题，夏征农主持文学问题，副刊办得有声有色，但正因为此，副刊成为国民党特务组织迫害的对象，随时有被查封的危险。李公朴审时度势，决定主动停刊，而以原班人马创办《读书生活》半月刊，1934年11月10日创刊。仅在三天以后，一代报宗史量才被国民党特务暗杀。

创办《读书生活》半月刊时，定位为通俗刊物，主要是指导读者读书，价格尽量低廉，很受读者欢迎，立刻成为畅销品。

《读书生活》创办一周年时，开始自办发行，从而与读者建立了直接联系。李公朴与共事者商量，仿照生活书店（前身是《生活周刊》）的办法，在杂志基础上办一家出版社，约请良友图书公司赵家璧的助手汪伦做出版社的筹备主任。汪伦是当时上海"左翼作家联盟"成员，中共党员，组织上正希望他能参与一些文化界上层的活动，所以一口答应。经他积极活动，并与李公朴等反复商量和组织，读书生活出版社于1936年2月宣告成立，发布了公司章程，组成了董事会，确定了机构，由李公朴任社长，柳湜任出版部主任，艾思奇任编辑部主任，

艾思奇

汪伦任经理兼业务部主任。以读书生活出版社名义出版的第一本书是曾在《读书生活》半月刊连载的《哲学讲话》，作者艾思奇。这本书出版后立即畅销，半年后改版为《大众哲学》，持续畅销多年，成为支撑出版社的经济和影响力的支柱之一。这本书的畅销鼓舞了大家，随后出版了一系列将杂志文章结集的书，另外出版了"社会常识读本"和"角半小丛书"等，后来还出版了一套"少年的书"。这些书在抗日救亡运动中产生了广泛影响。

　　艾思奇生于1910年，云南腾冲人，原名李生萱，曾两次去日本求学，"九一八"事变后激于义愤，弃学回国。艾思奇的父亲李曰垓是著名学者，还是辛亥革命及护国运动的元老。艾思奇受父亲影响很大，很早就参加革命活动，1933年初参加中国共产党领导的社会科学家联盟，从此走上研究和宣传马克思主义哲学的道路。1934年到《读书生活》杂志任编辑，1937

年 10 月到达延安，曾任抗日军政大学主任教员、马列研究院（随后改为中央研究院）中国文化思想研究室主任、《解放日报》总编辑，1949 年后，任中国科学院哲学社会科学部学部委员、中共中央高级党校副校长，1966 年 3 月去世。

柳湜是湖南长沙人，1903 年出生，1928 年加入中国共产党，在上海、汉口、重庆等地从事地下工作和文化工作，是"救国会"的创始人之一。他和邹韬奋一起，先后担任《读书生活》《生活日报》《全民周刊》《全民抗战》等报刊的编委和主编，生活书店总编辑。1941 年到延安，曾任陕甘宁边区教育厅厅长，1949 年后任国家教育部副部长，1968 年去世。夏征农是江西丰城人，1904 年生，曾就学于南京金陵大学，1926 年入党，参加了南昌起义。后曾任新四军政治部民运部部长、山东省委副书记、华东局宣传部部长、上海市委书记处书记、复旦大学党委书记、《辞海》主编。2008 年去世，享年一百零四岁。

1936 年 11 月 23 日，南京国民政府以"危害民国"罪名在上海逮捕了救国会七位主要领导人，世称"七君子事件"，其中包括李公朴。李公朴被捕后，因他是《读书生活》杂志主编，《读书生活》被查封，已经出版的图书也被查禁，这对新生的出版社的打击是相当严重的。在这种情况下，艾思奇邀请好友黄洛峰出任读书生活出版社的经理，以解燃眉之急。

黄洛峰原名黄垲，1909 年出生在云南省鹤庆县，父亲和伯父、叔叔共同经商，是一个大家庭。他十三岁只身来到昆明求学，考取了私立成德中学。在这里，他结交了一生的好友郑易里。进入成德中学第二年，家里发生变故，伯父因经

黄洛峰

商失败被抓进监狱，父亲外出躲债，将十四岁的黄洛峰寄养
在族叔家中。1926年，黄洛峰以优秀成绩考入云南省立第
一中学高中部，在这里，他又结识了另一位好友艾思奇。黄
洛峰考进云南一中这一年，共产党在云南发动推翻新军阀唐
继尧的运动，他投入运动之中，并在第二年国民党发动"四
一二"政变后，毅然参加共产党。此后他一直在中共领导下
从事各种工作，参加中共云南第一次代表大会、与艾思奇一
起创办"云南书报社"、去日本留学、回国加入抗日行列等。
1937年初，正在南京工作的黄洛峰接到好友艾思奇、郑易里
的来信，请他担任读书生活出版社的总经理。2月6日他带着
筹来的一笔款项来到上海，从此开始了他一生的事业。作为
一名老党员，他的地下斗争经验相当丰富，读书生活出版社
在他领导下办得有声有色。

　　读书生活出版社出的书，都是很进步的。除了艾思奇的

《大众哲学》，还有曹伯韩的《通俗社会科学二十讲》、柳湜的《如何生活》、李公朴编的《读书与写作》、张庚编的话剧集《打回老家去》、周巍峙编的新歌集《民族呼声集》、以群翻译的《苏联文学讲话》、高尔基的《在人间》等，还发行中国共产党第一本公开出版的刊物《群众》周刊。这些书刊范用囫囵吞枣，全都读了。

此外，出版社还有一些从上海带出来的参考书，杂得很，如《胡适文存》、陈独秀的《实庵自传》、希特勒的《我的奋斗》、蒋介石的《西安半月记》、纪德的《从苏联归来》等，范用也不求甚解地一股脑儿读了。

在出版社看书还不过瘾，他每天还要到交通路的几家书店去逛。从上海搬来的书店大多在这条马路上和附近的弄堂里，有生活书店、上海杂志公司、开明书店、天马书店……还有当地原有的华中图书公司。书真多！范用左一本、右一本，什么新鲜看什么。说他生活在书的海洋里，一点都不过分。

黄洛峰特别喜欢这个爱读书、上进的孩子，一见他就放下工作，拉着他的手问这问那。也许是范用的经历和黄洛峰的经历极其相似的原因吧——他俩都是十三四岁离开家，独身一人到城市求学，寄养在亲戚家；都爱读书，像小大人。后来同事开他的玩笑，说他好像是黄经理的儿子。

第二年，1938年开春，舅公一病不起，舅婆只好回浙江老家。走之前，她买了一篮鸡蛋，把范用托付给黄先生（出版社的人都这么叫他）。从此范用成了读书生活出版社的一名工作人员。这事几乎是顺理成章，连范用自己也没有丝毫意外，只是过了多年才意识到这件事的分量。

黄先生用印书的纸边订了个本子，叫范用练习写字，说在出版社工作，要把字写好。从那时起，他写字都是一笔一画，工工整整。

那时读书生活出版社的员工，白天忙工作，业余时间大都参加各种救亡活动，比如办壁报、参加歌咏队唱抗日歌曲等。范用对画画、唱歌很有兴趣。他会给壁报画"报头"，用艺术字装饰；唱歌时，简谱一学就会。正好同事桂涛声刚写了《我们在太行山上》，由冼星海谱曲，还未发表。桂涛声把这首歌交给刘大明、范用，他们最早唱起了这首歌……

工作第一个月，拿到八块钱工资，他想，如果外婆和妈妈知道了会多么高兴，伏星会挣钱了！可是此刻她们在哪里？怎么逃过日本鬼子烧杀？还在镇江吗？还是躲到乡下去了？都无从知道。有时晚上睡不着，他就特别想念她们，想家。

出版社一个月的伙食费是六块钱，余下两块钱，同事万国钧出差去广州，用这两块钱给他买了件开领汗衫（网球衫）和一双力士鞋。

范用的工作，先是打包、跑邮局、送信，后来当收发、登记来信。黄洛峰看他有逛书店的癖好，就给他一个任务：替出版社采购新出版的杂志。有的是黄洛峰指定买的，像共产党叛徒叶青编的《抗战与文化》，国民党的《中央周刊》、《民意》周刊、《祖国》，还有其他一些党派办的刊物。好的杂志当然也要买，像胡风主编的《七月》，丁玲、舒群主编的《战地》，生活书店和上海杂志公司发行的各种杂志。买回来，用个回形针夹起挂在墙上，供出版社的工作人员阅览。这个工作范用太喜欢做了，做得无比认真。同志们戏称他是书店"巡阅使"。

在汉口，有一天去看电影，范用邂逅一位比他大两岁的女孩，是战时演剧队的演员。谈起演剧，他俩有共同的话题。电影散场分手时，这位女孩劝他去演剧队，那里正缺一个小演员。范用长得瘦小，很精神，正适合。范用有点动心，他喜欢演剧，可是刚进了出版社，有饭吃，有书看，他很满足，下不了决心。没想到这位女孩第二天专程从武昌来到汉口，还是劝他去演剧队。出版社的几个小伙子，看到有漂亮的女孩来找范用，很诧异，因为没听说他在汉口有熟人。范用最终也没同意，女孩失望地走了，再也没来。后来听说，她和一位编辑去了延安。几十年过去，她的丈夫到北京出版系统工作，成为范用的上司。她到北京来治病，和范用见了面。范用感慨，如果当年他去了演剧队，可能会和她一起去延安，人生之路会完全不同。这位姐姐名叫田蔚，据说当年在延安时相当活跃。

读书生活出版社原有一个专职书籍设计人员——丁里，1937年丁里去了延安，有一些封面就只好请《新华日报》的胡考设计，也请丰子恺写过封面字，请生活书店的美术编辑莫志恒设计过封面。在武汉，大家都住得很近，可以互相帮忙。范用从小爱好美术，因为爱书，对书的设计也有浓厚的兴趣。社里没让他设计封面，但他下了班偷偷设计，一次被黄洛峰看到他写的一本书的美术字，就拿去印在书上。此后，他在工余之暇设计了许多封面，渐渐地本社的封面大多由他设计，不再找外人了。

范用的办公桌在二楼大房间里，背对着门。每天有两个人进门会从后面摸他的头，他就知道谁来了。一位是送信的老邮差，还有一位，是罗炳辉将军。

当时武汉是抗战时期中国政治文化中心，大批文化人聚集在这里，每天都有不少人来交通路读书生活出版社。读书生活出版社仿佛是个联络站或中转站。罗炳辉来自延安，路经武汉去江南建立根据地，开展游击战。他是云南人，与黄洛峰是同乡，当时住在汉口泰和街八路军办事处。每天睡醒午觉，总要到读书生活出版社。他一来，就嚷嚷"小鬼！小鬼！"，要范用放下手头的工作陪他玩。

范用在出版社还见到了彭雪枫将军。彭雪枫有本《游击队政治工作》在读书生活出版社出版，来看校样。范用不懂什么叫政治工作，彭雪枫给他开小灶讲了一课，他还是似懂非懂，只记住一点：八路军、新四军离不开政治工作。游击队他知道，会唱冼星海的《游击队歌》："三个五个，一群两群，在平原上，在高山顶，我们是游击队的弟兄。化整为零，化零为整，不怕敌人的机械兵。"彭雪枫听他唱，点点头。读书生活出版社还出版了《游击战教程》《游击战术纲要》，都是为了在敌后开展游击战争。

他后来听说彭雪枫是参加过长征的红军将领，新四军游击支队成立，任司令员兼政委；"皖南事变"后任新四军第四师师长兼政委。1944年在战斗中亲临前线指挥，不幸被流弹打中，死时只有三十七岁。

彭雪枫还为读书生活出版社的年轻人拍过一张合影，范用

与读书生活出版社同事合影，前排左3为范用

在汉口与读书生活出版社同事合影，右2为范用

一直珍藏着。

作家周立波过去在上海和黄洛峰是国民党监狱中的难友。在汉口时，他在读书生活出版社搭伙，每天都来。还有一位作家舒群，住在读书生活出版社的亭子间里编《战地》杂志，也在出版社搭伙。他们两人也很喜欢范用。

周立波有一本稿子《晋察冀边区印象记》在读书生活出版社出版，其中照片插图的说明文字，他不要排铅字，要范用写了制版印出。看到自己写的字印在周立波的书上，他觉得很自豪。

《新华日报》和读书生活出版社关系紧密，范用在这里认识了《新华日报》好多位先生，如潘梓年、许涤新、章汉夫、吴敏、徐君曼等。有时候，《新华日报》开完工作会，请读书生活出版社的一伙联欢，还要出节目。范用登台唱《卖梨膏糖》，边唱边向下撒糖果，每个糖果里有一张抗日口号，大家振臂高呼。那时有两个小范，男的是范用，女的是范元甄，她唱《丈夫去当兵》。范元甄后来去了延安，嫁给了李锐。

1938这一年，范用的生活发生了许多变化，是他人生的转折点。他后来回忆说：

没有想到，这一年冬天逃难到汉口，我进了读书生活出版社，更没有想到这个出版社是共产党领导的。从此，读书生活出版社成了我的家，我的学校。我在这里工作、生活、学习，从一个幼稚的孩子，成长为（懂得）如何做人，会办点实事的工作人员……

说人生会有机遇，这就是机遇，可遇不可求。我是幸运儿。

试想，如果当年不是外婆叫他出外逃难，到汉口投靠舅公，如果舅公所在的会文堂书局二楼不是租给读书生活出版社办公，他就不会到读书生活出版社当练习生，不会参加共产党，很可能留在日寇攻陷的镇江当顺民，只能学生意，做个小商人。

在重庆和桂林

1938年底，日军逼近，武汉即将失守，黄洛峰决定将出版社南迁到广州，一边可继续利用上海这个出版中心。可是不久，日军在广州附近登陆了，南迁广州的计划落空，只好改道，到重庆安家。生活书店、新知书店都已先期撤到了重庆。

在重庆，范用像在汉口一样，"巡阅使"的任务一仍其旧，每天都要到生活书店门市部看新书刊，很快就跟书店的店员们混熟了，有时还到书店二楼的办公室走走。他在这里认识了一位叫华风夏的。这人眉目清秀，衣着整洁，见人总是笑眯眯的。两个人谈得来。当时，范用业余参加重庆市书业界同人联谊会，唱歌，演戏，办读书会，很活跃，充满青春活力，是典型的积极分子。这年冬天，同事赵子诚（后来用刘大明这个名字）问他：咱们参加共产党好不好？他当然愿意。此前他并不知道读书生活出版社是共产党的组织，也不知道赵子诚是党员。这样，

在重庆时的范用

赵子诚成了范用的入党介绍人。

第二年开春，组织上批准吸收他为正式党员，在一家书局楼上举行入党仪式，那里是读书生活出版社租用的宿舍，一间放了两张竹床的小房间。他和赵子诚先到，不一会儿进来了华风夏，他很惊奇，这时才知道华风夏也是党员，怪不得平日老成持重，说话谨慎。华风夏是代表上级来监誓的。

入党仪式很简单，桌上放一张从一本书上裁下来的马克思像，誓词中有"永不叛党，保守党的秘密，遵守党的纪律"几句话。华风夏讲了党员应当注意的事情，希望他努力学习，为党工作，还给他取了党名："叶琛"——开会时称呼党名，以防隔墙有耳。这年范用十六岁，其实不到党章规定的入党年龄。

第一次过组织生活在新知书店宿舍，党小组成员四人：赵子诚、徐律、陆家瑞和他，都是生活书店、读书生活出版社、新知书店的工作人员。学习的第一个文件是《秘密工作纲要》。

当时读书出版社（1939 年黄洛峰将读书生活出版社改名为读书出版社）还没有单独的中共组织，范用的组织关系先在中共重庆市委，后来转到八路军办事处。与他单线联系的陈楚云，是读书出版社《学习生活》半月刊的主编之一。一个星期天，陈楚云带他到七星岗附近的一个小楼房里听凯丰的报告。听报告的不到十个人，他能认得出来的有胡绳、赵冬垠两位。在这以前，他已经在报纸、刊物上读过凯丰的文章，读过他编译的《什么是列宁主义》。这次见到了他，普普通通的样子，留个平头。报告的内容是讲知识分子问题，就是后来在刊物上发表，还印成了小册子的《论知识分子》。

那次报告以后，凯丰不止一次到冉家巷读书出版社。来时

重庆读书出版社

挟着一个布包，里面是稿件之类，是由延安带来要在重庆出版的。新知书店和读书出版社在同一个地方办公，有的稿子就由新知书店用"中国出版社"名义出版。他从陈楚云那里知道，他们这几个出版社的编辑工作是由凯丰领导的。

后来凯丰调回延安，改由徐冰同他们联系。早在汉口的时候，范用就读过徐冰和成仿吾合译的《共产党宣言》，以为又是一位理论家。其实他比凯丰还要随和一些。从曾家岩到民生路，徐冰来回都是步行，一路上总有国民党特务跟着。有一回，他回到曾家岩，干脆走进巷口的一家茶馆，招呼跟在后面的那个小特务："你跟了我一天，累了吧？坐下来歇歇脚。"特务未曾料到这一着，只好坐下。徐冰对这个小特务开导了一番，告诉他为什么特务不是人干的道理，说得对方低下了脑袋。

徐冰每次到读书出版社，先同黄洛峰商量事情，再到范用住的三楼小阁楼上，谈完了工作，总要讲讲国内形势，给他上一课，最后还要问他最近读了些什么书。那时范用正在"啃"中国古代史，读郭沫若的《中国古代社会研究》，想弄清一下"亚细亚生产方式"、中国古代史分期问题。徐冰听了笑起来，劝他不要好高骛远，读书要由浅入深，先学近代史。以后徐冰送给他延安中国现代史研究会编的《中国现代革命运动史》和范文澜的《中国近代史》《中国通史简编》。打这起，范用才认认真真地读了几本中国历史。后来从事编辑工作，他常常想起徐冰的开导。1949年后，徐冰任中共中央统战部部长。

在重庆，范用和生活书店、新知书店的工作人员走得很近。生活书店有一份内部刊物《店务通讯》编得很好。虽然邹韬奋

邹韬奋

工作很忙，主编周刊，还参加许多政治活动，但每一期店讯都
有他的文章印在卷首。所谈的问题，从形势任务、书店方针到
事业管理、职工思想品德作风修养等，文字明白晓畅，平易近
人，没有架子，一两千字就说清楚一个问题。职工每拿到店讯，
最爱看的就是这篇卷首语。这些文章后来辑印为《事业管理与
职业修养》一书出版，成了生活书店的畅销书。每期《店务通
讯》范用都借来看。当时，读书出版社又建立了成都、桂林、
昆明、贵阳分店，加上香港、上海办事处，相互之间需要沟通
交流，于是，在1939年办起了《社务通讯》。像生活书店《店
务通讯》一样，《社务通讯》也是刻印的，从编辑、印刷到发
行，全部在业余时间完成，不占工作时间。每到新的一期，吃
完晚饭动手，黄洛峰编辑，范用和两位同事刻印，另一位同事
校对。范用的兴趣是设计封面，写美术标题字，装饰小题头。
到后来，还套色刻印。他们一面干一面唱歌，唱《救亡进行曲》

《太行山上》，唱《祖国进行曲》《伏尔加船夫曲》。夜深了，街上传来"炒米糖，开水！"的叫卖声，黄老板请客，每人一碗，甜甜的，热热的；或者来碗担担面，吃了再接着干。到天亮，新一期《社务通讯》就出版了。大家洗洗脸接着上班。那时就是这样意气风发，也不知道累和困。

范用觉得，在出版社最让他高兴的事，除了有书读，再就是能见到许多过去只在书刊上读到过的名家、学者、文化人，比如李公朴、艾思奇、柳湜。李公朴给范用的第一个印象，是留有一大把胡子，讲起话来嗓门很大，谈笑风生。他见到范用，用手摸他的脑袋，问这问那。当知道范用是镇江人，更加亲热，因为李公朴十几岁时在镇江上过学，当过学徒。于是他俩大讲镇江话，还谈到共同认识的镇江书店店员。李公朴跟同事们讲山西敌后和延安的情况。那时是夏天，他穿着汗背心裤衩，扭秧歌给大家看，边跳边唱，进两步退一步，唱"二月里来好风光，家家户户种田忙。都说那今年的收成好，多打些五谷充军粮"。范用是个"夜猫子"，夜里看书，早上睡懒觉起不来，李公朴就大声叫醒他："你学斯大林、毛泽东啊！"范用这才知道，原来斯大林、毛泽东夜里办公白天睡觉。李公朴要范用每天把报上的重要新闻告诉他，因为一大早就有青年求见，他可以跟他们谈论时局。他还打算介绍范用给沈老（钧儒）读报，可惜他因工作走不开，没有去。李公朴在外国轮船上打过工，做过侍役，懂得吃西餐的规矩。他带范用到西餐馆吃西餐，教他如何拿刀叉，如何喝汤，咀嚼食物不出声音。当时重庆常有群众集会，总是推李公朴当主席。国民党特务捣乱，李公朴就站到台前大声叫特务站出来，特务只好溜走。李公朴为了民主运动东奔西走，他经常与范用通信，称呼范用为"大用弟"。

1941年初，国民党军队突然对新四军发难，造成震惊全国的"皖南事变"。当时国民党政府对舆论控制越来越严，动辄查封出版社，逮捕工作人员。读书出版社的成都分社、昆明分社、贵阳分社相继被封，桂林分社也被迫停业。周恩来指示生活、读书、新知三家书店："书店必要划分一、二、三线三条战线，以便生存和斗争，避免更严重的损失。"一线坚持以出版社原名公开活动，二线可用其他名字开展工作，三线可暂时不做出版，做一些其他工作。一些关键人员暂时撤离重庆，到外地坚持工作。

中共党组织安排黄洛峰先行由重庆撤离到香港，不久，黄洛峰安排范用、万国钧和丁仙宝等到香港工作。由重庆出发南行去贵阳，要经过一个叫作一品场的地方，那里设有检查站。生活书店有一职员经过此地，报出姓名，检查站竟亮出他的两张照片，一张正面的，一张侧面的，核对无误，不准出境。范用搭邮车，是托作家、中共地下党员孔罗荪弄的乘车证，孔罗荪在邮局要密组工作，一些同志离开重庆，不搭公路局的车子，请孔罗荪安排搭邮车，范用常去他那里取乘车证。坐在孔罗荪对面办公的，是陈纪滢，也是作家，都知道他与官方关系密切，可是，范用找孔罗荪办乘车证，他似乎视而不见。

邮车一般不检查，但也得防一手：警察局开的迁出证，姓名两个字间空稍微大一点，范用钻空子，用墨笔在中间添了个"大"字，成了"范大用"。这一改，不仅成了另一个人，名字

也俗气一点，不大像做文化工作的。他想，检查站绝无范大用档案。自此，范用以范大用的名字报户口，直到 1949 年 5 月上海解放为止。范用保存了一张民国三十七年北字第 182320 号范大用的"上海市国民身份证"，作为历史文物。离开重庆前，范用的组织关系在八路军办事处，和他单线联系的徐冰嘱咐，此去暂时不转组织关系，独立工作，仍然由他同范用联系，每月通一封信，谈些不相干的事，收到了知道平安无事就行。约定通信用化名"楼越堂"（1947 年，黄洛峰去了香港，范用留在上海，通信用化名"范达庸"。"达庸"即"大用"是也）。

范用一行行至广州湾，太平洋战争爆发，日军进攻香港，去路中断，只好折返桂林。在桂林，范用与重庆取得联系后，用"张敏"这个名字申请到一张"新光书店"的营业执照，上级指示由范用任经理，开展出版工作。全店只有四个人，每个人什么工作都干。白天正常上班，晚上打邮包，第二天一早，四五点钟，每人背一堆邮件去邮局门口排队，等开门。桂林当局对书刊的审查一如重庆，稍带政治色彩的书都出不来，新光书店只能重印艾思奇的《大众哲学》《知识的应用》等书，另外更多出版文艺类书籍，如《星海歌曲集》、奥斯特洛夫斯基的《暴风雨所诞生的》、契诃夫的《草原》、左拉的《萌芽》，以及《高尔基二三事》《鲁迅的创作方法及其他》等，曾经想重印在延安出版的范文澜的《中国近代史简编》，找人用稿纸抄了一遍，当作新书送审，但被一直扣留，未能出版。《学习生活》杂志在重庆复刊后，也寄纸型到桂林重印。

1943 年在桂林，范用与读书出版社的同事丁仙宝结婚。丁仙宝 1939 年高中毕业，考西南联大未中，和三位老同学辗转从昆明到重庆，参加读书出版社，做会计工作。喜事是新光书店同事办的，衣服还是日常穿的衣服，被褥也是正用着的一套，第二天照样四五点钟起床去邮局。唯一不同的，就是店里烧饭的阿姨做了几个可口的菜，和全店同事一起，还有几个老朋友（包括地下党的领导）高高兴兴吃了一顿晚饭。这种欢聚，在当时的白色恐怖情况下，已经很难得了。

丁仙宝比范用大三岁，一辈子都把范用当作弟弟照顾。

在桂林办书店缺少资金，李公朴写介绍信给范用，让他去找云南兴文银行经理、聂耳的胞兄聂叙伦告贷。聂叙伦给了他一本空白支票，需要钱可随时透支。他对一个年轻人如此信任，范用十分感动。

不久日军沿湘桂路西侵，桂林紧急疏散。疏散中，新光书店抢运出一些存书，途经贵阳运回重庆；丁仙宝和同事罗萍各带着刚出生的孩子先期去贵阳罗萍父母家，过后，范用和新知书店的吉少甫也赶来会合。离开桂林前，范用把存纸全卖了，换成钱带在身上。他们几经转折才返回重庆。在贵阳中转时，吉少甫卖了一条西装裤请大家吃了一餐鸭腿面，此后几十年范用还记得这顿"美餐"。吉少甫（1919—2008）是江苏扬州人，1939年加入中国共产党。曾任桂林、香港新知书店经理，重庆、上海、香港群益出版社经理。1949年后，任人民教育出版社经理部、出版部主任，上海教育出版社社长、总编辑，上海三联书店名誉总经理和顾问，上海出版局副局长。

那时站在反法西斯第一线的法国作家罗曼·罗兰的作品《约翰·克利斯朵夫》由傅雷翻译到中国，文化人中掀起罗曼·罗兰热，范用也很感兴趣，读了书以后崇拜得五体投地。起初他手头只有一本罗曼·罗兰的《贝多芬传》（陈占元译），诗人洪遒借给他一本《米开朗基罗传》，他很喜欢，竟从头至尾抄了一遍。后来他千方百计从桂林、衡阳、曲江、南昌四地买齐了四卷《约翰·克利斯朵夫》，爱不释手。逃难路上，他随身带着罗曼·罗兰的书和其他几本珍藏的书。路过柳州时，遇到艾芜、韩北屏等作家，他们身无分文，十分窘困。范用把身上带的新光书店的钱全部给了他们。他不知自己这样做到重庆如何向社里交代，会不会受批评，但是看到他尊敬的作家受苦，他没法不管。后来他把受款人名单和收据交给黄洛峰，黄洛峰看了说："你做得对！"这次雪中送炭，艾芜记了一辈子。

在桂林新光书店两年多，范用的工作涉及出版的所有环节，

全家合影

编辑、设计、排版、印刷、门市、邮购乃至会计账目、经营管理、应对社会关系等，这对他是一次很大的历练。他设计的《高尔基二三事》封面风格简洁，可看出鲁迅设计的遗风。

回到重庆，范用任读书出版社分社经理。见到许多老同事新同事，就像回到了家，尽管政治环境还很恶劣，但三店店员经常举行联谊活动。范用兴趣广泛，性情活跃，他喜欢组织歌咏队，指挥大家唱歌，连歌本也是他刻印的。有时他还编个小话剧、诗朗诵，自己上台演出。三店的孩子们跟着大人摸爬滚打，十分快乐。有一次，吉少甫四岁的女儿晓蓉上台演出，唱范用教的儿歌："年老公公，头发蓬蓬，一个不小心，跌在路当中……"晓蓉上台前，他嘱咐她"要像真跌了跤一样，倒地后先不要爬起来，等台下掌声响了再起来"。晓蓉照做了，果然赢得了喝彩。范用计策成功，比孩子笑得还欢。

回重庆后，丁仙宝又要工作，又要带孩子，特别辛苦。由于逃难，生活不安定，奶水不足，就买黄豆粉煮了给孩子吃，但黄豆粉不好消化，结果孩子很瘦，而肚子很大，像个西瓜似的。黄洛峰知道了，嘱咐社里给孩子订一磅奶，又规定丁仙宝每天中午可以吃两份菜。孩子成了全社的特殊人物，只有他一人能吃上牛奶。大家都喜欢他，一有空就抢着抱他，逗他。李公朴来了也是要先抱他，亲他。丁仙宝和范用深深感受到大家庭的温暖。

1945年抗日战争胜利，何其芳从延安来到重庆，作为党组织与出版社的联系人。范用年少时看过何其芳的《画梦录》，虽然看不大懂，但很喜欢读，甚至有的句子都背得出。能够认识这位仰慕已久的作家，在他的领导下工作，范用分外高兴。

何其芳传达周恩来的指示，要出版社从经济上去接济一些贫病的作家、艺术家，但须特别注意方式，采用约请写稿的办法预付作家稿费，这样，作家不至于拒收。至于以后是否交稿，不必催问，只要把钱送到就算完成任务。给范用的任务是送一笔钱给京剧演员金素秋。范用在中营街的一个搭在臭水沟之上的破房子里找到了金素秋，她正病在床上，桌上放着她创作的一本现代京剧《残冬》，范用便请她将这本稿子交给读书出版社出版，并请她收下预付的稿费。后来，《残冬》印了出来，范用从一位波兰诗人的诗集中借用了一幅插图印在《残冬》的封面上。这幅插图画的是一个穷妇人双手举着一个死婴（也许是德国珂勒惠支的作品）。

范用在重庆一直工作到1946年，亲身经历了"较场口事件"。较场口是一个广场，没有一草一木。北面挨近石灰市，有座一人高的土墩子，开会时可以用来做主席台。这年2月10日，重庆各人民团体、各民主党派为庆祝政治协商会议达成协议，在较场口举行群众大会。范用和几个同志被派任布置主席台，留在台上。虽然事先对国民党特务阻挠大会召开的企图有所觉察，但没想到特务光天化日之下大打出手，酿成可怕的"较场口事件"。

在"较场口事件"中，站在斗争的最前列，因而遭受国民党特务毒打伤势最重的是李公朴。当时，李公朴住在冉家巷读书出版社，和大家朝夕相处。他总是那么乐观开朗，整天为民主运动奔走，没有闲歇的时候。一批批青年来访，把他看成知心朋友，他都亲切接待交谈。李公朴从来不把特务放在眼里。大家都担心他的安全，而他若无其事。这次在较场口开大会，他作为中国民主同盟中央执委担任主席，于是成为特务注意的主要对象，首先对他行凶，被打得血流如注。这天，郭沫若也在主席台上，被特务当胸一脚从台上踢了下去，眼镜远远地甩了出去。有几位青年连忙抢救保护，把他从地上扶起，郭沫若毫无畏惧，仰首大笑，表现出对特务暴行的极度轻蔑，给范用留下异常深刻的印象。当天范用和大家送郭沫若到医院验伤，医院所出具的验伤单，范用一直保留着。

面对凶险，李公朴说："我们搞民主运动的人，是要随时准备牺牲的。""为了民主，我已准备好了，两只脚跨出门，就不准备再进门了。"

1946年6月底，民盟和各界人士在昆明发起万人签名运动，反对国民党内战，要求和平。南京国民政府密令昆明警备司令部、宪兵十三团等："中共蓄意叛乱，民盟甘心从乱，际此紧急时期，对于该等奸党分子，于必要时得宜处置。"7月11日晚，李公朴和夫人于外出归途中，遭国民党特务暗杀。7月15日下午，闻一多在主持李公朴追悼会和记者招待会后也遭杀害。消息传来，范用悲痛万分。前不久，李公朴还将一本编好的《社会大学》交给范用排印出版，印书的经费也是李公朴从昆明汇给范用的。遇害前一个月里，李公朴给范用写过三封信：

大用弟：

6月4日来信已于8日收到。闻《社大》可于15日前后出书，甚慰。

书款已在尽力筹集，想可无问题，请放心，在本月内应可汇上，勿念。

再请特别注意，书一出后望用最快方法先用航空信寄我一本，以便先睹为快，至要。此外请从航空邮件寄一千本至昆。所询《时代评论》已托人代寻，一得到即寄，请放心。余另函达，兹颂寿祈

公朴

6月14日

大用弟如晤：

前上一函（用旅行社信封）谅已收到，迄今尚未见书（《社

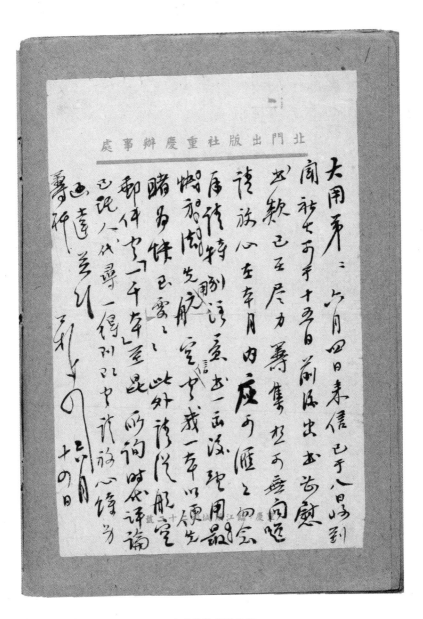

李公朴给范用的信

大》）寄下，甚念。款已由邮汇之，收到即函告。兹介绍楚泽清世兄来看你，楚兄之兄弟图南先生与洛峰及我都为至好，现泽清不拟返滇，有许多事要请你帮助他考虑，以及介绍必要关系，望尽力帮忙。详情由泽清兄面告。我有另函奉告。尚此兹颂

　　寿祈

公朴

6月30日

用弟：

　　昨曾函并附汇拾美元支票，并望至史先生处去取伍美元，不足之数，请与仲秋元兄商借一下如何。广告尚未见及，请与秋元共商宣传办法，如各报消息等，并嘱三联从中国航空公司先寄五百本来，你们看是否可寄一点到上海去。余另之，兹颂

　　寿祈

李公朴

7月5日灯下

　　最后一封信写于7月5日，但范用收到信已是李公朴被害以后了。这三封信是宝贵的历史文物，范用珍藏下来。

　　1946年秋，组织上派范用去上海工作。前前后后，断断续续，他在重庆工作了五个年头，加上桂林两年，一共七年，经历了风风雨雨，成了家，有了孩子。他从一个毛头小伙，成长为一名有经验的出版人、革命者。

迎接上海解放

1945 年春，周恩来在会见新知书店负责人之一邵荃麟时，谈到三店应该联合起来的意见。三店负责人讨论了这个意见，一致赞成，并商定了合并的工作计划：委托邵公文起草联合后新机构的各种章程制度草案；公推仲秋元负责成立联合出版部并任总经理，新收书稿编辑后一律交该部出版，重版书则仍由三店自印；三店的门市部仍分别经营，但业务活动（如刊登广告、举办廉价书市等）以联合一致的方式进行。日本宣布投降后，10 月 22 日，重庆的生活、读书、新知三家在内部公布了经过三店总管理处批准的《生活书店、读书出版社、新知书店为合组重庆三联书店告同人书》，对下一步工作做了新的安排，首先是把三店门市合并，同时在北平、广州、长沙设立分店。三店的出版工作保持独立发展。1945 年 12 月，中共中央派出参加政治协商会议的代表团，由延安飞抵重庆，博古给读书出版社带来一批解放社的纸型和样本。社里派万国钧携带纸型东下，随后，总店亦迁回上海，很快就印出一批书在京、沪、穗等地发行。到 1947 年，两年多的时间内所出版或重印的书籍，较重要的有马克思的《资本论》，列宁的《唯物论与经验批判论》，普列汉诺夫的《论一元论历史观的发展》《思想方法论》，周笕（周扬）编的《论文艺问题》（原名《马克思主义与文艺》），高烈（博古）编译的《辩证唯物主义与历史唯物主义基本问题》，范文澜的《中国近代史》，华岗的《中国民族解放运动史》，艾思奇和吴黎平的《科学历史观教程》，杨松和邓力群编的《中国近代史参考资料》，以及《辩证唯物论词典》《卡尔·马克思》《恩格斯传》《恩格斯论〈资本论〉》《〈资本论〉通信集》等。

1946年，三店决定派更多的干部携带纸型、书籍到解放区开展工作，在当地党政领导之下，先在胶东，次在大连，以后在东北各地建立了"光华书店"。

这一年生活、读书、新知三店又处于国民党政府的严重迫害之下。三联二线书店广州兄弟图书公司被特务捣毁。在北平，国民党特务以"人民戡乱除奸团"的名义在朝华书店的门窗上张贴布告，声称"朝华"是"奸党"在北平的潜伏组织，贩卖"反动书刊"，"宣传赤化"，并在大门上贴了封条。

转过年的1947年春，国共和谈彻底破裂。6月1日，重庆三联书店总经理仲秋元被逮捕。同一天武汉联营书店经理马仲扬等六人被捕，书店门市部和宿舍被搜查，致使书店被迫暂时关闭。此时范用调到上海工作已是第二年，上海政治形势日益紧张，国民党特务遍布各个角落，抓人、封门已成常态。6月，生活、读书、新知三家出版社的工作人员被逮捕多人，已无法在上海开展正常业务。

1947年6月底，读书出版社派倪子明、汪静波到香港筹办读书出版社分社。9月底，黄洛峰、徐伯昕（生活书店）、沈静芷（新知书店）等先后到达香港，这时三店的领导中心，实际上已从上海转移到香港。10月9日，国民党中央社发表国民党中央宣传部副部长陶希圣"答记者问"，声称"近来出版事业颇见萧条，但坊间充斥黄色书刊及共产党宣传书刊，两者同为麻醉青年之毒物。新知书店、读书出版社刊行共匪书籍尤多"。1948年，国民党上海市执行委员会发出查封"共匪宣传机构"生活、读书、新知三店的密令。三店紧急应对，于10月17日派范用在《大公报》预先

1948年在上海出版的《读书与出版》

订了一个广告位，深夜12点报纸开印时才将广告稿送去，次日一早，全上海都看到生活、读书、新知三店宣告结束上海业务，迁往香港，以及《读书与出版》月刊休刊的启事，等特务明白过来，已是人去楼空，一个人也抓不着了。

1947年12月25日，毛泽东发表《目前形势和我们的任务》，宣告中国革命已到达一个转折点，国民党势力已走向覆灭。香港三家书店购买了大批刊登这篇文章的《华商报》向内地寄发。到了1948年，中共在全国胜利在望，5月初，三家书店在中共香港文委的领导下做出决定：着手全面合并为"三联书店"，准备把主要的人力物力转到解放区，迎接全国解放。中共香港文委负责人胡绳、邵荃麟与三店领导人徐伯昕、黄洛峰、沈静芷等五人组成合并工作筹备委员会。大约在8月间的一天晚上，章汉夫到黄洛峰住处，通知他中央已

来电，让黄早日到党中央所在地河北平山筹备成立中央出版局，并催促加速进行三店的合并工作。1948年10月18日，在香港举行三店股东代表大会，选举临时管理委员会。范用虽未与会，但被选为候补委员。临时管委会推选黄洛峰为主席，徐伯昕为三联书店总管理处总经理，沈静芷为副总经理。26日召开三店全体人员大会，宣布"生活·读书·新知三联书店"成立。会后，派陈正为专程去上海，传达成立三联书店的决定。至此，作为革命出版机构之一的读书出版社完成了自己的使命，并入三联书店。"三联书店"从此走入范用的心里，直到生命的最后一刻。

党组织决定，范用和丁仙宝留在上海转入"地下"继续进行出版工作，同时接受组织上交给的其他任务，迎接上海解放。为了有一个隐蔽的住处，丁仙宝利用亲戚关系，找到一个公路局上海办事处的工作，全家住进路局宿舍。范用伪装养病，白天跑印刷厂，晚上关起门来看书的校样。这时郭大力从福建分批寄来马克思的《剩余价值学说史》的翻译初稿，一百多万字，范用安排一位排字工人用了不到一年时间全部排好，向印刷厂借了三百多令纸印成书，全部装箱存入银行仓库，等待一旦上海解放就上市发行，出版名义是"实践出版社"。这是读书出版社在国民党统治区最后完成的出版工作。

为了躲过国民党审查，也为了盈利，这一段范用以"骆驼书店"的名义出版了《巴黎圣母院》《有产者》《德国，一个冬天的童话》等世界文学经典，从编校、设计到印刷出版，几乎都是范用一人而为。《巴黎圣母院》的四十三幅版画插图，是他通过朋友从法国买来一本画册复制的。这本画册制版后交给译者陈敬荣，再没还回来。

组织上交给范用的任务之一，是调查官方书店、印刷厂的现状，尽可能详细，包括这些机构负责人住址及电话，写成材料，交组织上转送丹阳第三野战军，印成手册，以便于将来接管。这件工作得到一位朋友陶汝良的帮助。他是中共的老朋友，参加过1927—1929年的大革命，当时在福州路中国印书馆任职。这家印书馆与国民党中统局有关系。在这样的环境下，陶汝良多方面地帮助范用。中共在国统区的机关刊物《群众》周刊迁往香港，每期寄纸型到上海，都是通过陶汝良的关系找印刷厂印刷。有些书稿还由中国印书馆帮忙排版，把原稿中的"毛泽东"排成"王泽东"，付印时再把纸型上的"王"字挖改为"毛"字，这些都是陶汝良冒着危险做的。可以说，范用当时在上海的很多工作都是运用各种社会关系，依靠许多朋友才能完成的。

组织上交付的另一任务，是寄发警告信给官方书店、印刷厂的负责人，要他们保护好资产设备，不得转移破坏。这件工作范用是和许觉民、董顺华一起做的。上海解放后接管时，这些机构有的负责人拿出警告信说：信早收到，遵命照办了。

当时，范用还有一个特别的工作：给毛泽东买报纸杂志。早在1939年，他在重庆读书出版社工作，办理读者邮购，来信有从延安寄来的，写信人是李六如，地址是"天主堂"。李六如后来写过一部长篇小说《六十年的变迁》，当时大概做毛泽东的秘书。每次来信都附有一张购书单，用毛笔写在油光纸

在上海时的范用

上。同事告诉他，从笔迹看，这书单是毛泽东的字。那时在国统区还没有叫"毛主席"的习惯，直呼其名其姓，也没有把毛泽东的手迹视为墨宝。事情办完，这些信件、书单保存一个时期也就处理了。有一阵子，延安来信让他搜集章回体旧小说。他将重庆新旧书店里的旧小说搜罗了一批，交给八路军办事处转送延安。那时重庆文艺界正在热烈讨论民族形式问题，在延安的艾思奇、周扬、陈伯达也在发表意见，可能毛泽东注意到了，研究这个问题，要看旧小说。这是范用的猜测。后来他看到《在延安文艺座谈会上的讲话》里就谈到"对于过去时代的文艺形式我们也不拒绝利用"。

　　为毛主席买报刊这件工作，范用很乐意做，他还可以饱看"过路"报刊。那时上海出版的报纸杂志有百来种，每种买一份，连英文的如《密勒氏评论报》也要。买来的报纸杂志，打包托中共的贸易机构运走，他们有条机帆船，往来于上海、烟台，运送物资。运到烟台，再转送河北，可能是平山西柏坡中共中央所在地。因为买报刊，范用交了几个报贩朋友"小宁波""小山东"，跟他们混得很熟。有一回在虹口，有个报贩悄悄告诉他："今天这一带有狗（特务），当心点。"

应柳湜的要求，范用给延安购买过一大批字典。柳湜当时在延安担任边区教育厅长，他是读书出版社的创始人之一，和范用是熟人，所以托他办这件事。范用将重庆市面上能够买到的各种字典（大多是小字典、学生字典）搜罗了几百本，装了两麻袋，交八路军办事处运走。这批字典随叶挺、博古乘坐的飞机撞到黑茶山上一起遇难，没有运到延安。

范用还参与了一些策反和情报工作。淮海战役时，国民党军兵团司令黄维的太太在上海，有一位牙科医生刘任涛愿意介绍范用找黄维太太，要她动员黄维率部起义。刘任涛和黄维都是留德的，一学医一学炮兵。此事正在进行时，黄维兵团被解放军歼灭。黄维太太新中国成立后被安排在上海文史馆做资料工作，黄维甚为感激。

情报工作方面，朋友王默馨介绍范用认识上海警备司令部作战科科长潘刚德，潘提供了有关防守上海的部署，包括吴淞口地区工事布置、上海兵力防御部署、沪宁溃退的残军、一二三军接防七十五军，以及其他有关军事情报。交付情报的地点在上海市政府对面汉密顿大楼的一个写字间。解放后当年参与此事的方学武告诉范用，这些情报对攻打上海起了作用。情报显示浦东地区防御薄弱，解放军即由此攻入上海。

范用还主动参与编印地下刊物，不是组织交给的任务，是帮朋友的忙。有一段时间，朋友戴文葆介绍他隐居在横浜桥海军月刊社，社长郭寿生是中共的老朋友。原在《文汇报》工作的陈尚藩和戴文葆等几位朋友自己掏钱买了美国军队剩余物资短波收音机和日本二手货手摇油印机，秘密出版一份油印刊物，传播邯郸新华社消息。其中有两期稿子是交范用刻写蜡纸，拿到六马路（北海路）一家牛皮店楼上油印数百份秘密散发的。刊物的名字是范用起的，一期叫《火种》，一期叫《星火》。其中登有毛泽东的《目前形势和我们的任务》一文。

在上海，范用有了个收音机，凡是播放外国名曲，他都收听。有一家电台，每星期日有个固定音乐节目，主办者是永和实业公司，主持人为姚继新，还编印一份《乐曲浅释》，每周一期，免费赠送，函索即寄，编得很认真，介绍外国著名音乐家还附有画像。这份《乐曲浅释》范用存有三十多期。

为听音乐，还买了几本书：丰子恺的《世界大音乐家与名曲》、徐迟的《歌剧素描》等。有一天，在四川中路一家琴行的橱窗里看到一本厚厚的《贝多芬》，定价很高，他狠狠心，也买了。

当时生活、读书、新知三家出版社在上海有个副业机构，用机帆船往来于上海和解放区大连、烟台，从事贸易。有一次运来一大批唱片，是遣返回国的日本侨民卖出来的，运到上海卖给酒吧、咖啡馆，最后剩下五六百张，同事曹健飞知道范用喜欢，全部给了他。1947年全面内战展开，他全家过的是地下生活，在黎明之前最黑暗的时刻，这批唱片成了他的伴侣。上海解放后，他把这批唱片给了三联书店俱乐部。

说到音乐，范用还有过一段奇遇：1942年，马思聪到了桂林，李凌介绍范用认识他。马思聪和夫人王慕理在一个电影院举行演奏会。幕拉开，王慕理坐到钢琴前，才发觉凳子矮了，范用飞奔回家拿了个枕头给她垫在凳子上，总算救了急，可是电灯又灭了，他再飞奔去买洋蜡，在烛光之下马先生拉起了《思乡曲》，王慕理伴奏，听众中很多失去家园的人，他们永远不会忘记此时此曲。过了几天，李凌告诉他，马思聪想带个徒弟，条件是供给食宿，跟他学拉提琴，同时帮助他料理一些家务。李凌想推荐他。他想来想去，觉得自己不是这块料，工作也不允许离开，况且他已经二十岁，已经不是学提琴的年纪，只好婉拒了。

1949年5月24日夜晚，范用在晒台上看到浦东方向火光烛天，传来隆隆炮声，非常兴奋——天要亮了！早上醒来，到弄堂口一看，人行道上睡着许多解放军战士，他立即约了吉少甫去北四川路邮局，那里有香港三联书店早就寄来的毛泽东著作单行本纸型，存而不取，以待解放。经过茂名路时，十三层楼（旧锦江饭店）上还有残敌打枪；四川路上桥上还躺着许多国民党军士兵的尸体。

也是在这一天，组织通知范用到西藏路东方饭店报到，领到两套解放军军服和军管会臂章、中国人民解放军胸章。穿上军装，他成了一名文职军人。他抽空回镇江看望外婆和母亲，穿这身军装与亲人拍了一张合影。这张照片和一枚盖有"中国人民解放军上海军事管制委员会主任之章，中华民国三十八年

1949年上海解放后，回镇江看望外婆和母亲

佩用第文字——〇"的胸章也保存下来了。

《文萃》烈士

　　范用和陈子涛相识于重庆。陈子涛原在成都编《华西晚报》。1945年4月，四川大学特务学生三十余人捣毁《华西晚报》，报馆职员几乎走避一空，陈子涛却坐在办公室里继续工作。他怕暴徒捣毁排字房无法出版，独自挡在排字房门前，因而遭受暴徒殴击。5月间陈子涛出走重庆，在读书生活出版社歇脚，住了两晚，在办公室打的地铺。黄洛峰总经理叫伙房添

了两个菜，算是为陈子涛洗尘，范用因而与陈子涛相识。

抗战胜利后，他们都到了上海。陈子涛是《文萃》周刊的编辑，《文萃》周刊是中共上海地下党和进步新闻记者创办的，当时是得到上海国民党政府相关部门批准以合法方式出版的，由黎澍主编（黎澍曾是北京大学学生，历史学家。早年加入中共，从事新闻工作，编辑和主编过多种进步报刊，曾任《华西晚报》主笔，与陈子涛是同事）。为《文萃》写稿最多的中共人士是胡绳，笔名"公孙求之"；另一位是姚溱，他以笔名"丁辉""秦上校"写的"军事述评"宛若现场采写，生动具体。其他如宋庆龄、郭沫若、冯玉祥、马叙伦等都曾为刊物写稿。《文萃》大量发表民主人士的政论和重要政治事件的通讯，政治性很强，影响很大，但随着国民党反共政策公开化，只好从大型变成小型，从公开转入地下。1947年3月，因多次受到特务搜捕，组织上决定将黎澍调往香港，由陈子涛等坚持出刊。作为地下刊物，"文萃"两个大字从封面上不见了，只是留着"文萃丛刊"几个小字。后来连小字也不见了，封面上只有一个捎着一支大笔、挺着胸脯、大踏步向前的漫画人物。聪明的读者们立刻认识了这个漫画人物，把它看作《文萃》的标志。

《文萃》创刊号

小本《文萃》共出版了九辑，出一辑换一个书名。出版地点伪装为香港，定价也印港币。其实刊物的编辑、排校、印刷、发行完全在上海。为了迷惑敌人，第九辑还另印《孙哲生传》封面。第十辑预定用"假凤虚凰"做书名——那时电影院正上映一部叫作"假凤虚凰"的电影。《文萃》的发行人员吴承德约范用为这一辑设计封面。

陈子涛为最后一辑即第十辑《文萃》所写的《前言》，内容主要摘自毛泽东的文章和新华社文告。文章最后说："亲爱的读者们！这本小册子是我们用血的代价换来的。希望你们保存它，并把它传开去。一百年来志士仁人奋斗以求的新中国，就要诞生了！大家快行动起来，用行动来迎接新的伟大事变！"

文萃社原来在福州路、江西路口的汉密尔顿大厦租了两间写字间办公，陈子涛负责编辑，骆何民担任排印，吴承德办理发行。后来发现写字间四周有可疑的人出没，知道已经被特务盯上。吴承德到北四川路北仁智里找黄洛峰，请他帮助转移，黄洛峰当即把北仁智里167号读书出版社宿舍腾出来给文萃社，挂"人人书报社"的招牌。此时陈子涛居无定所，随身带着的大皮包、帽盒子、鞋盒子装着原稿、校样。公园、咖啡馆、马路上成为文萃社工作人员碰头商谈的地点。

1947年6月24日，有人到北仁智里读书出版社打听人人书报社，范用觉得情况异常，应当到167号报信。他把身上的全部东西掏出来放在办公桌玻璃板上（最重要的是写有地址和电话号码的小本子），空身前去。不料他轻轻推开167号大门，就被守候在门后的特务一把拉了进去，恶狠狠地问："来干什么？"他说："来小便的。我曾在这里住过，知道进门墙角有个尿桶。"特务搜查他的全身口袋，只只都是空的，一无所获，当胸给了他一拳："他妈的！侬这老鬼（老 ju，有经验的）!"当天他被押送到亚尔培路（今陕西南路）二号特务机关国民党中统局上海站。审问他的时候，他一口咬定是去小便的。后来知道在外捉人的叫"行动组"，全是彪形大汉；审问的是"政治组"，多半是白面书生，或共产党的叛徒。审问他的特务名叫苏麟阁，后来专事破坏学生运动，在上海解放时落入法网被镇压，《解放日报》还登了头条新闻。

陈子涛被捕时，身上有支自来水笔，上面刻有他的名字，成了证据。吴承德被捕时，特务从他身上搜出中共《七一宣言》校样。先他俩被捕的文萃社工作人员，还有一位烧饭的女青年，原来在苏北新四军，因治病来上海。从她身上搜出一张身着新四军军装的照片，真是糟糕透顶！

范用被关进囚室时，陈子涛已先在。晚上他俩并排睡在水泥地上，假装不认识。范用问陈子涛是干什么的，陈子涛说是纸行跑街的，范用说在出版社当校对。就这样他们串通了口供。

接连三天，陈子涛经受种种酷刑，而始终不屈服，没有说出一个组织成员。这在当时就在囚室传开了，大家都佩服他是硬骨头。

和范用同囚一室的，还有《联合日报》记者杨学纯、《新民报》记者张忱。三位女记者麦少楣、姚芳藻、黄冰另囚一室。

两个半月后，读书出版社黄洛峰总经理找关系花钱将范用营救了出去。出狱前，他问陈子涛有什么事要他办，陈子涛嘱咐他找陈白尘先生，把情况告诉他。范用出狱后就到虹口狄思威路（今溧阳路）陈白尘家做了汇报。至于为什么把情况报告给陈白尘先生，范用没问。

没料到就此与陈子涛诀别，再也未能相见。后来陈子涛几个人被从上海押解到苏州监狱，又由苏州转解到南京宪兵司令部，坐了一年多的牢。那时淮海战役已近尾声，国民党军节节溃败，京沪快要解放了。国民党特务就在此时对陈子涛、骆何民、吴承德下了毒手，于1948年12月27日晚10时绞死了他们。

陈子涛、吴承德就义时，都才三十几岁，正值英年，尚未结婚。骆何民是1927年的老党员，曾六次被捕，这次是第七次。

和范用关系密切的烈士还有他入党时的监誓人华风夏。1945年延安召开中共第七次代表大会，华风夏是代表，由重庆赴延安。会后他被派回西南任川康特委兼川北地委书记。1949年由川北返成都途中被捕。在成都受尽酷刑，坐老虎凳，烧八团花，背部都烧烂了。解到重庆囚禁于渣滓洞，洗澡时，背上一团团香火印可以看得很清楚。他在渣滓洞七号囚室与难友王敏、吕英组织"设计小组"，帮助难友学习，并且拟定学习提纲《对新社会的认识及在新社会处事做人的态度》。难友们对他的印象极好，认为他看问题、分析问题都很深刻，报告支部工作最为精彩。他的报告在几个囚室传达。1949年10月重庆解放前夕，华风夏同另外五位难友被提进城，28日在大坪就义时，特务要他跪下，华风夏不跪，高呼口号，壮烈赴死。

这些亲密战友为民主、自由、解放大众而死，死在黎明前（华风夏就义时，中华人民共和国已经成立）。范用终生怀念他们。

来到北平

1949年5月下旬，上海一解放，范用就被调到军管会新闻出版处，先参加接管，然后在出版处做调研工作（联络员）。

三个月后，8月下旬，中共中央出版委员会调他到北平工作。

那时火车尚未畅通，乘汽车。路上时有国民党军飞机空袭，车开到安徽的明光，又响起空袭警报，只得下车疏散，被告知入夜才能开行。范用到一农家，买了一只母鸡，请农家当场宰杀，炖了一锅汤，美美地吃了一通。

行前上海军管会新闻出版处给了他一份证明书和一份转关系的信。证明书相当于路条，用的是军管会信笺，上面写："兹有本处工作人员范用同志赴北平接洽公务，特此证明。"字是三联书店同事、原生活书店的许觉民写的。许觉民能写一手漂亮的毛笔字，三联书店很多书名、刊名都请他书写。

证明书上贴有范用的半身照。当时他已经穿上军管会发的土布军服，佩戴中国人民解放军军章和军管会臂章，但用的照片仍然是穿西服、打领带的。其实，他并不习惯穿西服，纯粹因为在上海工作需要。他穿的一身三件套西服，还是新知书店曹健飞从解放区大连带来的，买的是被遣返回国日本侨民的旧衣。

另一份是作为组织调动工作转关系的信："本处出版室范用

同志，因工作需要，调往北平出版委员会工作，本处可予同意。"这是生活书店创始人之一徐伯昕亲笔写的，盖有名章。徐伯昕时任上海新闻出版处副处长。

这两份证书，都盖有"上海市军事管制委员会文化教育管理委员会新闻出版处"图章。

颠簸数日，终于到北平了。出版委员会主任黄洛峰，老领导了，范用就是向他报到。寒暄几句，黄洛峰叫来管干部的王钊。王钊劈头问：吃什么灶？范用不知道如何回答。黄洛峰交代：中灶。原来食分三等。一等小灶，出版委员会只有主任享有此种待遇。二等中灶，新知书店创始人之一华应申和一批中层领导干部吃中灶。可见对范用还是挺重视的。一起吃中灶的有程浩飞、王仿子、徐律、朱希等几位老同事，他们又从天南地北聚到一起了。三等是大灶。所谓中灶，只比大灶多一个肉菜，主食同大灶一样：窝窝头、馒头、二米饭（大米小米混煮，看上去颇似蛋炒饭）。

出版委员会是北平解放后中共领导下的第一个出版机构。它既是出版管理机构，又是出版书刊的生产单位。原生活书店的王仿子曾回忆说："出版委员会成立于2月23日（1949）。我到出版委员会时看到各业务部门的负责人几乎清一色是三联书店的干部。"

当天晚上，范用睡在黄洛峰的办公室里。半夜铃响，中宣部部长陆定一打来电话。中南海总在夜里办公。他初来乍到，不知道怎么办。为此，出版委员会还挨了陆部长的批评。此后，建立了夜间值班制度。

在北京（约 1950 年）

　　跟上海完全不一样，范用觉得北平是个十分安静的城市，给人以单调、严肃的感觉。他人到了北平，心还在上海。倒不是惦念留在上海的家小，而是在上海住惯了，留恋那里的文化生活。上海那时是全国文化中心，有几十家书店、出版社，范用当惯了福州路书店"巡阅使"，每天都可看到新书、杂志，报纸也有好多种。北平办公室里，只有一份《人民日报》可看。

　　睡在帆布床上，他心里想，人生也真怪，假如不是黄洛峰，他不会进读书生活出版社；假如不是黄洛峰，他也不会来北京——从基层直接进了中央！

　　第二天，他脱下军服，穿上网球衫，出门见同事。出版委员会的小青年都说：来了一个大学生，此人不像老干部。

　　出版委员会是中宣部的一个工作部门，任务为编印毛泽东著作，统一各地的版本；编印党的政策文件，以及编印一套"干部必读"。范用任杂志科科长。办公地点在司法部街。这条街以及附近的一大片房子后来全拆了，在这儿建了人民大会堂。

出版委员会与新华社在一个楼里办公。逢星期六，新华社的人在大厅里开舞会，有的男同志穿着汗背心跳交际舞，范用觉得很新奇。

那时国家初建，百废待兴。在中宣部出版委员会工作不到两个月，1949 年 10 月，中央人民政府出版总署成立，署长胡愈之。出版委员会调整建制并入出版总署，改名为出版局，12 月任命黄洛峰为局长，范用仍任杂志科科长。1950 年 4 月，新华书店总管理处成立，黄洛峰任总经理，下设出版处、发行处、厂务处三大机构（其实就是编辑、发行、印制三个机构），调范用到出版处工作，任副主任。1950 年 12 月，根据国家实行专业化分工的决定，将新华书店总管理处的出版处成立为人民出版社，厂务处成立为新华印刷厂总管理处，发行处成立为新华书店总店。范用随出版处来到新生的人民出版社，第一份工作是负责期刊出版。此时黄洛峰转任出版总署"毛泽东选集出版印刷发行工作委员会"主任，从此直至黄洛峰 1980 年去世，范用与他在不同单位工作。但范用和丁仙宝一直感念黄洛峰对他们的培养和爱护，一直视他为恩师，经常去看望他，请教他。

当时有十三个期刊在人民出版社出版，包括《新华月报》（胡愈之主编）、《文艺报》（丁玲主编）、《人民文学》（茅盾主编）、《人民美术》（王朝闻主编）、《人民音乐》（黎章民主编）、

《新中国妇女》(沈兹九主编)、《中苏友好》(张仲实主编)、《说说唱唱》(赵树理主编)、《翻译通报》(金人主编)、《时事手册》(王宗一主编)、《保卫和平》(孟鞠如主编)、《争取持久和平，争取人民民主》(冯亦代、荒芜主编)、《出版周报》(华应申主编)，各刊有各刊的编辑部，但出版工作由人民出版社承担，起初只有范用一人，随后调来张启亚、张子维，并从新华印刷厂"挖"来几名校对人员，又从上海招考了一批年轻人，到社后培训做校对，有沈昌文、陆世澄、张荣滋、沙曾熙等，由严俊带领。这样，由期刊出版科、期刊校对科组成了期刊出版部，范用担任主任。这一年，他二十八岁。

期刊出版工作，范用是驾轻就熟的。抗战期间在武汉，他在读书生活出版社工作，中共第一个公开刊物《群众》周刊、中华全国文艺界抗敌协会的机关刊物《抗战文艺》三日刊，都由读书生活出版社发行。《抗战文艺》由姚蓬子、孔罗荪主编，范用跟他们学会了画版式。以后到重庆，读书生活出版社出版的《学习生活》半月刊和《文学月报》，即由他经办。以上新中国第一批十三种期刊的版式和封面，大多是他设计的。

这十三种期刊，有的是月刊、半月刊，有的是周刊，几乎每天都发印一种，工作相当辛劳，常常需要夜里加班。好在他正年轻，精力充沛，不怕开夜车。出版部与编辑部之间也有费点口舌的时候，例如临付印抽换稿件等，但大家的关系很融洽，到处洋溢着同志爱，人际关系很好，精神很愉快。期刊的主编，都是他所尊敬的作家，有的是长辈，跟他们在一起工作是很好的学习机会。比如丁玲就曾请他到她家中吃饭。她住在文联，与人民出版社都在东总布胡同，很近。有一次她还带他去前门全聚德吃烤鸭。这是他平生第一次吃北京烤鸭，难以忘怀。

范用和期刊出版部的年轻人合作共事，也结下了亲密的友谊。工作中没有一个叫苦叫累的。他们下厂付印，晚上才能从西城阜成门外新华印刷厂回到东城，有时范用请他们在胡同口吃碗馄饨，就算是宵夜（黄洛峰当年在重庆读书出版社也是这样对待年轻的同事的）。他与承担期刊排印的新华印刷厂一厂、二厂和京华印书馆的排印工人也结下了友谊。新华印刷厂有位叫田儒的，每天骑自行车往返送取校样，有时等到晚上才能回去。他骑的自行车挂个白纸灯笼的车灯，刮风下雪，来去不误……那是一段特别美好的回忆，因为解放了，不用提心吊胆了，从事自己喜欢的出版工作，好像永不疲倦。

《新华月报》是胡愈之创办的。早在1937年1月，胡愈之就在上海创办过一份名为《月报》的综合性杂志，由开明书店出版。这份很受欢迎的杂志因抗日全面战争爆发，只出了七期就停刊了，也因此在胡愈之心中打下了一个心结。

胡愈之生于1896年，浙江上虞丰惠镇人，社会活动家，具有多方面成就的革命学者，一生集记者、编辑、作家、翻译家、出版家于一身。早年创建世界语学会，与沈雁冰（茅盾）等成立文学研究会；1922年初参加中国民权保障同盟；1932年与邹韬奋、徐伯昕创办生活书店；1935年后参加上海文化界救亡运动，为"救国会"发起人之一；1949年后，曾任国家出版总署第一任署长、全国人大常委会副委员长和全国政协常委。

1949年下半年，胡愈之决定创办《新华月报》，并利用参

胡愈之

加中国人民政治协商会议第一届全会的机会，请毛泽东为《新华月报》创刊号题词。11 月 15 日，当开国大典的隆隆礼炮声还在共和国上空回荡，新中国第一本大型时政文献综合期刊诞生了，它集结了包括胡绳、王子野、曹伯韩、楼适夷、艾青、臧克家、石少华等在内的强有力的编委班子。创刊号封面大红喜庆，主题画面是毛泽东在中国人民政治协商会议第一届全体会议上致开幕辞的照片，左上角有国旗中的五星，正上方有"中华人民共和国开国纪念"粗黑大字，右边是毛泽东题写的"新华月报"大字刊名，内页首先是中央人民政府主席毛泽东肖像，紧接着是六位副主席像、总理周恩来、秘书长林伯渠、最高人民法院院长沈钧儒、最高人民检察署检察长罗荣桓的肖像。胡愈之撰写的《人民新历史的开端》代发刊词，强调了《新华月报》的任务是"记录新中国人民的历史"。另外还分别开辟了《中国人民政治协商会议》专栏、《新中国诞生了！》专栏，刊出了《中华人民共和国中央人民政府公告》等重要开国文献与文章多篇，而《中华人民共和国开国纪念画刊》则刊出了四十幅开国照片，以及《为人民政协而歌》诗五篇。

范用读过1937年的《月报》，很有好感，认为这样综合性的时政性杂志，读者特别需要，可谓一刊在手，尽览天下大事。他为《新华月报》的创办叫好。创刊号的封面和内文版式都是他设计的。可是后来发现，这创刊号有两个失误，一般人不知道。一是临付印时他心血来潮，在封面左上角印上了刚通过的国旗上的五星，出版后即有人提出这样印国旗局部不妥，幸好当时尚无国旗法，不了了之，如果撕下重印，损失就大了；二是创刊号内毛泽东题词插页，胡愈之在政协会上请毛主席题词时，主席问写什么，胡愈之就将政协正在讨论的"爱祖国，爱人民，爱劳动，爱护公共财产为全体国民的公德"写下来交给毛主席，毛主席照写了，没想到胡愈之漏写了"爱科学"，"公共财物"写成了"公共财产"。后来胡愈之检讨自己说："那时我又高兴，又兴奋，立刻到会场外面去打了电话，要《新华月报》编委会马上来会场取去，赶紧制版，根本没想到核对一下。"创刊号印出发行后一个多月才发现问题，已无法补救。不过，当时也无人追究。

来到北平（中华人民共和国成立后改名北京），短短一年多时间，范用的工作岗位已经换了四个——其实是换汤不换药，还是做出版工作，尤其最后来到人民出版社，又到了出版一线，做的都是熟悉的工作，他觉得如鱼得水，顺风顺水。

我最大的乐趣就是把别人的稿子编成一本很漂亮的书，封面也很漂亮。

我们做出版工作的有一种责任：看到好的稿子，就应该想办法让更多人看。

——范　用

无论是在三联书店，还是在人民出版社工作，在精神上，我属于三联——由韬奋等前辈所开创、培植的三联精神，我始终以此要求自己。

——范　用

你能不时编印一些已逝和未逝的智者的书，可佩可敬。我们出版界，可能就缺少这样的出版者。

——陈原致范用

"三联书店编辑部"

时间来到1951年，根据中宣部和出版总署关于继续调整全国出版工作布局的指示精神，决定将三联书店并入人民出版社。这年6月5日召开了"关于三联书店与人民出版社合并问题座谈会"，黄洛峰、沈静芷、胡绳、华应申、王仿子、邵公文、史枚、许觉民、郑效洵等三联人参加了会议。会上主要讨论了三联出版物的发行问题、人员分配问题、出版物的名义问题和资金分配原则等，提出：这是一次彻底的合并，但合并后，"人民与三联，名义还是两个，故两者间要分工，要以三联辅助人民"；"以出版物的范围言，人民着重于精审的政治书籍（包括通俗的政治读物），其范围是政策文件、领袖言论、马列主义理论、政治时事、哲学法律；三联着重于财经与历史，其范围是财经书籍、历史及传记、地理、通俗的社会科学读物"。1951年8月，三联书店正式并入人民出版社，作为该社"副牌"，出版社编号为002。如此，不管怎样，分开不久，范用又与三联书店在一起了。

从三联书店并入人民出版社到1953年底，两年多的时间，以三联名义出版的书籍很少，统共不过八十多种，其中比较重要的有《社会主义思想史》（陶大镛）、《政治经济学大纲》（上册，沈志远）、《美国简明史》（黄绍湘）、《恢复时期的中国经

20 世纪 50 年代的范用

济》（郭瑞楚）、《〈矛盾论〉解说》（李达）等，大多是旧作重印。这种情况引起了关心三联书店人士的注意。在一次会议上，中宣部常务副部长胡乔木提出恢复三联书店编辑部。据陈原回忆说："参加会议的人不多，我记得有徐老（徐特立），有黎澍（当时是中宣部出版处处长），还有陈克寒、黄洛峰、金灿然、叶籁士，我记不得人民出版社还有谁参加，可能王子野去的，但胡绳肯定没有在场。不知为什么让我参加了。照上举名单，参加那次会的人除我以外都已作古了。乔木同志在那次会上，建议恢复三联书店编辑部，暂时仍设在人民出版社内，作为一个编辑室建制，但是拥有自己独立的选题计划，可以用三联书店的名义独立活动，组织上仍归人民出版社总编辑领导，有点半独立的样子。我记得乔木同志讲过一句意味深长的话，他说，俗语说，'宁为鸡口，毋为牛后'，三联书店这块招牌当作纯粹的附属品，那样做使得编者、作者、译者心里都不痛快，不如设立一个小小的机构。他说，有些书稿不好用人民出版社的名义出，当然也可以用三联名义，但三联编辑部总要有自己的方针，自己的计划，这样才能调动著译者和编辑的积极性。"随后，在1954年1月9日中宣部上报中央的《关于改进人民出版社工作状况的报告》中明确提出："应在人民出版社内部设立三联书店编辑部……三联应当更多出版著作书籍，以便使党员和非党员作者的各种虽然尚有某些缺点，但有一定的作用的作品都能印出来。此外许多旧的学者的著作，特别是关于中国历史的各方面材料的整理和考据的著作，对于我们还是有用的，这类著作一般可由科学院出版，但人民出版社和三联书店亦可酌量选印；翻译书籍中，除马克思列宁主义著作外，各种古典学术著作也应陆续有译著出版。三联书店可以较多出版社会科学其他古典著作的译本。"

人民出版社落实中宣部精神，成立了三联书店编辑部，下设中国历史、外国历史、地理等六个编辑组，任命人民出版社副总编辑陈原兼任编辑部主任，把人民出版社第四编辑室主任戴文葆调来任三联书店编辑部副主任。以后二十多年间，虽然人民出版社和整个出版界进行了多次调整，三联书店编辑部的建制一直保存下来。在这段时间内，三联书店编辑部除了在编辑工作上具有独立性，其他如设计、印刷、发行等整个工作流程还是在人民出版社的框架里进行，范用作为办公室主任和副总编辑（一度还做过历史编辑室主任），经手了所有三联书稿。比如吴晗的《灯下集》（初定书名为《读书札记》），1960年三联书店出版，至1962年已经印了五次，1963年准备重印时，编辑提出一些疑难问题，范用批示说："请走访作者一次，告诉他此书要重印，编辑部看了一遍，有些问题比较明显（打圈的），有的是否（有）问题，没有把握，统请作者斟酌一下。顺便问一问《朱元璋传》今年有无希望。"

陈原（1918—2004）是广东新会人，1939年在桂林进入新知书店工作，1946年在上海加入生活书店，协助史枚编辑《读书与出版》杂志。《读书与出版》是一个以书籍为中心的思想评论的综合杂志。后来史枚去香港，由陈原接任主编，直到1948年停刊。1949年后，陈原曾任人民出版社副总编辑、商务印书馆总经理、文化部出版局副局长、中国文字改革委员会

范用和陈原

副主任。他一生著译不断，有多部作品存世。戴文葆（1922—2008）是江苏阜宁人，是一位有成就的编辑家，还是一位勤奋的作家。他 1945 年毕业于复旦大学，第二年任上海《大公报》国际版主编、社评委员会委员、副编辑主任、管委会委员。1949 年后在人民出版社、世界知识出版社、中华书局、文物出版社、三联书店等多家出版社工作，1957 年被划成"右派"，"文革"后平反。

恢复三联书店编辑部之后，出版了许多在当时看来不那么主流的专门的学术著作。陈原还带队去全国各地走访专家学者，宣讲三联书店的出版方针，希望他们把自己的研究成果交给三联书店出版。其实，当时这方面的著作出版，全国除了科学出版社等几家出版社，也只有三联书店能够主动联络作者

（这是三联书店的传统），那些刚从连年战乱中回到书桌前的学者对热情的三联书店抱有好感，并在编辑出版过程中与之建立起一种特殊的信任，就是必然的了。那些年三联书店的出版物有《中国古代思想史》（杨荣国）、《隋唐制度渊源略论稿》（陈寅恪）、《小逻辑》（黑格尔）、《先秦诸子思想概要》（杜国庠）、《骨董琐记全编》（邓之诚）、《魏晋南北朝史论丛》（初编，唐长孺）、《人是机器》（拉·梅特里）、《明治维新讲话》（服部之总）、《北洋军阀统治时期史话》（陶菊隐）、《唐代长安与西域文明》（向达）、《中国兵器史稿》（周玮）、《清代科举考试述录》（商衍鎏）等一批内容分量重、能够传诸后世的作品。由于前述的选题分工安排，原本"非常主流的三联书店，这时似乎有了点'统战'的色彩"（董秀玉）。"这是学术基因植入三联书店的一次重要机会。"（沈昌文）

三联书店出版学术著作是十分认真的。比如《中国兵器史稿》，存下来的出版档案装订成册，共有一百三十页，七十一项，包括初审意见、复审和终审意见、外审意见、与作者家属通信（作者已去世）等。原稿 1953 年投来时，名为《中国兵器史》。编辑董秋水初审后认为此书有价值，因为此前还没有一部关于中国兵器史的书，而且弘扬中国传统文化，有积极意义，但书稿也存在很大问题，包括引用典籍随意，许多观点带有个人臆测成分等。他建议送专家或有关部门审阅，如考古研究所等。历史组组长史枚二审认为，此书虽有资料价值，但科学价值不大，且作者已去世，无法修改，建议退稿，也不必再送考古研究所代审了。总编辑王子野三审意见为："这样的著作当然应送请专家鉴定，轻率批一个'科学价值不大'是不对的。"于是通过时任考古研究所所长的郑振铎，延请考古专家郭宝钧代审。郭宝钧审阅的意见与董秋水的意见基本相同，史枚仍坚持自己的意见，认为不宜出版，王子野则决定："此稿按三联以后方针，应接受出版。"所谓"按三联以后方针"，就是前述中宣部指示："使党员和非党员作者的各种虽然尚有某些缺点，但有一定的作用的作品都能印出来。"根据王子野的批复，董秋水拟就给作者家属的回信，经史枚和范用修改，王子野签发：

《中国兵器史》一稿，经我们请专家审查，认为著者用力甚勤，搜罗亦相当丰富，惟范围过宽，抉择未精，引用古书真伪不分，观点尚多不妥之处，删改校正后可以出版，供研究参考之用。我们同意这个意见，故特奉商，如您可以授权我们请专家代为修改，并（当）确定由三联书店出版。

兹举应予删改和加说明的例子如下……稿中这类情形很多，如何删改和加以说明，我们当与专家续商。

但此稿件修改工作既极繁重，专家修改费时必多，我们估计至少

《中国兵器史稿》（1958）

要用两年的时间，因此，出版的时间至少也要在两年以后。

稿酬问题，拟在删改定稿后再商量，目前如有需要，我们可按章先预付一部分（附本社稿酬办法一份，请参阅）。

寄稿者回信完全同意编辑部的意见，授权三联书店修改后出版。经协商，审稿人郭宝钧既已对稿件情况了熟于心，就请他对稿件进行修改。此项工作自 1954 年 8 月下旬始，至 1955 年 3 月修改毕，删去四分之一约七万二千字，并删去了部分图片，凡臆测之语、伪书伪器、错误观点、空泛议论、重复之处一律删去，还从整体上润饰了文字。根据三联书店编辑部主任陈原的安排，稿件由董秋水、朱南铣和戴文葆三人再次审读后，确认可以进入编辑加工阶段。

在对稿件做最后的编辑加工过程中，董秋水报告，沈从文先生拟借《中国兵器史》一阅，作为他正在进行的《中国历史图谱》的参考，并答应阅后给提些意见。朱南铣建议："此稿目前暂不加工，可以请他（沈从文）提提意见，将来吸收进加工里去（但最后仍应请郭宝钧鉴定）。等他意见提来后，请办公室酌量赠书一二册。时间希勿拖延。"陈原批"可办"。沈从文阅后退回稿件，并提了八条意见，以工整的小楷写就。鉴于沈从文的认真，当时的秘书室主任范用建议：原定"送两本书似乎嫌少，还是送审阅费为宜"。但具体管事的人员认为："此稿不是请沈先生审的，是他借去看，顺便提了些意见，编室意见还是送书。"于是范用亲自挑选了《历史唯物主义》《奴隶社会译文集》和《封建社会译文集》各一册送给沈从文。发稿前，郭宝钧再审一遍，建议书名改为《中国兵器史稿》，认为加一"稿"字，有"未尽是"之意，比较妥当。如此，《中国兵器史稿》历时五年，经董秋水、史枚、陈原、戴文葆、范用、王子野等诸位编辑，郭宝钧、沈从文两位专家学者之手，始得面世。

类似的例子很多。三联书店就是这样一步步建立起自己的出版品格和信誉。

《蒋介石言论集》和"灰皮书"

当时，其他中央一级出版社，如人民文学出版社、人民美术出版社等，都归文化部领导，只有人民出版社由中宣部领导，出版社领导小组成员由中宣部报请中央书记处批准任命。

中宣部有办公会议制度，参加者为正副部长和处长，康生和陈伯达有时也参加。中宣部出版处处长包之静经常让人民出版社秘书室主任范用列席办公会，会上部长们问到有关出版的事情，他答不上就转身问范用。有一次康生参加办公会，见陈伯达来了，康生立即让座，并且开玩笑说："元帅驾到！"范用看了很不舒服。

有一天，中宣部许立群副部长通知已晋升人民出版社副总编辑的范用到部里开会。抗战期间在重庆，许立群在一家银行当职员，是地下党重庆市委青委，范用在他的领导下从事青年活动，是老熟人。参会的还有中华书局总编辑金灿然。会议的议题是编印《蒋介石言论集》和《赫鲁晓夫言论集》，是毛泽东提出来的。毛泽东在接见外宾时曾说，可以在中国王府井书店买到《蒋介石全集》和《赫鲁晓夫全集》，所以现在要出这两部言论集。范用表示这两部言论集都不适合由作为国家政治书籍出版社的人民出版社出版，金灿然则说中华书局是出版古籍的，也不属于他们的出书范围。最后议定由人民出版社编辑出版《蒋介石言论集》，由世界知识出版社编辑出版《赫鲁晓夫言论集》（后来，中宣部还是安排中华书局参加了《蒋介石言论集》的编辑工作）。

范用提出，承担这一任务有三点要求，请中宣部帮助解决：一、从其他出版社借调一批熟悉民国时期资料、能够编辑《蒋介石言论集》的编辑；二、向全国几个大图书馆借用蒋介石言论著作；三、向港台购买有关资料，邮局免检。

三点要求都得到批准。于是，范用派了三个编辑分三路调查、收集各地图书馆收藏的蒋介石论著：一路南下去武汉、长沙、广州；一路到西南的四川、云南、贵州；一路赴南京、上海。不久，大批资料陆续寄来北京，放了好几个书架，连蒋介石跟别人拜把子的金兰帖都弄来了。借调的编辑人员，范用开出一个名单，选择熟悉这方面历史和资料的有经验的编辑，其中有"右派"，也有"有历史问题"的人，加上人民出版社内部一些编辑，请一位编辑负责这个临时拼凑起来的"蒋集组"。

《蒋介石言论集》的编辑工作难度很大，但效率颇高，做了好几年，办公室一直在北京朝阳门内大街 166 号人民出版社四楼，有两间屋子，大家连桌工作。1965 年中华书局接手了这

在人民出版社办公室

项工作，办公室搬到翠微路 2 号中华书局院内。编辑过程中，收集资料工作一直未停。收集资料有一个标准："不能是只言片语，必须是完整文章，这样才能看出蒋介石的真实想法"，而且，"文章本来怎么写的就怎么样，不能改，编辑只是改错别字和标点。如蒋介石贬低、辱骂共产党的言论，以及后来主张抗日的言论，都不做删改"。最后成稿约一千两百万字，打算分为四十卷出版，先期打出四册样书清样送审，其余三十六本，前十六本已校对完毕，后二十本已排好字，未校对完。随着"文革"来临，这部书稿再也无人问津，送审的四卷也没下文。后来知道，编辑组送审的报告中建议印五千册，报到毛泽东那儿，毛泽东批示：五千册太少，应印一万册。范用通读了已经编完的稿子，主要是蒋介石早期的论著，所得的印象是，此人并非不学无术之辈。他在黄埔军校做校长时期，每晚到学生宿舍巡视，当场训话，有条有理，且有见识……

20 世纪 60 年代初，中宣部副部长姚溱负责国际宣传工作，主持编印一份《外国政治学术书籍简讯》，只印二十份，专供中央领导参考。姚溱 1946 年在上海，曾是中共刊物《文萃》的重要作者，与范用相识。他提出要调范用到中宣部专门负责《简讯》的工作。范用不愿意，说：工作我可以做，但我不习惯做机关工作，愿意待在出版社。姚溱也不勉强，在中宣部专门成立了一个"外国政治学术书籍编译办公室"，任命范用兼职做这个办公室的主任，另有一位老革命冯修蕙做副主任，还有一个年轻的干部沈昌文协助工作。冯修蕙和沈昌文在中宣部坐班，范用社里事情多，有时候去。此后，中央领导同志看《简讯》时，指定某一本书，批示"翻出来看看"，编译办公室就请人翻译，然后交给人民出版社专门成立的"国际政治编辑组"编辑出版。组长是张惠卿（后来任人民出版社总编辑）。

那几年，正是中共中央发动在世界范围进行反对现代修正主义斗争的时期，中国和苏联关于修正主义的论争公开化，这就促使翻译出版外国政治学术书籍加快了步伐。张惠卿回忆说："要和别人论战，不清楚对方的立论和观点，也就无法深入分析。而要弄清以赫鲁晓夫为代表的现代修正主义（新修正主义），又必须了解他们的老祖宗伯恩施坦、考茨基为代表的第二国际修正主义（老修正主义）。可是我们过去对他们的著作讳莫如深，只知道马克思主义'经典'作家怎样批判他们，却完全不知道这些'反面人物'的具体观点和思想。现在要和苏共展开论战，要反对和批判修正主义，就必须研究新老修正主义者的主要著作和思想。"例如苏联报刊攻击我们搞托洛茨基主义，使中央领导同志十分恼火，邓小平同志说：'赫鲁晓夫污蔑我们是托洛茨基主义，非写文章反驳不可。'可是我们过去紧跟斯大林反托、肃托几十年，却从未系统了解和研究过托洛茨基的思想和言论。因此毛泽东特别指示，要尽快把托洛茨基的主要著作翻译出来参考。"如此，重点编译、出版修正主义以及相关书籍的任务就提上了议程。中宣部"外国政治学术书籍编译办公室"总领其职，人民出版社（以及三联书店）、商务印书馆、世界知识出版社和上海人民出版社四家出版社互相配合，中央编译局承担书目规划和主要翻译任务。范用认为这件工作很重要，多了解一点外国的出书情况，不至于闭塞。他联系了一些翻译快手，其中写简介稿最快的一个人叫汪衡，一本几十万字的外文书，要不了多少天他就可以写出一篇详尽的简介，给中央领导参考确定是否全书翻译过来出版。

翻译过来的书，起初范用建议以"现代史料刊印社"名义出版，内部发行，后来还是四家出版社以各自名义出版。这套书是作为"反面教材"出版的，封面一律采用灰色纸，只印书名和作者名，并印有"供内部参考"字样，几乎没有设计，十分

"灰皮书"的一种

简陋，因此被称作"灰皮书"。

　　书目列出并审批确定后，找原著是一道难关。许多书是几十年前出版的，不要说国内，到外国也很难找到。尤其是托洛茨基的书，苏联从 20 世纪 30 年代就把他的全部著作都清除干净了，根本无法找到他的原著。后来有人想起中国的"托派"曾经翻译出版过许多托洛茨基的书，"肃托"时把书也一律收缴了。中国"托派"的大本营在上海。"1963 年初我奉中宣部之命专程去了上海，向上海公安局的有关同志说明了来意后，他们极为重视。但是事隔十年，这批书是否还在，放在何处，谁也说不清楚。后来总算找来了经手此事的同志，几经周折终于在他们的一间仓库的角落里找到了这批书，已积满了灰尘。我花了整整半天的时间，一本一本地拣了出来，大多是新中国成立前出版的托著的中译本，我记得有《十月的教训》《俄国革命史》《不断革命论》《文学与革命》《中国革命问题》《被出卖的革命（苏联的现状及其前途）》等二十余种，还有几种法译本和英译本。我如获至宝。"张惠卿回忆说。

　　"灰皮书"分甲、乙、丙三类，甲类最严，"反动性最大"，购买和阅读对象都严格控制。第一本"灰皮书"是 1961 年以三联书店名义出版的《伯恩施坦、考茨基著作选录》，后来又陆续出版了伯恩施坦的《社会主义的前提和社会民主党的任务》《什么是社会主义》，考茨基的《无产阶级专政》《恐怖主义和共产主义》《陷于绝境中的布尔什维主义》，托洛茨基的《斯大林评传》《俄国局势真相》等几十种。被列宁当年誉为"俄国马克思主义之父"的普列汉诺夫也列入了"机会主义人物"之中，编译出版了他的著作，此外，还出版了一批各国所谓修正主义著作和苏联一批知名学者的著作。"灰皮书"总计出版了二百多种。为了配合反修斗争高潮，在1963年和1964年出版最多，超过一百种。

张惠卿认为，"灰皮书"出版的目的，原本是为了配合国际反修斗争，但无意中冲破了长期以来的文化禁锢政策的桎梏，为中国学者打开了一个了解外部世界不同信息的窗口，积累了许多有用的思想资料，因而受到学术理论界的欢迎，对于推动理论研究、促进学术文化所产生的积极作用和深远影响是大家始料不及的。"灰皮书"出现在一个动荡的年代，它和当时国际国内形势紧密相连，在中国现代出版史上具有特殊意义。说是"内部发行""内部参考"，其实"灰皮书"的阅读范围大大超出了政治理论界，许多年轻的读者（比如诗人北岛、经济学家梁小民）通过种种渠道读到了这些书的一部分，而且由于是"禁书"，反而增加了阅读的兴味，获得了特别的阅读体验和思想知识，乃至影响到他们的人生道路。

范用自始至终参与了《蒋介石言论集》和"灰皮书"的编辑出版工作。在"文革"中，这成为他最大的"反革命罪行"之一，说他为蒋介石树碑立传。他是人民出版社领导（"当权派"）中被"造反派"批斗最重的人。但他坚决不承认自己做错了什么，硬顶硬扛，吃了很多苦头。有一天实在扛不住了，他才说，出版《蒋介石言论集》是毛主席的意见，有文件可查。于是这一条罪状第二天就从批判他的大字报中消失了。其实，在编辑《蒋介石言论集》的同时，范用还自作主张，要出版一本《蒋介石传》。他从出版"灰皮书"中体会到，不但要了解和学习革命的理论，还要了解敌人。起初只想出一本政治读物，并非严格意义的传记。他在人民出版社主持出版中国现代史的书籍，有两个朋友和顾问，一个是毛泽东的秘书田家英，另一个就是历史学家黎澍。恰巧黎澍的一位老相识严庆澍，就是写《金陵春梦》的"唐人"，路过北京，范用知道他掌握很多蒋介石的材料，希望可以请他写。黎澍帮着拟了一份编写《蒋介石传》的提纲，供严庆澍参考，目标是写一本严肃的、真实的传记，而非演义。此事不了了之。幸亏"造反派"不知此事。

《为书籍的一生》

20世纪60年代初的中国是一个政治相对宽松的年代，三十七岁的范用被任命为人民出版社副总编辑。他每天一早就到办公室，晚上总是最晚离开。早上到了办公室，打扫卫生的工作人员还没来，他"先到锅炉房打开水，然后到收发室，把送来的所有报刊都看一遍。他看得非常快，看完后把总编室和其他由他分管部门的报刊带走，一手提着暖瓶，一手抱着报刊，一边上楼（他在五层办公），一边哼着小曲或吹着口哨，脚步很轻快，非常潇洒。每天下班以后，楼道里都听不到声音了，他才又唱着小曲或吹着口哨，提着暖瓶，轻快地从楼上下来了。他把空暖瓶放在收发室，又把外埠刚到的报刊翻看一遍才回家。

20 世纪 60 年代的范用

天天如此";"那时有个叫侯隽的中学生，到河北省宝坻县插队落户，范用经常给她写信，鼓励她，还把每期的《中国青年》杂志给她寄去一本……每次寄杂志他都是自己先贴好邮票，再交给我们带到邮局去，不占国家一分钱的便宜"——曾经在人民出版社收发室、传达室工作的同事孙德琛回忆道。孙德琛不知道，范用还是小学生时，就是陈白尘先生为他订刊物，鼓励他上进。他是继承了先辈的操守。

1961 年晚些时候，范用得到一本俄罗斯出版家的传记，苏联国家政治书籍出版社 1960 年版，系"俄罗斯图书史和出版史丛刊"之一。他先请懂俄文的朋友翻看了一下，了解大概后即寄往上海，请与三联书店有多年合作关系的叶冬心审阅并翻译。叶冬心看后于 1962 年 3 月 17 日回信说：

……这部图书出版家的自传体回忆录我已看完，感到非常有趣。我觉得这是一本不可多得的好书，值得把它译出来。这本书虽然写在四十年前，但在苏联刊印出来也是不多几年前的事情，看书上的《代序言》，知道（对）它的评价是很高的。作者将他毕生的精力都贡献在出版事业方面，我们读后不但对他本人的身世感到有趣，同时获得不少有关俄国出版业发展的历史（知识），知道了许多文坛上的掌故。有许多东西，看来像是琐碎的，但是在研究俄国文学史的人看来，可能都是很珍贵的资料，同时作者绥青对出版事业的经验、见解，做出的努力，采取的方法，也未尝不可以供我们做一些参考。像这样的外文书，在我国介绍出来的的确还不太多。

这本书大体可以分为两部分，前面是作者的回忆录、俄国书报业的历史，以及作者对一些名作家的印象和描写，摘译比较困难，因为前后的事往往是有一些贯串性的；后面第二部（约占全书篇幅六分之一）是同时代的一些作家给绥青的信，以及有关绥青的回忆等，这些信和回忆录，有的是可以略去的。

　　假定这本书全部译出的话，估计有二十万字。由于内容涉及的面比较广，译时要多有一些参考书，可能就要多用一些时间来译。我打算把手头的一本书译完后，在7月里即开始译这本书，预计可以在今年12月内全部交稿。不知这样能否配合您的出版计划，尚希便中告知。

　　书名拟暂译为《书业春秋》，候全书译完后再定名，请您斟酌。

　　收到叶冬心的信以后，范用决定以三联书店名义出版这本书。签约后，叶冬心于当年7月开译，1963年1月译毕。接读译稿后，1月29日，正月初五刚上班，范用就给叶冬心写了一封信：

　　春节以前，收到您寄来的绥青回忆录的译稿，我们一口气读完了它。它真是一部很有趣的书。今天上班，我们就把它发排了，打算早一点印出来，因为我们出版界里也已经有很多人知道这部书了，都想读它。

　　对您在这部译稿上所做的认真仔细的工作，我们很满意。谢谢您的帮助！

在发排以前，我们还删去了几章（讲他见沙皇、维特的）以及最后的两篇附录。这些，我们将照样付给您稿费。

信中范用还请叶冬心补译一篇附录，内容是关于出版柯罗连科的《马卡尔的梦》的插图的。范用强调说："尽可能把书籍装潢得漂亮一些，是绥青的工作特色。现在我们在出版工作上，对书籍的插图也还没有给以足够的重视。因此，把这篇译出来给大家看看，可能是有意义的。"

第二天范用又给叶冬心写了一封信：

昨天寄上一信，有个问题忘了写，就是书名用哪一个？现有三种意见：

《把生命献给书》

《为书籍而生活》

《为书籍的一生》。

我们打算采用最后一个，即《为书籍的一生》。您所拟译的《把生命献给书》，似乎说得过重了一点。您的意见如何？

插图尽可能都采用了，几幅彩色的也照样复制。

叶冬心欣然接受了范用关于书名的意见。此书于 1963 年 7 月出版，上市后，很受出版界欢迎。然而实际上，在当时环境下，这是一本不合时宜的书，仅仅印了两千一百二十册。

俄罗斯出版家绥青生于 1851 年，他只在乡村小学读过三年书，不会写严格的自传，只是晚年记下的一些往事的片段。

《为书籍的一生》（1963）

苏联作家富尔曼诺夫（小说《恰巴耶夫》的作者）当时在出版社做编辑，他读了这些片段后说："它的内容太有趣了，哪怕是用来写一部小说都行。"书稿1922年交给苏维埃出版局，但后来找不到了，直到三十多年后才由绥青的儿子在他的遗稿中发现，从而得以出版，而此时绥青已去世多年了。

为书籍度过一生并非绥青个人的选择。他十五岁从乡下来到莫斯科，原打算到皮货商那儿学生意，因无位置，暂且到一家书铺打杂帮工。这家书铺主要经营印制粗劣的宗教或伦理内容的木版年画，供乡下人在年节时挂；再就是一些市场写手拼凑的惊险故事、恐怖小说以及圆梦书、尺牍大全、歌曲本，也有一些传统童话，供穷人消遣。

小绥青一边做擦鞋、洗碗、挑水、买菜的杂务，一边跟着师傅们学做书画贩卖业务。他勤快肯干，机灵忠厚，很得老板喜欢，几年后成为书铺的骨干，很多业务都仰仗他。到他二十五岁，已经不满足别人供给的书画质量，自己投资开办了一家石印厂，印刷大画家瓦斯涅佐夫等的画。他可以自由选购市场写手们拿来的稿子，要求他们将普希金、果戈理的小说改编为通俗故事。他的印刷品印得漂亮，内容新颖，销路大开。他不满足已有的成果，聘请最优秀的画师和第一流的匠人，"从来不跟他们讲什么价钱，只是向他们要求最高的质量"。1883年，他与另外三人一起组建了"绥青图书出版股份公司"。他总结十七年图书出版的经营之道是："它们是非常有趣的"，"它们是非常便宜的"。有了这两条，就能在市场站住脚。

事业成功的同时，绥青也深知图书市场上的种种缺陷，其中重要的一点就是，"我们离真正的文学很远"。1884年底，列夫·托尔斯泰的追随者们成立了一家"媒介"出版社，目的是面向平民，用有益且价格便宜的书籍取代流行的、有害的读物。他们动员了作家列斯科夫、迦尔洵、奥斯特洛夫斯基、谢德林、柯罗连科、契诃夫和画家克拉姆斯科依、列宾、苏里科夫一起工作。出版社的负责人希望找一家可信赖、负责任、印制质量高的出版商合作，而绥青图书出版股份公司是当时声望最著的出版商。两家一拍即合。绥青和"媒介"出版社整整合作了十五年，从而使他的图书从市场写手的通俗故事一步跨到列夫·托尔斯泰，进入主流文化和时代前沿。其间，列夫·托尔斯泰常常指导编辑、印刷和销售工作。他喜欢到书铺里看望绥青，喜欢和聚集在那儿的各地来的书贩子们谈话。他穿着农民的衣服，书贩子们不知道是在和谁谈话，当听到他问生意如何时，就回答说："怎么着，你也要学这一行吗？你老了，老大爷，太晚了……"列夫·托尔斯泰听了哈哈大笑。绥青特辟了一个部门，专门推销列夫·托尔斯泰的著作。剧本《黑暗的势力》一年竟销了一百多万册。

除了在书铺接待列夫·托尔斯泰，绥青还常与其他作家交往。他和契诃夫、高尔基成了好朋友。在与这些作家交往的过程中，他渐渐懂得了，出版不仅关乎"生意"，而且关乎"文化"；书铺不仅是为"读者"服务，而主要是为"平民"服务——"读者"是现成的，"平民"却需要出版人去造就成"读者"。他的眼界宽了、见识高了。

绥青几乎在所有的图书门类出版中都是开创者。他编辑出版新的历书和年历，里面有各种各样新鲜的文化和生活知识，是包罗万象的参考咨询手册和百科全书。他改革儿童读物，将普希金的童话配以精彩的插图出版，将世界公认的经典童话引进到俄国，低价销售。他以巨大的热情出版十九卷本的《军事百科全书》，有上百人参加了撰写、编辑和出版工作，为此在彼得堡设立了专门的编辑部、排字车间、绘画室和制版工厂，前后用了五年时间，投入巨资。他还编印了《平民百科全书》《儿童百科全书》。列夫·托尔斯泰去世后，他接受了出版《列夫·托尔斯泰全集》的工作，廉价销售了一万套精装本、十万套平装本，没有从中赚钱。他说："我们都受到了列夫·尼古拉耶维奇的好处，如果现在不响应遗产继承人的呼吁，那可是一种忘恩负义的行为。"

在俄国近世出版史上，绥青无疑是个大人物。高尔基评价绥青出版的书是"对俄国社会的重大贡献"……

范用非常喜欢这本书。他不但以出版了这本书而满意，还深受这本书的影响。在他身上可以看到绥青的影子。可以说他念念不忘这本书。1982年初，上海出版局局长宋原放给范用来信，说上海新成立了学林出版社，这个社打算着重出版有关出版史、出版工作的书籍，希望三联书店把1963年版的《为书籍的一生》转交他们再版。范用批了一个意见给本社出版部：

此书我原拟列入再版书目，考虑到彩色图版费事，迟疑未定。请出版部表示一个意见，如果我们任务很多，这种再版书排不上，彩色制版太麻烦，是否可让上海去再版？

出版部回复的意见是："如果编辑部能找来原书插图页，我们仍能设法复制的。至于是否转给上海，仍请范用同志决定。"

1983年8月，三联书店依据1963年版重印《为书籍的一生》，印数一万册。不知为什么，部分彩色插页变成了黑白的。范用看到样书，很不满意，当即给出版部写了一封信：

我见重版本《为书籍的一生》删去了其中的彩色插图，不知何故？是找不到版子、原稿，还是偷工减料？为此，我在数月前将《为书籍的一生》原文书送给你社，供你们将彩色版拍摄底片存档，以备再印时恢复原貌。现在不知道此书是否已到出版部，如已到，请尽速拍摄，将原书退还我保存。如未到，请即查一查。

一本书的插图，再版时随意删除，这不是一个严肃的出版社（而非书商）所应当做的。须知，书的插图是一本书的不可少的部分，当初编入是有道理的。买书的人绝不愿意自己买到的书是残缺的……

可惜的是，1983 年重印后，《为书籍的一生》一直未能再版。20 世纪 90 年代，三联书店总经理沈昌文退休后协助辽宁教育出版社策划选题，将这本书的版权签走，但最终也未见出版，直到 2005 年才由广西师范大学出版社北京贝贝特出版顾问有限公司再版，作为"影响过一代人的书"系列的一种，但彩色插图仍未得到恢复。如此，这本不起眼的小书，由于范用的努力，跨越几个时代，至今仍为中国出版人、读书人所爱。这恐怕是绥青万万想不到的。

重视书籍插图是范用在编辑工作中的一贯风格，这方面他深受鲁迅影响。十三岁时他在镇江五卅书店看到鲁迅出版的《死魂灵一百图》，很精美也很气派，爱不释手，可是父亲去世，破产还债，家中无钱，买不起。1946 年他来到上海，在旧书摊看到一本二手《死魂灵一百图》，虽然还是穷，咬咬牙买下了，珍藏了一辈子。1962 年人民出版社重印《回忆马克思恩格斯》，他签发时发现没有插图，特意写了一条意见："旧版《回忆马克思恩格斯》是有插图的。建议还是放上几张插图，以助阅读兴趣，并且推荐用这几张图：茹科夫的四幅绘画；旧版《回忆马克思恩格斯》中的三幅：马克思的夫人、马克思在伦敦的住宅、马克思墓；《恩格斯传》中的恩格斯和马克思一家（132 页之后）……"

咸宁批判

出版《蒋介石言论集》和《为书籍的一生》，在几年后的"文化大革命"中都成了范用的"罪行"，被不断批判。作为"走资本主义道路的当权派"，开头几年他被安排每天打扫出版社大楼的卫生，扫院子，清厕所，结果以他做事的风格，凡是他打扫的地方都干净整洁，给人留下很好的印象。一天，他在院内垃圾堆中发现一些废弃的玻璃图版，还有这些图版的铜版纸打样。他看出是精雕细刻的莎士比亚戏剧的外国铜版画插图，包括莎士比亚像及《奥赛罗》《李尔王》《哈姆莱特》《麦克白》《第十二夜》……各种名剧场景。所刻绘的人物表情鲜明，衣着佩戴可以看出各自的身份，环境刻画也很精到。可能原来即将出版，运动突然一来，被扫入"历史的垃圾堆"了。范用如获至宝，既然是"垃圾"，人弃我取，不为罪过，就捡回去，贴在一本笔记本上藏起。后来，他从人民文学出版社副总编辑郑效洵（也是老三联的同事）那儿了解到，这些插图来自戏剧理论家葛一虹1948年在北京琉璃厂购藏的一本英国出版的大画集。于是，他带着这套插图去看望葛一虹。葛一虹见到这些样章，十分激动，详细讲述了它们的来龙去脉，的确是人民文学出版社即将出版，却遭遇"文革"而夭折（当时人民文学出版社和人民出版社在一个楼里办公）。所幸四十五幅铜刻打样齐全。葛一虹让范用留下笔记本，他在每页插图的空白处主要依据朱生豪的莎士比亚戏剧译文一笔一画写上说明文字，然后交还给范用收藏。

又过了许多年。先是葛一虹给范用去信说："我想把莎翁图集印得漂亮些，就印它千把本，八开或六开的。另外搞一种普及的，除了这四十多幅铜刻以外，将另一本书上复制几十幅类似的东西一并印出。"1997年，豪华本的《莎士比亚画廊》由河北教育出版社出版，定价一千八百元。2002年，山东画报出版社的编辑从范用那儿得知这个带点传奇的故事，起意将范用收藏的玻璃版打样正式出版，一来完成一桩前辈的夙愿，二来作为普及本（定价二十九元八角），让更多的人看到这些画，同时，也是对这段书业佳话的纪念。此意正中范用下怀，作为编者，他特别嘱咐：出版时，每幅画的说明文无须排字，就用葛一虹先生写在笔记本上的手写的说明，书名也恢复葛一虹原先翻译的《莎士比亚画册》。范用为这本书写了一篇序言，特别讲述了这本书的来龙去脉……这些都是后话了。

1969年10月，范用被下放到湖北"咸宁干校"，进门就经历了一场先期下放到那儿的人民出版社人员的集体批判。有人称呼他和陈翰伯、陈原为"陈范集团"，口齿不清时听的人以为是"盛饭集团"，闹出过笑话。作为虚心接受批判的姿态，范用认真记录了批判会发言的内容。这些文字，几十年后看来十分有启发性，可以从另一个侧面看到范用真实的思想感情和个性，活脱脱一幅肖像画。可能是有感于此，他以《咸宁批判》

为名，将这些文字刊登在自己的文集中。主要内容如下：

不区别香花毒草，反对批判毒草。资产阶级出版商味道。

欣赏绥青的《为书籍的一生》，偶像、化身。对个人奋斗非常佩服。

欣赏旧俄书商绥青的一套出版经营方针，一、传播知识，不问政治标准；二、出丛书；三、注重装帧设计；四、迁就作家。

以出版专家自居，同旧出版商无区别。

想当一个出版家，得到好评，为自己树碑立传。孜孜不倦，梦寐以求。

出版路线：提倡超阶级的口号：为读者服务，为学术研究服务，传播知识，提供资料，不提为工农兵服务；斥政治读物为剪刀糨糊书。

从实干中提出一整套修正路线出版纲领：学术性、资料性、知识性。不是30年代人物，但思想完全是30年代的一套。

从个人出发，自我表现。正确的口号到他的手里也变了样，如"继承传统""编辑工作要独裁"；重才轻德，人性论、博爱观深入骨髓；害怕斗争，阶级斗争熄灭论。

玩物丧志。出杂书，提倡闲适。

设计封面要读者"一见钟情"。

三名三高，创造性地执行高稿酬。为何对资产阶级专家感情如此之深？

对王子野（"文革"前人民出版社社长——作者注）揭发不够。

对革命群众态度极端恶劣。津津乐道自己的光荣历史，"老革命""老党员""是清白的"。

对过去一套感情很深，业务好就是政治好，按他的去做就是业务好。用资本家的一套对待同志，一些年轻同志无工作经验，容易听他的。

十七年来，从出版、干部到党的工作，都出问题，不是孤立的。有一套比较完整的思想体系。政治上的"三不管"，不像共产党员，是民主人士。

原因：参加革命的偶然性，环境的特殊性，从大后方到北京，始终在城市，在知识分子成堆的地方，未经过根据地教育和艰苦斗争的锻炼。历次政治运动处于运动之外，未受过清算，无任何冲击。

提倡博爱、宽恕、宽容；勤恳办事、清白做人，讲义气、讲感情。

归纳：

表现的是资产阶级出版商的味道；

人性论，博爱观深入骨髓；

用资本家的态度对待青年干部；

不像共产党员，像党内民主人士；

从入党开始，就是未经过改造的知识分子，无所谓变质。

范用心里想："党内民主人士"总比"党内不民主人士"好吧？

批判会后，作为"老干部"，他被"解放了"，同时开始了干校生活。

《寥寥集》——新的消息

从 1969 年到 1972 年，范用在咸宁待了两年多。湖北咸宁是文化部"五七干校"的所在地，当年有数千名文化工作者，包括冰心、沈从文、冯雪峰、周巍峙、臧克家、萧乾、张光年、郭小川、周汝昌、王世襄以及出版界的陈翰伯、王子野等，被集中到这片易名为"向阳湖"的荒湖野滩上。

"五七干校"是根据 1966 年 5 月 7 日毛泽东看了中央军委总后勤部《关于进一步搞好部队农副业生产的报告》后写的一封信（简称"五七指示"）命名的。毛泽东在信中提出各行各业都应一业为主，兼学别样，从事农副业生产，批判资产阶级。1968 年 5 月，黑龙江省革命委员会根据"五七指示"，组织大批机关干部下放劳动，在庆安县的柳河镇办了一所农场，定名为"五七干校"。《人民日报》报道了全国第一所"五七干校"的情况，并在"编者按"中公开发表毛泽东的指示："广大干部下放劳动，这对干部是一种重新学习的极好机会，除老弱病残者外都应这样做。在职干部也应分批下放劳动。"此后，各地纷纷办起"五七干校"。中央和地方党政机关、高等院校、科研文艺事业单位的大批干部、教师、专家、文艺工作者被下放到农村"五七干校"，从事农副业生产和革命大批判。

1972 年 2 月 17 日，年届六十的翻译家戈宝权给范用的信很可代表当时文化人在干校的心境和处境：

> 我到了干校也快两年。通过三大革命运动，通过不断地学习，阶级斗争和政治斗争的觉悟不断有所提高，自觉改造自己的世界观的决心也尤为增强。两年来，我参加过大田作业，养过猪，做过建房的灰沙工，而经常做的，是全连的交通员，因为我虽年老，但还能健步如飞，每天来往于集、镇的邮局，为全连取信取报，办理各种邮电事务。过去学习主席的光辉著作《为人民服务》，字面上全懂，但做起来就有距离。自从当了交通员以后，无论风吹雨打、天寒地冻，首先要"完全""彻底"地保证做好工作，把信件送到每个人的手上，因此全连称我为"最受欢迎的人"……你回到出版社后，可能工作上会有推进，今后出版动向如何，"文化大革命"前出的书籍，是否开始供应，中国书店能否买到内部旧书，北京图书馆借书是否放宽限制，有暇盼能示知一二……

一方面诚心诚意投身劳动改造，提高政治觉悟，一方面却念念不忘"文革"前的书、旧书和北京图书馆那些被禁的书。运动已然六年，大家身在干校，心早已回了北京。

的确，"五七干校"把大批干部、专家、文化人汇集在农村劳动，他们原有的工作只好停滞下来，很多单位只留守几个人看着摊子，无所事事，这样的情况是难以持久的。根据工作需要，有的下放人员在干校待了一年就重返原工作岗位了，但也有待了五六年的。范用等出版系统人员是1972年以后陆续返回北京的。回京后，范用被任命为人民出版社领导小组副组长，陈原被任命为中华书局、商务印书馆负责人（当时两家出版社合并在一起）。他们又可以重操旧业了。

三联书店仍在人民出版社名下，编辑部名义还在，但自1957年陈原调离、戴文葆被贬之后，一直没有明确新的负责人，只是在社内领导成员里，范用实际负责的时候多一些。查三联书店总书目，1972年后出版业务虽然稍有恢复，但发展很慢。1972年以三联书店名义仅出版了6种书，1973年7种，1974年19种，1975年15种，1976年13种，1977年16种；所出内容，主要还是"灰皮书"范围，如朱可夫的《回忆与思考》，考茨基的《一个马克思主义者的成长》，《赫鲁晓夫回忆录》《杜鲁门回忆录》《基辛格》《勃列日涅夫传》《布哈林言论》，艾森豪威尔的《缔造和平》等，比较重头的是《第三帝国的兴亡——纳粹德国史》（四卷本）。所有这些书，都是"内部发行"，但其实传播很广，因为买的时候控制很严，但一旦到了买者手中，在那个可读之书少之又少的年代，一本书的流通常常是按小时计算的。由此，三联书店在读者眼中，成了一家有点神秘特权的出版单位。

直到1978年6月，中宣部批准的《关于人民出版社方针任务的请示报告》中仍旧明确：保留"三联"的牌号，以利于更广泛地团结作家，并照顾对外工作。"三联"牌号用于出版以下几类书籍：部分学术著作及资料；外国政治理论、学术著作和当代进步作家、友好人士的作品；供内部参考的翻译书籍。为便于和香港等方面联系，1979年下半年国家出版局任命范用兼任三联书店总经理。

在前述一众外国政治读物之外，1978 年 5 月出版的《寥寥集》透露了一种新的消息——一位已逝去的民主党派领导人沈钧儒的诗集——这种性质的图书有十多年未见出版了。此时是打倒"四人帮"之后，中共十一届三中全会还未召开，思想解放运动还在将起未起的阶段。

范用对出版这本书显然十分热心。

范用自 1960 年被任命为人民出版社副总编辑，1978 年又被任命为副社长兼副总编辑，在他之上只有一位社长兼总编辑陈茂仪。此后直至 1985 年年底离休，他基本上都是"二把手"，而这期间的"一把手"（陈茂仪以后还有曾彦修、张惠卿）都对他信任有加，言听计从。张惠卿曾说：

范用性格刚强，决断明快，爱憎分明，嫉恶如仇。他认定要做的事，往往坚定果敢，全力以赴，非把它做好做完美不可。

他办事能力强，工作极有魄力，但他不习惯集体领导，而是喜欢独断独行，家长式的领导作风比较严重，因而别人总感觉不太好与他合作共事，因为都得听他的，有人戏称他"范老板"，他也毫不在意。

其实他个性耿直，待人真诚，一心扑在工作上，几十年如一日。从上个世纪70年代后期开始，作为人民出版社领导，我和他合作相处没有发生过任何矛盾，因为我了解他，知道他的性格，也始终敬佩他的为人，所以在工作上我尽力支持他、配合他。1983年起我们又一起主持过人民出版社的全面工作，合作得也很融洽愉快。

从1978年到1985年，这八年，是范用作为出版家、编辑家最为辉煌的时段。

身为出版社领导成员，范用亲自填写了《寥寥集》的发稿单，在"编辑组长"和"总编辑"名下，都签了"范用"——上报和批准一人完成。在编辑过程中他与沈钧儒的儿子沈叔羊（编者）通了许多封长信，另外还亲笔起草了为此书出版给胡愈之、沙千里、萨空了的报告：

沈老的《寥寥集》在民盟领导的关怀下，经沈谱（沈钧儒的女儿——作者注）同志精心校订，提了不少宝贵的意见，我们又一一作了研究，在征得原编者沈叔羊的同意后，作了必要的增删、修改。

一、有几首诗是《寥寥集》旧版原有的，（二版）原来删去

在人民出版社办公室

了，现在重新补入……此外，我们又查到1947年沈老写的《杂忆》一诗（忆韬奋而作），也补入了。

二、个别诗篇可不必收入新版，作了删略，有《贺冯焕章先生六十》《祝大兄生日》之二（前诗中有"盥薇重读先生传，六十年来字字真""待着胜利歌声起，万岁千秋总属公"，后一首诗中有"幽居俯仰真多福，世外羹螗只静观"等句）。

……

我们非常赞成明年纪念沈老一百零五年诞辰时，再正式出版一本沈老的诗文集，希望在民盟中央主持下，早一点进行编辑工作。我们还建议再编一本纪念沈老的文集（收集悼念、纪念沈老的诗文和回忆录，并组织再写一批在报刊上发表，同时编入本书）。出版这些书是我们三联书店的任务。

"出版这些书是我们三联书店的任务"，这话说得斩钉截铁。范用对这些民主爱国人士有一种由衷的亲近感。1936年，他还是孩子，在穆源小学周坚如老师那里看到上海出版的刊物：杜重远主编的《新生》周刊，邹韬奋主编的《大众生活》周刊，知道国难当头。不久发生了"七君子事件"，沈钧儒等救国会领袖被捕，他们成为范用心目中最敬仰的人。那时他还不知道共产党。抗战爆发，他在读书生活出版社认识了"七君子"之一李公朴，也见到了救国会的诸君子。入党以后，他仍旧与救国会保持密切联系，救国会的活动，他都参加。1945年，为工作之需，党组织安排他正式参加救国会，从此成为救国会一员。在救国会，他的任务是担任领导会议的记录和整理保管文

沈钧儒

件，因而经常能见到沈钧儒和史良。1946年组织上调他到上海工作，其中一项任务仍是参加救国会的活动。1949年后，救国会宣告光荣结束，几年后，他又根据组织安排参加民盟，又在沈钧儒领导之下了。而此时作为执政党的一分子，他对民主爱国人士除了敬重，无形中又多了一层责任感。

沈钧儒（1875—1963）是邹韬奋的好友，浙江嘉兴人，中国民主同盟创始人之一，中华人民共和国第一任最高人民法院院长。战争年代，他与生活、读书、新知三家书店命运与共，建立了很深的感情。《寥寥集》第一版是1938年由生活书店出版的。邹韬奋非常欣赏沈钧儒的诗，写过一篇《读沈先生的诗》，收在第一版书中。

第一版封面"寥寥集"三字为沈钧儒自题。取名"寥寥"，是自谦之语，寥寥无几之意也。他出身书香世家，七岁便"指物能吟，出口成章"，"十四五岁"已"积诗成帙"，然"戊戌年动于当时学说，悉自焚去，嗣后遂不多作"。1928 年以来"忧国悼亡，成篇的诗始较多"。"七君子"被拘苏州时有感于邹韬奋、李公朴写作之勤，他也"诗如泉涌"，后在二人怂恿及整理抄写的帮助下，与儿子沈叔羊搜集的少量旧作合为一编，共五十余首诗，由作者本人再行订正出版。时值抗战初期，诗作的爱国激情在全国范围引起强烈共鸣，加之"七君子事件"的影响，诗集"销售很快"。

《寥寥集》第二版由沈钧儒创办的峨眉出版社于 1944 年在重庆出版。峨眉出版社实际上是三联书店的二线出版社，经理是仲秋元。二版增加了一版出版后六年来的新作，共一百一十五首。第三版内容与第二版相同，1946 年出版于上海艺术书店。

范用经手的是《寥寥集》的第四版，其间经编者沈叔羊于 1971 年、1977 年两度重编共收诗作一百四十三首，并增加了周恩来 1963 年元旦在政协全国委员会宴会上的讲话，沈钧儒的画，董必武、朱德、陈毅的悼词、挽诗等内容。书中有沈钧

《寥寥集》（1944 年版）

《寥寥集》（1978 年版）

儒的手稿印影，有宋庆龄写的《序言》、邹韬奋的《读沈先生的诗》、沈钧儒写的《自序》和《再版自序》；书后有郭沫若写的《跋》，是一个很完备的版本。

查书稿档案发现，这本书的版权页上写的是"1978 年 5 月"出版，可是直到这年的 6 月 8 日，范用还给沈叔羊写信说："《寥寥集》原来是想在 6 月上旬印出来的，因为一再核查版本，弄清楚写作背景及有关注释的一些问题，所以延搁了下来。工厂里一再改版，不免要费一些时间，实非得已。好在经过这些工作，减少一些错误或者不太确切的地方，使这一版在编印方面更为妥善些，还是有益的。"作为诗的编辑工作，实在是要字字计较，一字之差，谬以千里。比如"杖头间挂百钱游"，排版却错成"枝头闲挂百钱游"，幸而发现，改过来了。实际最后的出书日期是 1978 年 8 月，已经是生活书店第一版《寥寥集》出版的四十年之后了。

从《新华文萃》到《新华文摘》

1979 年 1 月，一本新的刊物《新华月报·文摘版》问世了。这是一本先于《读书》几个月创办的杂志，创办者是范用。

还是在上小学的时候，1937 年，范用在学校图书馆借到一本上海开明书店出版的《月报》，厚厚一大本，将近五百页。这本杂志让他大开眼界。杂志里的内容都是从当时的报刊中摘编的，有政治栏、经济栏、社会栏、学术栏、文艺栏、读书俱乐部栏，"最后之页"是《读报札记》，摘编一些有趣的文字。其中，他最感兴趣的是《漫画的一月》，共有六页，刊有十几幅中外漫画。这本《月报》的社长是夏丏尊（他读过的《爱的教育》就是夏丏尊翻译的），主编是胡愈之。

1949年11月，胡愈之创办新的《月报》——《新华月报》，由人民出版社编辑出版，而当时的期刊部主任正是范用。范用任人民出版社副总编辑之后，仍旧分管《新华月报》。1966年"文革"开始，刊物停办，1970年才在周恩来的过问下恢复出版。周恩来批示说："《新华月报》不能长期停下去，人民出版社干部要下放，就由新华社接编。"1978年各项工作复归正常后，范用立即派人去新华社把《新华月报》"接"了回来，社领导分工还是由范用分管。

《新华月报》出版后，一直有读者来信提出不同建议。《新华月报》偏重于资料性、文献性，可资查考之用，以机关单位订户为多，个人读者希望读到好文章，但刊物篇幅有限，许多好文章无法登载，感到十分遗憾。郑曼曾回忆：早在"1961年9月，胡乔木派秘书转达他的意见：《新华月报》目前这种编法很不好，对象和性质都不明确。对一般读者来说，很多材料没有用处；对研究工作者来说，材料又不够用。建议可否编成两个杂志，一个专刊公报、决议、文件等材料，一个搞文摘"。胡乔木的意见正中范用下怀。其实，范用早就有另办一个专供阅读（而非查考资料）的文摘杂志的念头，把提供好的阅读这部分内容从《新华月报》分出来。借胡乔木的东风，1962年他组织编辑人员编了一本《新华文萃·试刊》作为样本。这本《新华文萃·试刊》中也分政治、经济、学术、文艺、美术作品、读书与出版、学术论文摘要、报刊文章篇目辑览、科学文化之窗等栏目。在文艺栏，选了艾芜的小说、巴金的散文、田汉和郁达夫的旧体诗、丁西林的剧本，美术作品选了华君武的政治讽刺画、杨纳维和黄新波的木刻，还有摄影作品。"读书与出版"栏头字请丰子恺题写，丰先生写了两张让范用选用。这两张墨迹范用一直保存着。

《新华文萃·试刊》只印了一百本，用作征求意见。这个刊物后来无果而终，但范用一直没有放弃这个构想，希望能把它实现。十六年后，时间来到1978年，在百业俱兴的日子里，他又提出了这一想法，可是"文革"刚过，中共十一届三中全会还未召开，《新华月报》主要选登《人民日报》和新华社的文章，比较稳妥，如果选择其他报刊文章，如何把关，社内有人还心有余悸。为此，他征求各界朋友的意见，得来的是大力赞同，比如学者金冲及来信说："前几天听周雷同志来讲起，《新华月报》归人民出版社编辑后，您有个想法：增加一部分'文摘'性的内容，但这问题还有不同看法。我也算是《新华月报》的忠实读者之一，从开国创刊号起，再到'文化大革命'后复刊起，保存着一份全套的，现在也继续订阅着。但从复刊后，确实觉得有这么个缺陷……《新华月报》本来要起个小型资料室的作用，现在这作用就有很大的缺陷……这些，您一定都考虑到了，没什么新的意思。写封信，只是作为一个读者，表示支持您的主张罢了。"

老报人顾家熙则来信提出详细的建议："我看要出得及时，

不必等杂志期刊学报等出版了、寄到了，再去阅读选择。可先向各定期的、不定期的刊物普遍发个通知，要求他们自己把每期的精彩文章、骨干文章，每期推荐两三篇来。各刊定稿即将复印样多打一两份来，再选用或压缩或全文照登……这样对各刊正好起了个推荐和广告的效果……《文摘版》不但用中国刊物报纸上的东西，另外也可博览外国报刊（可委托看那些外刊外报的单位如新华社及研究外事的单位），每期搞上一些'特译稿'，这样就打开了世界之窗……"

通过征求意见和疏通，打消了某些人的疑虑。为更稳妥，范用用了一个替代的办法。1978 年 7 月 17 日人民出版社向国家出版事业管理局提交了一份《〈新华月报〉改版报告》，其中说：本刊"打算从明年起改版。从原来一个月出版一本，改为一个月出版两本，一本《新华月报·文献版》，一本《新华月报·文摘版》"。这样，表面上看是一个刊物的"改版"，不必再经过批一个新刊层层上报的烦琐手续。果然，国家出版事业管理局于五天后即批复"同意"。

1978 年 10 月 20 日，人民出版社临时社党委（范用是副书记）通过了《关于〈新华文摘〉的编辑方针和审稿制度的决定》，指出，"在具体编辑方针上，《文摘》对于有创见和新意的文章或者有争论的文艺作品，应予以充分注意和重视，但又必须采取全面衡量的态度，选用时应首先着眼于其是否坚持四项基本原则，是否同党的方针、政策、路线相符合，是否有利于政治上的安定团结。《文摘》所转载的文章和作品的观点，不可能全部代表编者的观点，但转载也必须具有高度的政治责任感"。

《新华月报·文摘版》　　　　　　　《新华文摘》

　　《文摘》从人员配备、分工，到栏目设置，以及版式设计、定价，都是范用一手定的。他既是主管社领导（副总编辑），也是执行主编。为编刊所订购的大量报刊，收到后先交给他浏览圈选，他会在目录上做出记号，要求责编仔细阅读，考虑选载。他坚持胡愈之的办刊要求："把发表过的稿子当作新稿来处理"，每月发稿时，开一次定稿会集体决定。只要可能，他都会参会。十七年前请丰子恺题写的"读书与出版"栏头终于派上了用场，遗憾的是丰先生已经过世，看不到了。

　　新刊上市后，反响极佳，发行量迅速攀升（首印十万零三千册），并引起全国"文摘热"。《人民日报》文艺部姜德明给范用写信说："闻《新华月报》作此改革，甚从众意。我们早就盼望有《文摘》之类的刊物出世；八亿人口的大国，早就应该有这样一个刊物。地方报刊上还是有不少好文章的，例如前些时候我看到《红旗谱》作者梁斌写了一篇回忆远千里同志（原河北省委宣传部部长）的文章，以为是难得的好散文，可惜不为人所知。有了《文摘》就好办了。我们举双手拥护这一正确及时的决定！"可是许多读者来信说，两本《新华月报》名称相近，很容易订错，于是，两年后《新华月报·文摘版》更名为《新华文摘》，《新华月报·文献版》也恢复了原有的名字。因为已经办了两年，新刊名和新刊号也很容易就批下来了。

在内容宗旨上，《新华文摘》与《读书》两相呼应，尤其注意选摘新观点、新思想以及引发争议的作品，"学术文化突出学科前沿，注重现实趋势描述与研究，尊重百家，力求囊括最新文化艺术成果……作家作品均是一时之选。至于理论及其探索，诸如探幽发微、揭示真相，寻绎根源、纠谬扶正，甚为各界关爱。于编辑上精选精编，不唯上，不媚俗。《新华文摘》因此在社会各界引起积极强烈反响，自亦受到不同方面的密切关注"（引自人民出版社原副社长兼副总编辑庄浦明的回忆）。开始时范用想学习鲁迅的办法，把受到批评的作品也刊登出来，但有不同意见，遂作罢。

1980 年 1 月，《新华月报·文摘版》重新发表了剧作家、电影评论家瞿白音于 1962 年撰写的文章《关于电影创新问题的独白》，以纪念上一年 11 月去世的作者。同期还配发了柯灵悼念瞿白音的《庄严的人生的完成》。瞿白音曾因这篇《独白》遭到错误的批判，含冤十多年。刊物出版后，范用第一时间寄给瞿白音的夫人田念萱，并写了一封信。田念萱收到后回信说："你的热情洋溢的信，我是流着眼泪读了一遍再读一遍的。虽然它引起了我的悲痛，但它却给了我不少安慰。"这年 10 月，《电影艺术》杂志举办《关于电影创新问题的独白》座谈会，黄宗江、钟惦棐、李陀等专家到会发言，对此，《新华月报·文摘版》所起的推动作用是不言而喻的。

1981 年，范用在改名为《新华文摘》后第一期的《编者的话》中写道："《新华月报·文摘版》创办两周年了。从这一期起本刊改名为《新华文摘》，篇幅和定价等都不变。我们希望把它真正办成'杂志的杂志'，为广大读者提供一个浓缩的小型阅览室"；"今后我们将仍如既往，凡学术理论文章，具有探索精神或一得之见的；凡文学艺术作品，有创新之意，或者是引起争论的，本刊将尽可能选载"。他始终坚持"摒弃那种把民众作为'灌输'的或'启发'的对象的教师爷式的编辑作风，尊重读者的知情权、选择权和比较权"。

1994 年，范用在《新华文摘》创刊十五周年茶话会上有个书面发言，其中再一次强调："我抄一段愈之先生写在《月报》创刊号卷首里的话：'《月报》在编辑上有一个原则，就是注意客观的介绍，避免主观的批评。《月报》上可以登载各方面各种不同的意见和主张。'"

范用晚年回忆说："当年编《新华文摘》，我想这样一本杂志，对于边远地区的读者，那些地方难得见到很多杂志，一卷在手，可以满足他们阅读的需要。"可以说，他的愿望实现了。进入 21 世纪，由于报刊众多，读者需求提高，《新华文摘》早已改为半月刊，仍在一期一期办下去。庄浦明说，它是范用给社会留下的一份沉甸甸的精神文化遗产。

《读书》杂志的创办与影响

在干校，范用与许多老同事、老领导一起劳动、学习，有时也聊聊天。"大约在 1970 年前后，我和陈翰伯在湖北咸宁干校谈起办刊物，我们设想一旦有条件，还是要办读书杂志。"范用后来回忆说。当时范用四十七八岁，陈翰伯五十六七岁，他们经过了一番风雨，还有一肚子雄心壮志。在范用心目中，要办的杂志，就要像当年读书出版社的《读书生活》半月刊一样，通过谈读书传播知识，传播真理，为所有读书人所喜爱。

陈翰伯是个爽快人，头脑清楚，见解不凡。他 1914 年出生于天津，善写作，笔名梅碧华、王孝风等。青年时代就读于燕京大学新闻系，1935 年参加"一二·九"抗日救亡运动。是他陪同埃德加·斯诺去延安访问的。后作为地下党在国民党统治区从事报纸新闻工作，是上海有名的国际问题评论家，1949 年后曾任中宣部理论宣传处副处长，主管理论刊物《学习》的编辑工作，1958 年起任商务印书馆总编辑兼总经理，发展了中国辞书出版事业。他 1972 年春节前从干校返回北京，算是回京比较早的。他先是任人民出版社领导小组成员，分管编辑工作，不久即调任国家出版事业管理局领导小组成员。尽管他和范用都在重要的出版岗位，但当时的政治环境严酷，连出版一

陈翰伯 1979 年
在伦敦

本好书都困难，更不用说办一个他们心目中的读书杂志了。可是这愿望像一个美梦，虽无法实现，却也不曾消失。或许他们还有一种自信：这个梦总有一天会实现的。

生活、读书、新知三家书店都是办杂志起家的。生活书店前身是邹韬奋主编的《生活》周刊，读书出版社的前身是李公朴主编的《读书生活》杂志，新知书店的前身是薛暮桥主持的《中国农村》杂志。作者写一本书交给出版社出版费时费力，可是写一篇文章给杂志发表比较容易，所以办杂志可以更好、更多地联系作者，有利于扩大影响，也有利于培养编辑，而且杂志上的专栏文章积少成多，可汇集成书出版，对图书出版也是一种很好的补充。《读书生活》当时影响很大，从月刊办成半月刊，畅销不衰的《大众哲学》就是《读书生活》专栏文章结集的。后来《读书生活》被国民党查禁，更名《读书》继续出版，又被查禁。1946年抗战胜利后，生活书店回到上海重开张，创办了一本《读书与出版》杂志，编辑部有胡绳、沈志远、史枚、戈宝权、陈原等。1948年上海的政治环境越发恶劣，白色恐怖凶险，为保存文化力量，中共组织安排《读书与出版》停刊，与生活、读书、新知三家书店一起，在《文汇报》发通栏广告，撤离上海。由上可见，三联书店办读书类杂志是有传统的，尤其范用出身读书出版社，对读书杂志更是情有独钟。

《读书》是随着真理问题大讨论、思想解放的潮流而诞生的。"大家都感觉到有很多话要说，想有一个表达的'阵地'。"这次大讨论不仅针对"文化大革命"的文化专制，而且针对所有理论问题，其气魄之大、勇气之足、起点之高、效果之强都令人惊叹。也许是积久的喷发，才会这么强劲。当然，历史的拐点，潮流的应和，也是不能忽视的客观环境条件，更不能小觑一批有识之士，他们历经风雨，看事明白，高屋建瓴，敢挑大梁。《读书》正是其中一朵随波而起的亮眼的浪花。

具体策划的过程已难细考，但毋庸置疑，第一推动力还是多年前"五七干校"的"陈范"谈话。董秀玉回忆："1978年11月第一次跟着范用先生参加《读书》杂志筹备会，心中十分忐忑……筹备会都在翰伯家里开。第一次会，我坐下就掏出笔记本准备做记录，想那应是我的角色。翰伯却笑笑说，不用，只听着就好，有想法也可一起讨论。可哪来得及有想法，每次会的思想轰击给我打开了一个大大的新天地……那是个特殊的年代，'四人帮'刚刚打倒，宣布'文革'结束，但是'两个凡是'仍高悬头顶。这把剑还是能动不动就把人打成现行反革命。到底什么是'四人帮'的精神枷锁？什么是检验'文革'的标准？这些根本问题在思想界涌动。胡耀邦主持的'真理标准问题大讨论'和'平反冤假错案'是石破天惊的两大重锤，是筹备会上讨论的要点。虽然当时反对的声音十分强大，甚至占着主导地位，虽然余悸未消，但这些老出版家忆起'文革'乱象，忆起烧书，忆起上千万知识分子专家残酷挨斗赶去牛棚，忆起那'一句顶一万句'……大家一致认为，这场思想解放运动是国家命运的转折点，'四人帮'虽倒，但个人迷信不除，再不实事求是，整个国家就不可能有前途有希望……翰伯先生的话最是铿锵有力：'我们这些人，已把命交出了几次，这种时候，还有什么可怕的！'范先生跳起来：'没什么好多说的，翰伯你领头把方向，陈原你博学聪明当主编，杂志放三联出，我负责，我去立军令状！'"大家一致同意以三联书店的名义出版——这个《读书》杂志本来就是承续三联书店余脉，而且1949年以来，三联书店已经被塑造成一个偏于学术文化、思想活跃、比较开放的形象，与策划者心目中的杂志气质相合。当然也有人员因素——大部分主事者，如陈原、范用、倪子明、史枚等都出身于三联书店，史枚和陈原本来就是1949年前生活书店（上海）《读书与出版》杂志的前后主编。

史枚

《读书》初设的编委会由陈翰伯出面邀请：于光远、夏衍、黎澍、戈宝权、林涧青、郑文光、许觉民、曾彦修、许力以、王子野、陈原、范用等，《读书》编辑部冯亦代、史枚、丁聪、倪子明列席，陈原任主编。可是这样的编委会很难召集，后改为办实事的编委会，陈原仍任主编，倪子明、冯亦代任副主编，范用"又向翰伯提出，他不进编委会，全力做出版及后勤，但必须让史枚的副主编尽快落实到位。因为当时参与的领导全是兼职，只有史枚可以全职，史先生和陈原直接接口，就能将主编和编委会的意图准确落实"。按陈翰伯的意见，范用也兼任副主编。范用又把人民出版社政治编辑室的编辑董秀玉调来，配合史枚的工作——编委会确定了稿子和作者，由她来落实，去作者家里组稿、取稿、初编及处理其他编辑事务。

史枚原名佘增涛，1914 年生于江苏苏州。1931 年加入中国共产主义青年团，曾任共青团沪西区委宣传部部长、沪东区委书记。1936年1月被国民党政府逮捕，同年11月出狱，失去党的组织关系。抗战全面爆发后，1938年在武汉和宜昌编辑《新学识》《救中国》期刊；1939年后，任重庆生活书店编辑、《读书月报》主编、新疆文化协会编审部副主任兼新疆学院讲师。1946年初随生活书店回上海，主编《读书与出版》。1949年后调北京，历任三联书店副经理兼编审部主任、人民出版社第三编辑室主任。1981年在《读书》杂志工作中突发脑溢血去世。他是苏州人，但性格更像北方人，讷于言而敏于行，除了埋头看稿和处理编务，几乎没有任何其他爱好。他和胡绳是苏州中学的同学，关系密切。

董秀玉出生在上海，1956年中学毕业，正好人民出版社到上海招人，她报名被选中了，来人民出版社后，一直做校对工作。此前社里正打算提拔她担任出版部副主任，但她想做编辑，宁愿在政治编辑室做一辈子编辑，现在要她到《读书》编辑部当副主任，仍旧做编辑工作，当然愿意，高高兴兴到了《读书》。这年她三十八岁。以后，范用有一些特别看重的书稿，就交给她，让她做责任编辑，比如巴金的《随想录》。《读书》杂志的编辑，一直都兼做图书，恐怕就是由此开头的。

编委会虽然基本是老三联书店的人，但当时陈原在商务印书馆，倪子明在国家出版局，陈翰伯是国家出版局代局长，严格说，是一个三不管的编委会。第一年最为重要。创刊头三期的目录是倪子明初拟，陈翰伯、陈原和范用都是阅改讨论过的。之后来稿增多，范用请史枚做专职副主编，每期就由他集稿、建议增补并提交草目，再由二陈、范、倪、史、冯亦代等研究决定。发印前范用作为最后把关，承担责任，并落实设计、排版、校对、发印等出版流程；遇有重要事项再报告陈原、陈翰伯。大致如此。实际操作起来是另一种情状。据后来的主编沈昌文说，《读书》名义上是国家出版局研究室的杂志，由人民出版社代管，总头头是陈翰伯，出面的是陈原，担任主编，但陈原还要管商务印书馆，又是文字改革和世界语方面的领导人，没有多少精力能放到《读书》杂志上来，因此，在实际事务上，范用作为人民出版社副社长兼副总编辑、三联书店总经理起很大作用。

倪子明生于1919年，安徽桐城人，1939年在桂林参加读书出版社，以后一直在出版系统工作，与范用关系亲密。《读书》创办时任国家出版局研究室主任，后来还兼任三联书店总编辑（1983年国家出版局任命）。

1979年4月，《读书》迫不及待创刊了（没有等到新一年的开初），开宗明义第一篇文章就是李洪林的《读书无禁区》，将近五千字的长文。这篇文章很明显是针对"四人帮"的文化禁锢政策的。此前，1977年11月《人民文学》发表刘心武的小说《班主任》，其中的坏学生宋宝琦认定《牛虻》是一本黄色小说，其成为一个坏孩子的原因不是因为读了"有毒素"的小说，而是什么书也没读过。这篇小说引起全社会巨大反响。在某种程度上说，《读书无禁区》是对这种社会关切的一种斩钉截铁的回应。文章进一步提出了"人民有没有读书的自由？"，把读书上升到法律的高度。文章也谈到，无禁区不等于放任自流，"对于那种玷污人类尊严、败坏社会风气，毒害

《读书》创刊号封面，
首篇《读书无禁区》

《读书》创刊号目录

青少年身心的书籍，必须严加取缔。因为这类图书，根本不是文化，它极其肮脏，正如鲁迅所说，好像粪便或鼻涕"。

李洪林是辽宁人，生于1926年，时任中宣部理论局副局长，以"笔杆子"著称。1979年1月，他刚在中共中央召开的理论工作务虚会上做了题为"领袖与人民"的发言，提出"不是人民应当忠于领袖，而是领袖必须忠于人民"的观点。他的发言不胫而走。据董秀玉回忆，《读书》编辑部在讨论创刊号选题时，陈原提出：可否即约李洪林写《读书无禁区》，切中时弊，得罪些小人无妨。于是，陈翰伯给了李洪林的联络方式，董秀玉跑去找到他，他很赞成《读书》的宗旨，一口答应写稿。春节后，董秀玉和范用一起去李洪林那儿取稿，李洪林说，现在反对的意见很强烈，但这篇稿子，他自己用反对者的立场再三审视，不会有任何问题。稿子原来的题目是《打破书的禁区》，在回去后的会议上，范用强烈建议还用回陈原的《读书无禁区》，以为简单明确。大家同意，遂由史枚改回。"这一改改出了《读书》永久的话题。"

可以说，相比 20 世纪 80 年代的思想解放大潮，70 年代的最后两三年是开坝放水、石破天惊的时段。小说《伤痕》的发表，话剧《于无声处》的登台，《重放的鲜花》的出版，最先以文学艺术的形式、评论的形式呈现。在《读书》创刊号上还有一篇关于"禁区"的文章：《解放思想，突破禁区——中国近代史著作中的问题漫谈之一》，对太平天国、洋务运动、戊戌变法、义和团乃至辛亥革命都提出了自己的看法，也属振聋发聩。

创刊号是定调子的。隐藏在内文不起眼位置的《编者的话》表现了一种务实精神：

我们这个月刊是以书为主题的思想评论刊物……

我们这个月刊以马列主义、毛泽东思想为自己的指导思想，要坚决贯彻"百花齐放、百家争鸣"的方针，要解放思想，敢于打破条条框框，敢于接触多数读者所感所思的问题。

我们这个月刊，要有评论、《笔谈》、书的评介、新书序跋、作者介绍、读书札记、《书讯》、书摘、装帧评论、出版界消息，以及关于书和出版工作的知识小品等等项目。希望能够做到新颖、鲜明、生动、活泼，有文有图；希望能够成为读者和作者之间的桥梁。

我们主张改进文风，反对穿靴戴帽，反对空话套话，反对八股腔调，提倡实事求是，言之有物。

我们这里发表的各类文章，文责由作者自负，绝不以我们的观点强加于人。

……

短短不到四百字的发刊词，不知出于谁手，不玩弄文采，也不盛气凌人，只是宣称自己坚持的和反对的，并在创刊号中力求实行。比如加了专色印刷的插图页（其效果让人想起鲁迅主编、生活书店出版的《译文》杂志），比如书讯和新书目录，比如关于文史工具书的用法的文章。刊物设计请的是漫画家丁聪。

丁聪是范用的挚友，1916年生于上海，其父丁悚也是一位大漫画家。丁聪自幼受家庭影响，在中学读书时就开始发表漫画。抗日战争后为《救亡漫画》杂志作画，编辑《良友》《大地》《今日中国》等画报，担任话剧《雾重庆》《钦差大臣》《北京人》等美术设计。1949年后任《人民画报》副总编辑等职。他一生没有停止创作，为多部小说画插图，绘制文人肖像堪称一绝。他为《读书》设计封面，设计内文版式，画漫画，直到九十三岁去世，几近三十年。范用曾自豪地说：请一位大漫画家设计杂志，在中国绝无仅有。

丁聪设计的《读书》，延续了鲁迅时代风格，简洁、朴素、大气、实用。封面装饰元素全用文字：两个手写的美术字"读书"，占了六分之一版面，然后是一条条列在方框内的内容要目。颜色也只有黑绿两色。在这里，美观是次要的，以内容吸引读者是首位的。这个封面与《编者的话》在气质上完全重合（1989 年和 1991 年《读书》的封面是范用设计的。90 年代后期，《读书》封面改由陆智昌设计）。内文版式尤其精到：版心尽量大，以便容纳更多内容；每篇文章题目占地儿尽量小，以不显得局促为限；正文字体基本上是最适合阅读的五号宋体和小五号宋体，标题字体稍微灵活些，但绝不花哨；每页基本不留空白，若有空隙，就增加补白。总之，内文版式追求的效果就是内容饱满，让读者感觉买一本很值。这一版式风格一直坚持到今（丁聪 2009 年去世）。从 1979 年第五期开始，丁聪在《读书》开一个漫画专栏，每期一图或两图，也持续了将近三十年。丁聪堪称《读书》形象的重要塑造者。

作为《读书》的主要发起人之一、国家出版事业管理局代局长的陈翰伯为《读书》定了调子：

送研究室。这里无甚高论，仅供改进文风参考：

1. 废除空话、大话、假话、套话。

2. 不要穿靴戴帽。

说明：戴帽指文章第一段必须说上"自从粉碎'四人帮'以来"如何如何。穿靴指文章最末一段必须说上"为什么什么而奋斗""……而贡献力量"。当然这不是说不要宣传党的中心任务，而是要把这个精神贯彻到全文中去。

3. 不要用"伟大领袖和导师毛主席"；不要用"敬爱的周总理""敬爱的朱委员长"；不要用"英明的领袖华主席"。

4. 有时用"毛主席"，有时用"毛泽东同志"。注释一律用

"毛泽东"。

5. 制作大小标题要下点功夫。不要用"友谊传千里""千里传友情"之类的看不出内容的标题。

6. 引文不要太多。只在最必要时使用引文。有时可用作者自己的语言概括式的描述。

7. 尽量不用"我们知道""我们认为"之类的话头，有时可用少数第一人称——我。

8. 可以引用当代人的文章，并注明出处。此类注释可以和有关经典作家的注释依次排列。

9. 署名要像个署名，真名、笔名都可以。不要用"四人帮"横行时期令人讨厌的谐音式署名。不要用长而又长的机关署名，不要用"大批判组""理论组"，不要用"××××编辑组"。

10. 行文中说"一二人"可以，"十一二人""一二百人"也还可以，但千万不要说"一两万人"这一类空话。

11. 不要在目录上搞"梁山泊英雄排座次"。

12.

原文如此，"12"之后没有下文，似乎言犹未尽。研究室，是指国家出版局研究室。《读书》开办时，编辑部名义上设在研究室，研究室主任倪子明是第一副主编。这份以蓝黑钢笔字写在国家出版局信笺上的意见，堪称《读书》纲领性的文件，由沈昌文保存下来，并为此写过一篇文章。沈昌文在文章中说："这十一条，现在看来似乎稀松平常，可在70年代后期，确实是了不起的大事，应当说条条都是针对'文革'

中盛行一时的风气而言。例如第八条，在当年，如果注释的上一条是陈布雷（蒋介石的亲信——作者注）的文字，下一条引了毛泽东，两条注文出处（仅仅是出处）先后排列，这就可以被人上纲为混淆敌我，立场错误（尽管在内文的叙述中敌我立场是很鲜明的）。可以说，这也是《读书》转变当时文风时尚的第一个文件。"

《读书无禁区》甫一发表，就引起轩然大波，叫好者认为点到了文化禁锢的大穴，一语中的；反对者理由充足——难道坏书、黄书、反动的书也让人读？可以让孩子去读《金瓶梅》？！现在看来，这些争论与当时的还很保守的思想环境有很大关系。出版主管机关找陈原和范用谈话，说"读书无禁区"的提法不妥。范用解释说此文写于中共十一届三中全会之后，目的在于批判"四人帮"的文化专制主义，打破他们设置的精神枷锁，并未主张放任自流，文章中对此有充分的论述。范用还特别强调说，人民出版社党组讨论《读书》杂志，曾经决定，这本杂志如果出问题，由他负责。他是党员，当然要对党负责。《读书》每期清样他都认真看过才签字付印。

关于读书应不应该有禁区的争论持续了很久。《读书》的编者持一种开放的心态，两方面的意见都在刊物上发表。人民出版社总编辑曾彦修以"范玉民"为笔名写了一篇《图书馆必须四门大开》，倪子明则以"子起"为笔名写了一篇《读书应当无禁区》，对这个问题进行了更深入的探讨，并在文末特别加了一段"编者附记"，点明了《读书无禁区》这个题目并非作者李洪林原先的题目，是编者改的，意在承担责任。直到1981年，陈

范用和董秀玉（前）

翰伯还在《读书》第一期开篇文章《两周年告读者》中"重申我们赞成'读书无禁区'的主张"。在这篇文章中，陈翰伯还说："探索真理的工作绝不是一代人所能完成的，听凭某一圣哲一言定鼎的办法更是不足为训。我们愿意和读者一起在激荡的思想海洋里，各自拿出一点智慧来。"他总结《读书》的四种性格为"解放思想、平等待人、提供知识、文风可喜"。

董秀玉回忆："勒令检讨的指令终于正式下压，有关部门借批资产阶级人性论，责令《读书》检讨，有人甚至要《读书》改变方针，办成辅导青年读书的杂志。当时有两个方案，一为合并二为交出。范先生一见即大怒，拿起电话就找翰伯，大声嚷嚷：'不行不行，我不同意！'翰伯先生说，'我们也不会同意，这是两种性格的刊物，会写个意见传你看'。改稿上，那两个方案文字上划了一条粗粗长长的黑色斜杠，旁边有陈原先生的文字:'我们对此也反复考虑研究,认为办那样一个杂志,对广大读者的启蒙工作是大有裨益的,要实现这个想法,须请党组通(统)筹安排,另行考虑。'几位先生轮流被谈话,一致据理抗辩,风波终于过去。"

争论并没阻碍《读书》的脚步。刊物的主持者坚持强调刊物在思想界的战斗作用,强调实事求是、探索真理、坚持真理,要求每一期都有一些思想境界高的重头文章;"要有材料,有观点,能够启发思想",提倡"读书之风,思考之风,探讨之风和平等待人之风"。随着《人的太阳必然升起》《真理不是权力的奴仆》一篇篇文章刊出,引起全社会震撼,也带来了狂风骤雨。"那是一个文化复苏的时代,是一个捍卫真理思想启蒙的时代,也是出版人学习、成长的时代",董秀玉回忆《读书》最初几年时这样总结。

《读书》不仅注重发表关于新思想、新观点的文章,也有很多知识性的,甚至是掌故类的文章,比如《闻一多的佚诗》之类,还有书的序跋等。看一期期杂志的目录,可以看出随着时间推移,范用在其中的作用越来越强,朱光潜、钱锺书、沈从文、艾青、叶圣陶、巴金、萧乾、王若水、姜德明、黄裳、华君武、郁风、楼适夷、方平、赵家璧、戈宝权、黄苗子、柯灵、李一氓、吴祖光、许涤新、杨绛、许觉民、黎之、王世襄……一大批稿子的作者都和他密切相关,都是他的"师友""书友",甚至是"酒友""食友"。以文为媒,以文交友,竭诚为作者服务,在范用身上体现得极为充分。他对作者来稿的态度是:一、及时处理,能用则用,不能用则退,不随便改作者的

钱锺书的信

叶圣陶的信

文字；二、负责到底。所以作者都信任他。

1984年6月25日，范用推出"读书服务日"活动，邀请三十多家出版社，展示新书四百余种。据陈乐民回忆，读书服务日活动最早在人民出版社会议室举行，"那个会议室相当简朴，很'传统'的，一排排长条桌如同小学生的课桌，椅子是长条的'板凳'。桌上摆几碟稻香村糕点，几只搪瓷茶杯，几把竹条暖瓶。还有个'小舞台'。第一次参加时，一个与我年龄相若的男士，走上'台'去，向'台'下拱拱手，说：我们聚在一起，没有主持人，没有主题，没有'结论'（此所谓'三

范用同志惠鉴、久未晤面，以至善至诚
之还下挥谈，深佩治事之精勤。重
印《闻先生集》已蒙锡绍其第一册，印
订皆好，得之深喜。今欲奉题一事，请道
其详。沈从文先生撰《中国古代服饰研
究》为具有独创精神之著作，我久欲
一部而未见其付处出版，近得黄裳同志
告知，像香港商务出版，其价合人民币
一百二十元。因此欲奉托您请香港三联
代购一部，有便人来京时带来，不须交
邮寄递。书价列以人民币付还香港
三联，并不至另，请得便附赐托印可。海陵
刻安。

弟黄雅闳 十一月廿四晨

无聚会'），大家随便聊聊，来去自由……"渐渐地，每月25日的活动，变成了以三联书店的书籍为主，参加的人也越来越集中在知识分子：学者、作家、艺术家、评论家，如夏衍、吕叔湘、黄苗子、郁风、丁聪、王子嵩、王蒙等，年轻些的如李陀、钱理群、张承志、陈平原、汪晖等，还有许多外地的读者慕名而来。编辑部这边，范用、董秀玉（后来还有沈昌文）几乎每次都到，洗茶杯、摆桌子、整理书，做服务工作；陈原、陈翰伯也常来，范用陆续招入《读书》的几位编辑，吴彬、赵丽雅、杨丽华、贾宝兰、王焱，趁着读书日，与作者相识、交流。另外，作者和作者之间也有了相识、交流的机会。李陀感叹："读书日"是那个时代罕见的"公共空间"，"不少人都是几十里路骑车来……像陈平原，当时住北大，很远呐！到现在我还清楚记得他骑车远去那瘦瘦的身影"。

在《读书》最初的五六年里，陈翰伯的坚定高远，陈原的灵活机智，范用的雷厉风行，倪子明的专注持重，共同塑造了这个别具个性的刊物，创造了意想不到的辉煌（其他编委也各自发挥了作用）。陈平原揣测："《读书》的办刊方针，思想上追摹的是《新青年》，文体上神往的是《语丝》。"

后来陈原认为自己身为商务印书馆和文字改革委员会的领

读书服务日活动（左起：陈原、姜德明、范用、倪子明）

范用与年轻作家在一起（前排左起：董秀玉、戴晴、范用、张洁；
后排左起：刘再复、刘心武、陈建功、李陀、张承志、黄子平、吴彬）

导，精力不够，难以负责，三次请辞主编，但陈翰伯等上级
领导并无此意，《读书》坚持了下来，陈原也一直担任主编到
1985 年。

　　《读书》初创那些年范用是特别兴奋的。他把《读书》上
一些主力作者的重要文章结集成书，编了"读书文丛"，再作
推动，这也启始了三联书店继承三店传统、书刊互动的重要出
版思路。他每天最早到收发室拿读者来信，拆信读信回信，他
的通信录上有很多读者朋友，读者来信在杂志上有时放在头条，
有时作为补白，但都富有特色。

　　事实证明，《读书》对塑造后来恢复独立建制的三联书店

的风格和形象起了至关重要的作用，堪称三联书店的血脉。几代读者称三联书店是"知识分子的精神家园"，首先来自《读书》。而"范用是《读书》早期的推动者，创业立业的组织者，长期的守护者。他不善言辞，但一切都真诚、实在"。

《西行漫记》与《"我热爱中国"》

　　1940年在重庆，范用用了半个月的工资买到"复社"出版的美国记者埃德加·斯诺的《西行漫记》和宁谟·韦尔斯的《续西行漫记》中文译本。

　　1937年底，胡愈之在上海，偶然在斯诺的住处看到 *Red Star Over China*，这是伦敦戈兰茨公司寄给斯诺的样书，译成中文是《红星照耀中国》。胡愈之向斯诺借读了这本真实记录延安见闻的通讯集，一口气读完，内容太吸引人了，真是好书！他马上介绍给朋友们。大家决定要排除种种困难，在中国出版这本书的中文版，为此，他们专门注册了一家出版社——复社。斯诺很高兴在中国出版这本书，得知复社出书不是以盈利为目的，他愿意出让版权。

　　胡愈之后来回忆说：

　　1936年是中国国内局势大转变的关键性的一年。斯诺带了当时无法理解的关于革命与战事的无数问题，6月间由北平出发，经过西安，冒了生命危险，进入陕甘宁边区。他是在红色区域进行采访的第一个西方新闻记者。

他达到了目的。他冲破了国民党以及资本主义世界对中国革命的严密的新闻封锁。首先他到了当时苏区的临时首都保安（即志丹县），和毛泽东同志进行长时间的对话，搜集了关于二万五千里长征的第一手资料。然后，经过长途跋涉，他到达了宁夏南部的预旺县，这已经是和国民党中央部队犬牙交错的前沿阵地了。最后他冒着炮火，重新折回保安，由保安顺利地到了西安。当他回到北平时，正是西安事变爆发前夕。他在北平首先为英美报刊写了许多篇轰动一时的通讯报道，然后汇编成一本书，书名是《红星照耀中国》。

1937 年 10 月，《红星照耀中国》由伦敦戈兰茨公司第一次出版，到了 11 月已发行了五版。这时候斯诺正在上海这个被日本帝国主义包围的孤岛上。当时上海租界当局对中日战争宣告中立，要公开出版发行这本书是不可能的；在继续进行新闻封锁的国民党统治区，是更不必说了。但是得到斯诺本人的同意，漂泊在上海租界内的一群抗日救亡人士，在一部分中共地下党员的领导下，组织起来，以"复社"的名义，集体翻译、印刷、出版和发行这本书的中译本。斯诺除了对原著的文字作了少量的增删，并且增加了为原书所没有的大量图片以外，还为中译本写了序言。由于当时所处的环境，中译本用了《西行漫记》这个书名，作为掩护。《西行漫记》出版以后，不到几个月，就轰动了国内以及国外华侨所在地。在香港以及海外华人集中的地点，出版了《西行漫记》的无数重印本和翻印本。

《西行漫记》中译本的出版，是中国现代出版史上的一件大事。这本书对日本铁蹄下的中国读者，尤其对当时苦闷的青年人影响巨大，许多人的命运是因为读了这本书而改变的。范用虽然当时已是中共地下党员，但对中国工农红军、二万五千里长征，以及许多红军领导人的情况，都是通过《西行漫记》才了解到的。他惊喜地发现，自己十四岁在镇江澡堂里一口气读完的《毛泽东自传》，原来就是《西行漫记》当中的一章（《一个共产党员的由来》）。

　　埃德加·斯诺 1905 年 7 月 19 日生于美国密苏里州。他于 1928 年来中国，曾任欧美几家报社驻华记者。1933 年到 1935 年间，他同时兼任北平燕京大学新闻系讲师。"七七"事变后，他又任英国《每日先驱报》和美国《星期六晚邮报》驻中国战地记者。1942 年被迫离开中国去中亚和苏联前线采访。1949 年后，他曾三次来中国访问，并与毛泽东、周恩来等见面、长谈。1972 年 2 月 15 日，斯诺因病在瑞士日内瓦去世。其夫人遵照他的遗愿，将一部分骨灰葬在中国北京大学（原燕京大学）未名湖畔。叶剑英元帅题写了墓碑。这是 1936 年他去西北探险旅行的出发点，也是 1937 年他整理资料写作《西行漫记》的地方。

　　漫画家华君武曾谈到《西行漫记》对他的影响："1938 年上海沦陷，我更处于一种不甘心当亡国奴，又不愿意跟着国民党走的状况中。斯诺的《西行漫记》真可以说是黑暗中的火把。我瞒着家庭亲戚、朋友和同事，由一位女友送我上了轮船，秘密离开了上海。我从未出过远门，单身一人经过三个月长途跋涉，途经广州、长沙、汉口、重庆、成都、宝鸡、西安，到达了西北。当时已是隆冬。这都是《西行漫记》给了我力量。因此我几十年来对斯诺和《西行漫记》有一种崇敬而又感激的心情。"

《西行漫记》
（1938 年复社出版）

奔向延安那一年，华君武二十三岁。

范用认为，华君武的这番话很能代表他们那一代人当时的心态和思想。

几十年来，这两本复社精装的大书，始终是范用最珍贵的收藏，保存完好。其间，中国军事博物馆曾为了展览借用过，许多朋友也借阅过。作为出版人，他一直很期望能够按 1938 年初版本原样重印《西行漫记》。尽管斯诺 1960 年来中国时，这本书作为内部读物重印过一次，横排精装，定价 2.20 元，但印数很少，定价高，一般人看不到，甚至完全不知道。由于书中牵扯许多敏感人物和事件，牵扯到中共党史、军史内容，一直难以重印出版。

1972 年初范用从干校回京后不久，得知斯诺去世的消息。他想有所纪念，恰巧香港朝阳出版社出版了斯诺的一本小册子《我在旧中国十三年》。这本小册子是香港《文汇报》摘译自其回忆录《旅行于方生之地》，摘译者夏翠微。范用建议以香港《文汇报》的摘译为底本，在内地出版这本书。他在亲自起草的选题报告中说："此书……记叙其（斯诺）在30年代来到中国以后，接触了中国社会，结识了进步人士和中国共产党，思想认识逐渐变化，自此起成为中国人民的忠实朋友，可以帮助我们了解斯诺的为人，也可以看到中国革命的一个侧面。经与翰伯同志研究，可用此译文翻印一些（先印一万册，由本社内部发行）。以后如有必要，再考虑是否加印交书店内部发行。"最终，这本书被列为"灰皮书"之一于1973年3月出版了。出版名义是三联书店。书前的"出版说明"也是范用写的。

斯诺去世后，斯诺夫人洛伊斯·惠勒·斯诺写了一本回忆录《尊严的死——当中国人到来的时候》，由美国兰登书屋于1975年出版。书中记述了斯诺生命的最后几个月，在中国医疗小组到达后（斯诺的家在瑞士），他们家里发生的动人的故事。这本书的中文译者是董乐山。董乐山在社科院工作，是三联书店的老朋友了，曾参与翻译"灰皮书"之一《第三帝国的兴亡》。范用看到译稿后，十分感动，决定出版。他在审稿记录中写道：

斯诺夫人的 *A Death With Dignity* 一书，原来打算摘译附录于《斯诺在中国》。在研究了全书内容后，觉得可以单独出版，公开发行。

这本书写得很有感情，她写了斯诺生命的最后的日子，写了毛主席、周总理对斯诺的关怀，写了中国派去的医疗组的尽心的治疗和护理，写了斯诺和他一家对中国的诚挚的感情。

现在公开出版的翻译书不多，出版这样一位老朋友的著作不无意义。全稿我通读了一遍，译文甚好，不必做任何删节。可以发排。

与对外友协联系，打电报给斯诺夫人打个招呼——此事可待排出清样时再办，免得与出书相隔太久……

范用　1978.4.17

范用根据译者董乐山的意见，拟了六个书名，请大家考虑。他建议用《"我热爱中国"——在斯诺生命的最后日子里》。此前的 3 月 20 日，范用亲笔起草了给马海德和路易·艾黎的信，约请他们为这本书写序，希望他们 4 月中交稿。信的落款都是以个人名义："人民出版社副总编辑范用"。两位外国友人、斯诺的朋友如期完成了写作。马海德正在病中，在与马海德夫人的通信中，范用建议在中国度过大半生的马海德写一部回忆录。

《"我热爱中国"》的封面是范用自己设计的，由美术组组长马少展制作完成。一个蓝色的框，像画框一样框在封面封底四周，框内是白地儿。他让美术组的宁成春根据斯诺照片画了一幅线描肖像，放在白地儿的右上角，左侧是竖排的书名。这是不同一般的，因为一般都是把书名放在右侧。封底并无装饰，而是将内容简介和作者简介用六号字排成一栏，用与肖像相同

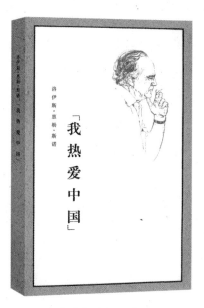

《"我热爱中国"》（1979）

的深棕色印，看上去文字也有了装饰效果。整个封面封底，只有蓝、棕、黑三色，而且除了三联书店的圆形标志，连出版单位名称都没有。他在发给美术组的"内部通知单"里特别注明："本书可列为今年评选装帧候选书之一"，可见是很满意的。好友姜德明得到样书后致信范用说："斯诺夫人一书无论从开本、编排到封面设计都别具一格，看后爱不释手。这样搞下去，三联一定会重享盛誉。"以后这类书都用这种风格，比如韩素音的三本自传《伤残的树》《凋谢的花朵》《无鸟的夏天》。

《"我热爱中国"》选用了一幅毛泽东、周恩来在天安门城楼上会见斯诺夫妇的照片，特向外交部美大司申请批准；另外通过对外友协致信驻瑞士大使馆，请他们转告斯诺夫人，准备于1978年9月出版这本书的中文译本。对外友协的具体联系人是资中筠。时任中国驻瑞士的大使亲自去见了斯诺夫人。斯诺夫人听到这个消息十分激动，一口答应，说"我们全家都很高兴"，"中国朋友完全可以处理"。

《"我热爱中国"》比原计划晚了半年，于1979年3月出版（版权页上仍是1978年10月），人民出版社写信给驻瑞士大使馆，请他们转致斯诺夫人，并寄去样书八册，四册交给作者，四册大使馆自存。在这封信的最后特别注明："生活·读书·新知三联书店应中国广大读者的要求，正在翻译出版斯诺的 *Red Star Over China*（《红星照耀中国》），特此告知。斯诺夫人有何反应，请告。"

《西行漫记》的出版终于提上了议事议程。

其实，1976 年 1 月香港广角镜出版社就重印了《西行漫记》；1977 年 1 月，香港南粤出版社也出版了《西行漫记》，译者陈云翩。1978 年 12 月 21 日，人民出版社曾给中国对外友协发去一封公函：

> 埃德加·斯诺（EDGAR SNOW）的著作《西行漫记》（*Red Star Over China*）将在国内由生活·读书·新知三联书店出版中译本，公开发行，系采用原著 1972 年版全译，只对其中个别涉及林彪的地方稍作删节。附录未用。拟请你处转托我驻瑞士使馆用适当方式告诉斯诺夫人，并将结果通知我们。

显然是这封公函发出后没有回音，所以在寄送《"我热爱中国"》样书时，又一次提请驻瑞士大使馆转告斯诺夫人。

《西行漫记》的内容分为十二章、五十三小节，内容极为丰富、生动、具体，都是第一手资料。比如与毛泽东、周恩来、朱德、彭德怀对谈，对红军将领贺龙、徐海东等的描写，苏维埃社会到底是什么样子，游击战术的奥妙等等，尤其是二万五千里长征中的故事，从红军领袖们嘴里讲出来，是那样奇特。另外，作为一位外国优秀记者，斯诺观察的角度、叙述的方式都与一般记者不同，读来很新鲜，很真实。可是，从采访写作到1978年，时间已过了四十二年，这样一部关乎历史的书稿，以当时刚刚开始改革开放的眼光，里面的问题很多很多。编辑部提出：

　　这些问题可以分成两种情况：一种是不改，不加注，保持历史原貌，读者都是可以理解的，出版社自己可以讨论决定的，如书名，主席离婚、结婚、林彪……等；一种是需要改，或加注说明，出版社自己很难定，需向有关方面请示或征求意见的，如外蒙、（中国）台湾、印支、缅甸等，这些问题涉及当前国际斗争和我对外路线，确实需要慎重。

　　其实，对上述问题的加注、删改，恐怕都不是妥善的办法，是否不加注、不删掉的地方就永远没问题了呢？读者就可以据此书所载作为正确的依据呢？所以，倒不如统一写一个出版说明，作一交代更为灵活，留有余地。这等将来再研究吧。

　　社里主事的张惠卿、范用也有些拿不定主意，还是上报时任国家出版局正副局长的陈翰伯、王子野、许力以。陈翰伯最后拍板，只删除个别内容，其他不再加注。

　　根据范用的要求，胡愈之在百忙中校订了一遍新译书的全稿，写了三部分、十二条参考意见，分别是"关于内容方面""关于编排格式""关于文字和标点问题"，认真而全面；他建议为了保留历史原貌，还是以《西行漫记》为题出版，另外，他写了一篇分量很重的《〈西行漫记〉中文重译本序》，介绍了斯诺和《西行漫记》出版的全过程：

当时，我们有些同志组织了一个"星二座谈会"，每星期二在上海八仙桥青年会地下室餐厅集会，讨论研究抗日宣传问题。我在这个会上提出了出这本书的问题，大家都同意，就由参加座谈的同志分别承译。我们当时都意识到，翻译这本书很重要……翻译问题解决了，怎么出版呢？决心发动群众自己来搞，大体算了一下，出版后定价一元，就征求预订，先交订款一元。一下子就征得了一千本订金……工作进行得非常迅速，从1937年12月开始翻译，1938年1月出书，前后也不过一个月的时间……在翻译的过程中，我们遇到难处理的地方，常常去问斯诺，得到他的帮助。他还给中译本写了序，提供了照片，有些是英文本原来所没有的……

这本书是通过群众直接出版的，但对外总也得要一个出版名义，我临时想了一个"复社"的名义。在书上没印"复社"的地址，实际上它就在我家里……这本书初版后很快销掉，接着再版、三版……受到意外的欢迎，但它们都没在书店里出售，而是群众自己组织印发的……

斯诺的原书名直译过来是《中国天空上的红星》，在当时的情况下当然不能照译。我们就改用一个隐讳些的书名。为什么要叫《西行漫记》？因为在工农红军长征后，关于我们党在西北情况的比较真实客观的报道，只有一本书：范长江同志写的《中国的西北角》……从此，"西"或"西北"就成了我们党所在地的代称。

《西行漫记》（1979）

胡愈之在《序》里，特别引了斯诺为中译本《西行漫记》初版写的序文里的一段话：

从字面上讲起来，这一本书是我写的，这是真的。可是从最实际主义的意义来讲，这些故事却是中国革命青年们所创造，所写下的。这些革命青年们使本书所描写的故事活着。所以这一本书如果是一种正确的记录和解释，那就因为这是他们的书……他们的斗争生活就是这本书描写的对象……此外还有毛泽东、彭德怀等人所作的长篇谈话，用春水一般清澈的言辞，解释中国革命的原因和目的。还有几十篇和无名的红色战士、农民、工人、知识分子所作的对话。从这些对话里面，读者可以约略窥知使他们成为不可征服的那种精神，那种力量，那种欲望，那种热情——凡是这些，断不是一个作家所能创造出来的。这些是人类历史本身的丰富而灿烂的精华。

胡愈之最后总结说："千百万人民群众——不是少数领袖们——的革命实践才是检验真理的唯一标准。可以说，这是《西行漫记》这一本书的总结。"

经过一年多的编辑、审核、校订，三联书店版《西行漫记（原名：红星照耀中国）》终于出版了。1979年12月第1版，正文四百零六页，照片六十八张，三十二开，横排平装，首印二十万册，每册定价一元三角。这次重译出版，除改正个别十分明显的史实错误及人名、地名和书刊名称的拼写错误外，一律照译原文未作改动。四封是宁成春设计的：封面是一位仰头吹号的战士，封底有斯诺的照片，而且很出格地印上了路易·艾黎写的诗《埃德加·斯诺》：

这个美国梦想家的
安静而沉着的面容，
充满同情的眼睛，
他看到了
梦想如何能得到实现，
他从中国革命
和它的领导人身上
感染了火样的热情，
因此当他们艰苦斗争时，
他也和他们一道
用自己的笔进行战斗，
为了他开始信仰的一切。

是的，他为此受过苦，
不简单啊，要走向
荒凉的西北高岗，
寻找那些被通缉的，

当时被有些人叫作土匪的
红军战士；
不简单啊，要收集
他们的故事，
进行这样生动的描绘，
它通过各主要语言，
震撼了全世界。

后代的青年将会
以感激的心情
诵读他的经典著作
《红星照耀中国》，
它永远是他的星星，
代表着他对于未来
更健康、更干净的
世界的希望。

像《"我热爱中国"》一样，这种在封底印长篇文字的设计方式，既有广告作用，文字版块也可作为设计元素，是范用所喜欢的。

三联版《西行漫记》出版后不到两个月，本店和各地加印的，总计已经超过七十万册。此时距中文版初版，已过去了四十一年。

"多出些友好人士的小册子"

1979年3月，人民出版社收到老作家叶君健的一封信，信中说，他想推荐一个选题，即日本绿川英子写的《战斗的中国》。这个作家不是太知名，但对中国的感情很深。"我是30年代在东京认识她的。她嫁给一个中国留日学生，卢沟桥事变前夕和丈夫偷渡来中国，参加我们的抗战工作，曾在郭沫若领导的第三厅工作。解放战争期间她在东北解放区工作，病死在那里。她写了不少我国抗战的文章（文艺性的）……"

作为经历过抗日战争的出版家，范用对那些在中国最困难时期帮助过中国的外国友人有一种由衷的敬意，他认为我们的出版社理应出版他们的作品，传播他们的事迹，让读者不要忘记这些国际友人。当他看了叶君健的信以后，就积极推动出版绿川英子的文集和组织一些纪念她的文章，安排编辑唐一国具体处理。唐一国当时写的选题报告说：

根据范用同志的意见，经张企程同志（世界语者、翻译家——作者注）推荐，已约请龚佩康同志（旅游出版社）编译一本有关绿川英子的书，书名待定。

龚佩康同志寄来了一份该书内容的设想（绿川英子的作品，均已译好），并提出了几点建议。我考虑：

1）收录绿川英子本人的作品，似应围绕同中国有关的内容，其余介绍当时日本国内情况和论述世界语问题，以及同中国无直接关系的部分就不选入了。

2）国内人士，除已确定请叶籁士同志写一篇序言外，可以再请几位同绿川有接触的同志写回忆文章……郭老（郭沫若）和田间为绿川写的诗文也可选收。

3）日本方面的友人，考虑到时间、来去不便等因素，不一定专门去约稿了……

范用在"似应围绕同中国有关的内容"一段边上批示："不必限于与中国有关，可以涉及其他方面，把内容搞得丰富一些，如世界语，是绿川英子活动的一个重要方面，应有反映。"这份报告和范用的意见上报国家出版局和中宣部，并报请曾彦修签批。曾彦修的意见是："我很赞成用三联名义出一点纪念绿川英子的书。可不可以就叫《绿川英子纪念集》……国际朋友，只承认白求恩如何行？"

1979 年 11 月 12 日，叶君健来信，说龚佩康约请他写一篇关于绿川英子的回忆，想放在书里，他已写出来，不知是否已经晚了。1980 年 7 月 31 日，范用在"发稿说明"中注明：一、书名:《绿色的五月》，中文、世界语并列；二、用小开本，归入《"我热爱中国"》一套；三、《忆萧红》一文不改，那是人所共知的事实（文中写到端木蕻良不承认与萧红结婚，对萧红不照顾——作者注）。1980 年 10 月 20 日，叶籁士给唐一国来信说："我为绿川文集写的一篇代序（是寄给范用同志的），排出来校样请送我看一下。"1981 年 2 月 23 日，戈宝权来信说："送来的校样我已仔细看过。我根据日本所出的书对校样中的个别地方作了一些小修改，又在文末写了一段'补记'，请排进去。如还有什么疑问，可再告诉我。"2 月 24 日，叶籁士也寄回了校样，"作了一些修改，但都不影响版面"。1981 年 5 月，书出来了。内容分为两大部分，绿川英子的作品占四分之三强，其余是中外人士的回忆文章，如叶君健、张企程、戈宝权、陈原（署名柏园）、宫本正南、栗原小卷的文章。在封底有一段绿色的小字：

Verda Majo（维尔达·玛约，意为"绿色的五月"），是国际主义者绿川英子的世界语笔名，它象征着青春、生气和欢乐，给人们带来温暖、光明和希望。现在，长谷川照子（绿川英子在日本时的名字——作者注）、绿川英子、Verda Majo，已经成为人们所尊敬的名字。

绿川英子在中国人民抵抗日本帝国主义侵略的艰苦的年代里，是一个英勇的战士，她为中日人民的友好，为中华民族的解放事业，为世界语运动，贡献出自己的一生。她用世界语写的文章和对日本的日语广播，像利剑似的直刺向日本军国主义者的心头。

周恩来同志曾经对绿川英子说："你是日本人民的忠实的好女儿，真正的爱国者。"她回答道："我愿做中日两国人民的女儿。"绿川英子在短促的一生中，完全实现了这一崇高的志愿。她将永远活在中国人民的心中。

《绿色的五月》（1981）

这段封底的话，我猜想是范用所写，起码是他改定的。因为其中所表现出的英雄主义和庄严色彩，符合范用的性格。

书出版不久，范用收到陈原的信：

范用同志：

刚看到《绿色的五月》样书，非常高兴，不能自已，给你写这封信。这本书是很有意义的，编辑的也比较得体（虽则有些回忆文章仍不免废话连篇），印得也小巧，有点"企鹅"书的味道。为此，作为一个世界语者，作为一个出版工作者，我感到双重的高兴。应当向你和为这部书花出劳力的同志们致谢……对于这样的人，这样真正的人，对中国人民事业血肉相关的同志（不论是共产党员与否，都应该享有这样崇高的称号），我们后在者有责任用书的方式将他们的言行甚至音容笑貌留给后人。这是政治。这是教育。这是文化。这是文化积累。这是建设精神文明……这样的书印几千本也是可以的，亏点本有意义。一百年后人民会认为是个贡献。

范用还特地起草了一封感谢信，寄给每一位为《绿色的五月》出版给以帮助的日本朋友，同时寄上样书。信的末尾都郑重其事地署名：生活·读书·新知三联书店，范用谨启。

《绿色的五月》出版后不久，戈宝权向范用建议重新出版史沫特莱的自传体小说《大地的女儿》（作家出版社1956年出版过）。史沫特莱（1892—1949）是美国作家、记者，1928年底来中国，1936年在西安目睹了西安事变，对事变做了客观的报道。1937年1月到延安，访问中国共产党领导人。抗战后到八路军总部对朱德进行专访，随后赴华北、华中等地采访，写了许多战地通讯，热情地报道中国人民的抗日战争。1941年皖南事变后被迫离开中国回美国，1949年在英国去世。根据她的遗嘱，其骨灰被运回中国，安葬于北京八宝山革命烈士公墓。她的主要著作还有《伟大的道路——朱德的生平和时代》《中国红军在前进》等。

为了出好这本书，范用建议请资深翻译家巫宁坤重新校订一遍，并请他审阅作家版原来没有收入的一章，若内容可以，就请他补译。范用还请人民文学出版社的美术编辑张守义为这本书画了六幅插图以及封面画。张守义的画风很适合外国文学作品，他画的插画和封面画都很精彩。

《大地的女儿》写于1927年，初版于1929年，曾被翻译成俄、法、德、意、西等多种文字。这本书"以真切的感情、朴实的文字，叙述了作者本人青少年时代心酸的生活经历，反映了她从一个普通的工人女儿成长为敢于向旧社会挑战的革命者的过程……1956年的校译本略去了原书的第七部分。这部分内容涉及史沫特莱与印共（印度共产党）的关系，她如何卷入印共内部斗争，以及她本人的性生活。巫（宁坤）认为对中国读者意义不大，且有可能损害史沫特莱的形象，以删去为好……原校译者陶春杰现在何处尚未查到，拟向他打个招呼。史沫特莱青少年时代的照片正在寻找，如有，可选用一些收在书内"（摘自编辑唐一国的《发稿说明》）。

对出版《大地的女儿》，社里有不同意见。范用认为应该"多出些友好人士的小册子"，这本书可列入其中；副总编辑张惠卿也认为"可以考虑出版"。时任翻译著作编辑室副主任的沈昌文"很是踌躇"，他认为这本书虽然很可一读，英文原版在"文革"前也常为大学选作教材，但问题是书里根本没有讲到中国，列为友好人士这一套书是否合适？总编辑曾彦修拍板同意出版，但说，估计目前这类书销路不会大，印数上注意一下。由于范用的坚持，这本书在1981年

《大地的女儿》（1981）

出版了，首印两万三千册。

"多出些友好人士（曾经在战争年代支持中共的外国友人）的小册子"和"出版这些书（沈钧儒等民主爱国人士的书）是我们三联书店的任务"，这是范用站在执政的中国共产党的立场，站在历史的角度，提出的选题思路；或者说，是出自一名老出版人朴素的思想感情而形成的出版观。

《傅雷家书》及其他

1979 年 4 月下旬，七十四岁的楼适夷专程去上海，参加由上海市文联和中国作协上海分会主办的为傅雷和夫人朱梅馥平反昭雪的追悼会和骨灰安葬仪式。

傅雷 1908 年 4 月 7 日生于江苏省南汇县（今属上海市），字怒安，翻译家、作家、美术评论家，中国民主促进会最早的发起者之一。早年留学法国巴黎大学。他翻译了大量的法文作品，其中包括巴尔扎克、罗曼·罗兰、伏尔泰、丹纳、罗丹等的作品。"文革"爆发后，1966 年 9 月 3 日与妻子愤而自戕离世。"怒安"这个名字是他父亲给他起的，用的是"圣人一怒而安天下"的出典。楼适夷生于 1905 年，是浙江余姚人，曾任人民文学出版社副社长、副总编辑，同时是作家和翻译家，出版小说、散文、诗和译作多种。他和傅雷是老朋友，日军占领上海期间，他孤身一人，常常住在傅雷家里，像他们的家人一样。

在去上海的火车上，楼适夷偶遇范用。《读书》创刊号刚刚出版，范用是到上海参加研讨会，听取文化界意见的。人民文学出版社和人民出版社在一幢楼里办公，他们也是老熟人了。一路上，楼适夷谈起傅雷和他的一家人，谈傅雷的作品，谈傅雷的性格、人品，也谈他如何教育两个儿子，谈他和夫人自杀离世的过程。范用早在抗战时期就读过傅雷翻译的《约翰·克利斯朵夫》，深为这部小说表现的人道主义所感染，同时对译者傅雷也产生一种敬仰之情。

楼适夷谈到 1957 年的春末，他利用假期去南方旅行，路经上海，依然同多年以前那样，被留宿在傅雷的家里，联床夜话。傅雷跟他聊正在欧洲学习钢琴的儿子傅聪（楼适夷是看着傅聪长大的），并找出儿子寄来的家信给楼适夷看，同时也把自己已经写好、还未发出的一封长篇回信，叫楼适夷一读。楼适夷跟范用说，他所见的只是这两封信，但给他的印象是非常深刻的，深为傅雷爱子教子的精神所感动，二十多年后记忆犹新。可是在那以后不久，全国掀起了反右运动，竟把傅雷错误地划成了"反党反社会主义的右派分子"，接着消息传来，在波兰留学的傅聪，又突然自主出走，去了英国。按当时的规定，国家派你留学，学成后必须回来，这样私自出走，而且去了西方国家，属于"叛国"行为。这次他回来为父亲安葬，是各方面做了很多工作才同意的。

听了适夷先生的介绍，范用对傅雷与傅聪的通信产生极大兴趣。楼适夷告诉他："应该感谢当时的某位领导同志，在傅雷被划成'右派'之后，仍能得到一些关顾，允许他和身在海外

范用和傅聪

并同样身蒙恶名的儿子，保持经常的通信关系。"这位领导就是石西民，时任中共上海市委宣传部部长，主持过《辞海》出版，还做过国家出版局局长，范用也熟识的。

据傅雷的小儿子傅敏说，父母生前十分珍视这些家书，每一封都由母亲抄录留底，哥哥的来信也由母亲编号，按内容分门别类，整理成册。当年，傅敏在北京上大学，每逢寒假回家，便津津有味地读母亲整理好的家书。可惜在"文革"中，这些家书被上海音乐学院的"红卫兵"抄走，1979年退回的物品中只意外发现母亲抄录的父亲给傅敏的两封信，其他信荡然无存。

幸运的是，在上海见到傅聪，楼适夷谈到那些年里，傅雷"给傅聪写的万里而且往往是万言的家书"时，傅聪告诉他，父亲信的原件现在都好好地保存在他海外的寓所里，一封也不少。楼适夷建议傅聪把这些宝贵的书信整理出版。傅聪告知，弟弟傅敏最近去英国进修，可以业余整理这些信。楼适夷要他将来复印一份寄来看看。当楼适夷遗憾地说，傅聪写给父母的信可惜都被毁了，傅聪激动地说：我那些信并不重要！

回北京后，1979 年 5 月 16 日，楼适夷给范用写信说：

此次与傅聪谈话，提到他父亲给他的信，对他在政治上、艺术上做了恳切的教诲，使他在迷途之后，立下终有一天回归祖国的决心。这些信数量不少，经过整理编选，如能在港出版，亦有意义。（香港）三联不宜，可否介绍一商办书店印行。现在傅敏下月去英，决定去整理这些信，我要他将来复印一份寄来看看，你看在港出版行吗？

所谓"三联不宜"，是因为傅聪的"叛国"身份，在中资机构香港三联书店出版有困难。此时，楼适夷并未看到全部家书的内容，猜测而已。范用有一种直感，觉得在那种情状下，那么久（十年），像傅雷这样的人物，其书信一定有充沛的内容和感情。可是过了大半年，迄无消息。听说傅聪年底曾来北京，范用又去信问。1980 年 2 月 15 日接到楼适夷的回信：

示悉。因暂住郊外，不在家里，昨日始乃收读，迟答为罪。

傅聪在京时曾见一面，据说其父的信，正由他兄弟傅敏整理。傅敏是上次随兄去英进修的，去时也与我约过编选书信的事，但去英后课业甚忙。此次其兄独来，没有带来，并说有的谈家人间事，得细细选择。可能他不愿让人代选。我这回又催了一次，叫他早日交稿。他后来去上海，住十余天，大概已回英国去了。今年还要再来。这位艺术家（艺术）气质很重，对某些世俗事模模糊糊。

直到这年的秋天，傅敏从英国进修完毕回北京，随身带回了傅雷家书。他一边在七中教书，一边进行编辑。范用得知这个情况，打电话不方便，从楼适夷那儿拿到地址，干脆做了不速之客。傅敏正在备课，范用自我介绍是三联书店的编辑，说："听楼适夷先生介绍傅雷先生给你们孩子写了一批极为有价值的书信，听说你正在整理编辑，三联书店有意出版。"傅敏是知道三联书店的，而且颇有好感。其父傅雷1949年前翻译的《约翰·克利斯朵夫》（罗曼·罗兰）、《亚尔培·萨伐龙》《高老头》（巴尔扎克）就曾由三联书店的二线书店（上海骆驼书店）出版，而当时的出版人之一就是范用。随后他们谈到家书的内容和正在进行的工作，以及出版的程序，还谈到封面设计。傅敏建议请父亲的好友庞薰琹先生设计，因为早在1949年前，傅雷的不少翻译作品都是由庞薰琹设计的。范用一口答应，并请傅敏先与庞接洽，下一步具体联系、落实都由三联书店来做。

那天范用走后，学校老师就问傅敏，来看你的小老头是谁啊？他可是坐小轿车来的呀！傅敏心里一咯噔，当时一般人是坐不了小轿车的啊！他立刻给楼适夷打电话询问，才知道范用是三联书店的总经理。这是傅敏第一次知道范用这个名字，更是第一次与他见面。他对范用的印象是，人很可爱，平易近人，没有一点官架子，说话很简洁，开门见山，一点不啰唆。

从这天起，《傅雷家书》的出版就进入了正式流程。为此，傅敏和范用通了许多封信。至这年 10 月 21 日，傅敏写信说：

范用同志：

《家书》基本整理完毕。暂且分成六个部分：即学习；社会政治；音乐艺术；文学艺术；人生、哲学；翻译等六个问题。

这个工作从未搞过，困难很多。由于内容复杂丰富，很难予以区分，上述分类不一定合适，请您先看一下，研究一下如何分类更合适，内容如何取舍。

……

将来出版时，可否在港、京两地同时出版？罗孚同志是第一个向我提出这事的，您看何如？

关于后记一事，我已去信聪哥。他年底将来北京，讲学与演出两个月，我想届时能先打出清样，让他过目审查一下。

总之，我希望能在明年 9 月，父母逝世十五周年前，与读者见面。

等分类问题解决后，我再逐条细阅，该加注的加注。此外，英文的部分是否需要译成中文？我觉得凡是英文部分很难译成中文，大凡是中文难以述意时，家父才用英文。我个人意见，一般还是不译，特别是音乐部分。您的意见何如？

一周后，傅敏又来信说：

近日整理家父遗留之有关音乐的译著发现：

①1956年2月29日给我哥哥信的抄件，是妈妈的手迹，此信主要论述莫扎特，从而谈及如何作一个艺术家，非常精辟，请您补入音乐部分。

②长达16页信纸的"音乐笔记"，这是家父寄给哥哥的参考材料，内容极为丰富，除译文外还有他本人的论述，"音乐笔记"前有妈妈执笔写的一封信（1960年2月1日夜），估计寄出时家父因病不能动笔。这一部分可否放入音乐部分，请酌。

③一封专门谈论拓片的信件，但没有日期，只能从字体及所用信纸来核对，也许能确定年份和月份。

此三件一并寄上，①②两件均为原件，是否复印后补入"家书集"。

近日想到将来出书时，可否刊登若干信件原稿，特别是六十年代的信件，家父的书法独具风格，也是一种艺术。

范用回信建议家书按时间顺序编排，因为正如傅敏所说，傅雷的信知识面跨越太广，很难分类。傅敏欣然同意。请傅聪写后记是范用建议的，可是傅聪说自己的文字没有价值，不应印在父亲的书中。他对父亲的文字十分崇仰，视若珍宝。傅敏希望1981年9月前出版这本书，以此纪念父母去世十五周年，范用的愿望也是如此。范用安排三联老编辑秦人路作为这本书的责任编辑，由于原稿是手写，编辑中删除隐私和政治部分内容，编后稿比较乱，秦人路遵照范用的意见，手抄了一部分，足有七万多字。秦人路写审稿意见说：

主要是探讨怎样做学问、学艺术（以音乐为主），使之精益求精；其次也提出了人类文化发展史（如宗教、艺术……）方面的学术性创见，并以爱国主义基础讲怎样做正直的、有修养的、能为别人谋幸福的人。

这是一位老学者一生治学经验的总结，读本书帮助我们善于思索、不断总结经验、改正缺点，刻苦学习、攀登艺术高峰。它表现了老一代学者的爱国主义精神和感人的父子情爱，这是适于一切想求学问的青年人、中年人、老年人的有人情味的好书。

楼适夷是这本书的提议者，而且他和傅雷有深厚的交情，范用请他写一篇序言，并请他看一遍校样。楼适夷回信说：

《傅雷家书》校样，已陆续通读一遍，确实非常感动，但所谈大都音乐方面的事，专门性很强，我是外行，读不懂，感到这序文很难写。可能他们两兄弟选辑时，关于政治性及生活方面的书信都删去了，其实照一般读者来说，倒更愿意读这方面的东西。我对他们说过，此序我很难写，是否请钱锺书同志执笔，傅聪说钱也不懂音乐，但他对傅雷了解很深（我还是浅薄的），艺术见解也高，我以为请他写比我合适。或者，由您来写，您那天对我提出几点，我看是恰当的评语，写成一文，是很好的序言。校样退奉，此事请加原宥，为歉。

我近来身体还可，但头脑不行，写东西十分困难。这种情况，希望还能改变。

楼适夷（1981年）2月11日

在范用的坚持下，楼适夷还是写了文章，但他不同意名之为"序"，而是以《读家书，想傅雷》为题，出书时，只好作为"代序"。傅敏记录了这段佳话：

范用看完原稿就对我讲："《傅雷家书》的序言我想请楼适夷先生来写，他对你父亲非常了解，从敌伪时期直到你父亲去世，一直有来往，深厚的交情极不一般。"后来，范用颇为动情地对我讲："你知道吗？我跟楼适夷先生说了请他为《傅雷家书》写序，不到一个星期，一天一大早，我还没有上班，他就带着写好的序言，急不可待地等在我办公室门口。"范用接着对我说："你看他写成的序言，一气呵成，充满了深厚的感情，多么感人啊！"

读了《家书》全部稿子，范用十分激动，深觉这是一部前无古人的杰作。这样的稿子当然应当由三联书店首先出版，但也知道，在当时的情况下，不容易通过。当稿件编辑工作基本结束时，范用慎重写了一篇选题报告：

傅雷与傅聪

傅雷（暨夫人）在"文革"中被迫害致死，1957年被错划

"右派"，现已平反昭雪。

傅聪因傅雷被划"右派"，于1958年去国。现已查明，他在国外期间，表现是好的，以演奏为生，没有讲过对祖国不利的话，没有做过对祖国不利的事。"四人帮"被粉碎后，自动要求回来，政府欢迎他回来，先后已回来三次，表现也是很好的。

林默涵同志代表文化部，曾在政协答问表示过：傅聪肯定不是叛国，而是属于"政治流亡"性质，他有错误，但本人已表过态。

因此，出版一本傅雷的家书集，在政治上应不成问题，从积极的意义上讲，也是落实政策，在国内外会有好的影响。

傅雷的小儿子傅敏，任教于北京七中，前年曾出国，《人民日报》曾刊文报道（因为他表现好）。

我与傅聪傅敏都有来往，他们给我的印象是好的。傅雷的译作除由人民文学出版社出版，其译文全集十六卷，即将由安徽人民出版社出版。

家书集的来历，及其内容

傅聪第一次回国时，（我）了解到傅雷生前曾写给他一百四五十封长信，内容很精彩，即动员他把这批书信整理发表。现在摘录编成一集，约十五万字。我仔细阅读过几遍，认为值得出版，对年轻人、老年人都有益处（怎样做父亲，怎样做儿子）。

《颜子家训》最近还在印，这本家书就更值得印了。三联出这样的书很合适。

我选了几封信，希望彦修同志看一看。

另附有关傅雷、傅聪的几份材料，亦请一阅。

范用（1981年）5月9日

曾彦修（时任人民出版社总编辑，主持全社工作，没有社长）签的决审意见是：有关材料我看了，我相信傅雷这样的（人）都不可能讲坏话，（稿子）就不看了，先印吧。

然而，《傅雷家书》付印时还是遇到了阻力。印刷厂里传言傅聪是"叛国"，出版这部书是提倡走白专道路。车间怕出事，不敢印。范用辩解：傅聪去国是对父亲的遭遇心存悲愤，有所表示，事出有因。至于提倡走白专道路，何谓白何谓红，谁也说不清。提倡专，有何不好？不仅现在，将来我们也还是要提倡专。"专"除了要具备天资，更多是靠勤奋与毅力。傅雷的教导，与傅聪的苦学苦练，在这方面做出了榜样，值得向世人介绍。

这时碰巧中央音乐学院教师李春光就傅聪是不是叛国问题给中共中央胡耀邦总书记写了一封信，把他知道有关傅聪的种种情况，包括傅聪当年在波兰，后来出走英国，这么多年来在国外孜孜不倦搞古典音乐的演出与研究；1979年经邓小平批准回国参加为父母平反昭雪的骨灰安放仪式后，年年回国认认真真讲学和演出，受到师生的好评等情况做了报告。胡耀邦阅后写了一个批示："傅聪的出走情有可原，这是一；出走后确实没有过损害党和国家的行为，这是二；出走以来，仍旧怀念国家，忠于自己的艺术，治学态度很严谨，博得学生和人们的同情，这是三。这些必须充分理解和体谅。""他回来演出，教学，要完全允许他来去自由，不要歧视，不要冷淡。据说他生活并不好，应根据他的工作给予应得的报酬，并可略为优厚一点。应指定专人对他做点工作，要较充分体现国家对这样一个艺术家的慈母心肠。"

批示同时指出：出走毕竟是个污点，应有个交代。1980年傅聪回国时，在接受记者访问时，对自己过去的出走表示内疚。这可以看作是公开场合的表态。

这样，排除了阻力，《傅雷家书》终于在1981年8月出版问世。

关于这些家书，傅雷自己曾有个说明："长篇累牍的给你写信，不是空唠叨，不是莫名其妙的gossip，而是有好几种作用的。第一，我的确把你当作一个讨论艺术，讨论音乐的对手；第二，极想激出你一个青年人的感想，让我做父亲的得些新鲜养料，同时也可以间接传布给别的青年；第三，借通信训练你的——不但是文笔，而尤其是你的思想；第四，我想时时刻刻，随处给你做个警钟，做面'忠实的镜子'，不论在做人方面，在生活细节方面，在艺术修养方面，在演奏姿势方面。"

作为评论家，楼适夷的看法也很精到：

这是一部最好的艺术学徒修养读物，这也是一部充满着父爱的苦心孤诣、呕心沥血的教子篇。傅雷艺术造诣极为深厚，对无论古今中外的文学、绘画、音乐的各个领域，都有极渊博的知识。他青年时代在法国学习的专科是艺术理论，回国以来曾从事过美术考古和美术教学的工作，但时间都非常短促，总是与流俗的气氛格格不能相入，无法与人共事，每次都在半途中绝裾而去，不能展其所长，于是最后给自己选择了闭门译述的事业。在他的文学翻译工作中，大家虽都能处处见到他的才智与学养的光彩，但他曾经有志于美学及艺术史论的著述，却终于遗憾地不能实现。在他给傅聪的家书中，我们可以看出他在音乐方面的学养与深入的探索。他自己没有从事过音乐实践，但他对于一位音乐家在艺术生活中所遭到的心灵的历程，是体会得多么细致，多么深刻。儿子在数万里之外，正准备一场重要的演奏，爸爸却好似对即将赴考的身边的孩子一般，殷切地注视着他的每一次心脏的律动，设身处地预想他在要走去的道路上会遇到的各种可能的情景，并替他设计应该如何对待。因此，在这儿所透露的，不仅仅是傅雷的对艺术的高深的造诣，而是一颗更崇高的父亲的心，和一位有所成就的艺术家，在走向成材的道路中，所受过的陶冶与教养，在他才智技艺中所积累的成因。

这部前无古人，也一定后无来者的家书集之所以成为杰作，还有一个特殊原因：傅雷被打成"右派分子"以后，不能做讲座，不能参加学术会议，也不能发表文章，作为一名有极高才华和丰厚学养的专业作家、学者、艺术评论家，在最好的年华（四十六岁到五十八岁），所能创造出的所有精华，都集中在这一封封家书里了，加之他对儿子的期盼和思念，使这些文字饱含着感情色彩。这也是为什么一封信会写十天半月，而且有的信长达一两万字的原因。

范用同志：您好！一丁来信，他又给华明寄来几

本书，言明待我，我只要共中直言某一本，中苏关系一

本，共定「鲁迅」两本一本请转交鲁编室朱志同志，一

本您如要请留下，又「诀语」一本，原来您的一本，被上海〔张我还〕

一友人拿去，一时不能收回，可以此本作赔偿，「流书」及「自述」

一开版已出后，我去零购买五册，我消息不灵，怕开版

又一告而光了。

祝
佳

适夷 五、廿六、

楼适夷的信

《傅雷家书》（1981）

庞薰琹设计的封面采用白色地儿，居中偏右细线条画出傅雷侧面像，左面一支羽毛笔，由下而上占了大半个封面，也是线条勾描的；蓝色的书名，集自傅雷遗墨，整个看上去简洁、朴素而又浪漫、雅致。

《傅雷家书》一版一印一万三千册，上市后，王府井书店排起长队，一销而空，很快加印。至第二年8月，不算香港版，内地已发行十多万册。从此畅销四十余年不衰。

范用在出版《傅雷家书》的同时，还依据自己的藏书，策划出版《傅译传记五种》，并且编了一份十卷本的《傅雷译文集》目录。傅敏回忆，范用曾高兴地给他看那份目录，同时自言自语："得找一个外地的出版社来出版这套书！"恰在此时，傅敏收到安徽文艺出版社的来信，跟他商量出版傅雷翻译的《巨人三传》。他回信告知：你们来信晚了，三联书店已经决定出版《傅译传记五种》，三传都包含在内；不过三联书店总经理范用编了一份十卷本的《傅雷译文集》目录，如有兴趣可来洽谈。于是，不到一个星期，安徽文艺出版社的编辑就坐在了范用的办公室。商量结果，在范用主导下，决定请钱锺书做《傅雷译文集》顾问，钱锺书建议，请傅译研究专家罗新璋担任主编，经过讨论，搞出了《傅雷译文集》编辑方案，分发各有关专家征求意见。最终形成一套十五卷本的《傅雷译文集》计划。

这个工作进展很快，赶在《傅雷家书》出版一个月后，也就是1981年9月就出版了《傅雷译文集》第一卷，以纪念傅雷去世十五周年。此后，在范用策划的基础上，辽宁教育出版社于2003年初出版了二十卷本的《傅雷全集》，他们在书上印上"范用编"，这是顺理成章的。

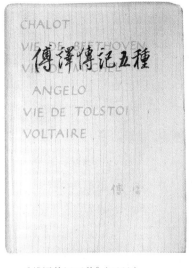

《傅译传记五种》（1983）

《傅译传记五种》是《夏洛外传》《贝多芬传》《弥盖朗琪罗传》《托尔斯泰传》《服尔德传》的合集。书前有杨绛《代序》，书后附录《谈傅雷和罗曼·罗兰的通信》（戈宝权）。插页有罗曼·罗兰题赠傅雷照片、致傅雷书信手迹，傅雷手迹，《夏洛外传》《贝多芬传》中译本书影。

早在1981年初范用就计划好了出版《傅译传记五种》。他在选题报告里说："五种传记，主要是罗曼·罗兰的《贝多芬传》《弥盖朗琪罗传》《托尔斯泰传》，世称三大英雄传。罗氏笔下的英雄，并非以思想或强力称雄的人，而是在长期的受难中，经受心灵和肉体折磨，在人生忧患困顿的征途上，为寻求真理与正义，为创造能表现真善美的不朽杰作献出毕生精力的人……我完全同意陈原同志的说法：'通过这些著作，人们有可能接触到迄今为止人类已经达到的精神世界。'……保持原来面目，用不着按现在通行的译名去统一。"

作为法语翻译同行，罗新璋对傅雷的翻译十分佩服。他给范用写信说:"1957年我翻译有关罗曼·罗兰的文字,需引用《贝多芬传》译文,傅雷先生曾嘱告,解放前的旧译毛病甚多,文言白话驳杂不纯,请勿引用(仅凭记忆,原信已毁)。傅雷先生对译文文字要求甚严,看一遍改一遍,差不多已是众所周知的事,《高老头》《约翰·克利斯朵夫》解放后再版时,先生都改过一遍,成为重译本。1954年,为配合法国作家杜哈曼来华,用旧纸版赶印《文明》,傅雷先生对这本旧译未能校改表示遗憾……"

范用了解钱锺书、杨绛夫妇与傅雷是相知相亲的朋友,所以请杨绛写序,请钱锺书题签。杨绛在文章中回忆:"抗战末期、胜利前夕……我们和傅雷家住得很近,晚饭后经常到他家去夜谈……我们还年轻,有的是希望和信心,只待熬过黎明前的黑暗,就想看到云开日出。我们和其他朋友聚在傅雷家朴素幽雅的客厅里各抒己见,也好比打开窗子,通通空气,破一破日常生活里的沉闷苦恼。到如今,每回顾那一段灰暗的岁月,就会记起傅雷家的夜谈。"

范用原本打算,五种里的《贝多芬传》《弥盖朗琪罗传》《服尔德传》日后加插图印单行本,而且已各打了一套纸型,填写了发稿单。发稿单上注明:1984年下半年印。可是不知何因,均未果。许多年后,三联书店才出版了全彩插图版的傅译《米开朗琪罗传》。

《傅译传记五种》出版后,1982年范用又发起整理出版傅雷的《世界美术名作二十讲》。范用亲自起草的内容简介是这样的:

本书是美术评论家傅雷未发表过的遗稿，写作于（20世纪）30年代。二十讲所述皆名家之杰作，涉及绘画、雕塑、装饰美术诸门，间亦论及作家之人品学问，以表显艺术家操守与修养。历史叙述，理论阐发，兼顾并重。附有图版多幅。

这其实是一篇广告。书稿完成于1934年6月，那时傅雷只有二十六岁，刚从法国留学归国不久，受聘于上海美术专科学校，担任美术史课教席。为了教学，根据留学积累的资料以及多年来学习的体会，边授课边为学生编写有关世界美术史的讲义，1934年离校后又将讲稿重新整理、补充，誊写在"十行笺"订成的本子上。有很长一段时间，它只是作为一份资料保存着，直到1979年人们从故纸堆里发现了它。范用委托中国艺术研究院西方美术史专家吴甲丰加以核订、配图后，由三联书店出版。书前有庞薰琹写的《〈世界美术名作二十讲〉与傅雷先生》（1983年1月3日），书后有吴甲丰的《编校后记》。图片是日本株式会社小学馆提供的。作为傅雷的原创作品，《世界美术名作二十讲》出版后立即成为畅销书。

1984年6月，三联书店出版了《与傅聪谈音乐》，浅灰的封面，中间有一道烫银的细条，细条之上是书名，其他不着一物。范用认为："这本书我自认为设计得较好的一本，是我所追求的三联版风格。"此后的《世界美术名作二十讲》封面也用了这一形式。《与傅聪谈音乐》由傅雷与傅聪谈音乐、谈傅聪的成长以及父子二人谈莫扎特为主要内容，另有董秀玉写的访

《与傅聪谈音乐》（1984）　　　　　《世界美术名作二十讲》（1985）

谈《赤子之心——傅聪谈傅雷》和华韬写的《中国人气质、中国人灵魂——记傅聪的两次谈话》。此书首印三万两千册。在稿签上范用写道："杜撰了一个编者的名字'艾雨'，印在版权页上。还是有一个编者的好。"他还写道："两篇傅聪访问记，需要做一些删节，主要是关于'人的价值'，关于艺术为什么的提法……"十几年后，1996年6月14日，他给时任三联书店总经理的董秀玉写了一封信：

　　从办公室理出一部《与傅聪谈音乐》原稿。为什么保存这份原稿？是因为当年出版此书，对原文做了一些删节（改），记得华韬和傅聪都有意见，认为没有必要删改。保存原稿，在有需要时还可以恢复原貌。如果可能，可请一位编辑同志将该书与原稿核对一遍，将删改之处过录到书上……此书仍有重版的价值，属于保留书目。

除了出书，范用还策划在北京、上海、香港三地举办了"傅雷家书墨迹展"，同时请雕塑家张德蒂塑了傅雷半身像。范用对傅敏说："你父亲是个非常正直有骨气的人，做事认真，一丝不苟，他的书信以及手稿墨迹完全体现了这么一个人，字如其人啊！有些墨迹简直是艺术品！举办这样的展览，就是要让更多的人来学习傅雷这种精神、这种人文品格！"

由《傅雷家书》的出版开始，陆续出版傅雷一系列著作，乃至全集，而且延伸到家书墨迹展，这种举一反三、一网打尽、连环影响的出版手法，是范用出版的一大特色，也是三联书店重要的出版传统。2016年傅雷去世50周年之际，三联书店推出包含《傅雷书信集》《傅雷谈艺录》《世界美术名作二十讲》《傅译传记五种》《人生五大问题 恋爱与牺牲》《艺术哲学》在内的纪念版傅雷作品，纪念傅雷和那些像他一样"又热烈又恬静、又深刻又朴素、又温柔又高傲、又微妙又率直"的灵魂。此时距离《傅雷家书》的初版，已经过去整整三十五年。

《干校六记》

1981年7月，比《傅雷家书》还早一个月，杨绛的《干校六记》由三联书店出版了。薄薄的一本小册子，窄三十二开，只有六十七页。钱锺书写"小引",并题写书名。这本小册子现已公认为中国散文杰作之一。

所谓"六记",是《下放记别》《凿井记劳》《学圃记闲》《"小趋"记情》《冒险记幸》《误传记妄》六篇散文,记述了"文化大革命"期间杨绛与钱锺书等人被下放到河南息县、明港干校期间的生活。《下放记别》讲述了杨绛生活中的三次离别。第一次离别是杨绛、女儿、女婿送别下放干校的钱锺书;第二次离别是杨绛送别文学所和另一所的人员下放;第三次离别是女儿钱瑗送别下放干校的杨绛,此时女婿王德一刚在一个月前含冤自杀。《凿井记劳》讲述了参加集体劳动的故事。《学圃记闲》记的是看守菜园的故事。菜园离钱锺书的宿舍不过十多分钟的路。钱锺书负责管理工具,班长常派杨绛去借工具,能与丈夫见上一面。钱锺书还是"通信员",每天下午要经过菜园到邮电所。这样,他们老夫妇就经常可在菜园相会。《"小趋"记情》讲述在干校劳动改造之余大家一起收养一只流浪小狗"小趋"的故事。《冒险记幸》写的是杨绛为看望钱锺书而冒险走夜路的故事。《误传记妄》记录了钱锺书听闻自己将获返京,结果只是谣传,因此发生了一些故事……

这样细致描写"文革"中知识分子下放干校的生活,其中穿插着夫妻之情、同事之谊,在当时是绝无仅有的。出版这样的选题,比较敏感,因为很难拿捏分寸。适逢香港《广角镜》杂志总编辑李国强请范用帮忙约稿,范用知道杨绛写了这样一部稿子,就从中介绍。那时刚刚改革开放,发表作品是一件不太容易的事,何况是这样的稿子。看杨绛 1980 年 3 月 10 日写给范用的信，能看出作者的急切心情：

范用同志：

　　李国强先生曾给我来信，要我把一份稿子（《干校六记》）烦您转交，说也已有信拜托您。2月20日，董秀玉同志到舍间取去稿子。3月2日，我又得李国强先生信，说要写信给您问这份稿子。我打电话给秀玉同志，她已去上海，而我又无法和您通电话（电话几次，都碰上您在开会），所以写这封信问问究竟。如转送稿件不便，我可取回。万望给予答复。

　　《干校六记》虽不长，也有三四万字，没想到《广角镜》杂志一期全部登出了，反响强烈，不胫而走。5月20日，杨绛给《读书》杂志的董秀玉写信说："昨晚乔木同志遇见锺书，嘱他向我传话，说他看到《广角镜》上的《干校六记》，他有十

范用和杨绛、李黎

六字考语：'悱恻缠绵，哀而不伤，怨而不怒，句句真话。'他认为国内也当出。我记得范用同志也曾说过国内可出……请转问范用同志，三联书店是否愿出？如愿出，什么时候能出？请拨冗惠示……"范用得信后特别高兴，即于5月23日上书总编辑曾彦修：

　　杨绛同志近作《干校六记》，经我的手转寄香港，原来是说出版单行本，未料到《广角镜》杂志先发表了。

　　我拿到《六记》原稿，读后觉得写得很好，曾在电话中向杨绛建议在国内也应出版。当时，并非指由三联出版，而是愿意为她介绍地方出版社出版（如天津百花、四川人民）。

　　昨天杨绛来书，有云乔木同志从《广角镜》上看到这篇文章，嘱钱锺书传话，他有十六个字考语……并认为国内也当出，杨绛问三联是否愿出？因此，提请考虑。

　　我曾设想三联可以出版一些纪实的作品。这类作品，并非历史，但是当事者的实录，也可看作"历史的证言"或"历史的侧记"。前曾发排了一本杨述同志的《一二·九漫忆》，即属此类作品。这类作品，作者对它有感情，对后人，对了解历史，多少有些作用，犹如正史之外的野史、笔记之类（不完全恰当，是指它的作用而言）。题材不拘，但要求是真实的记录。不必完全视作文学作品（因为它是真实的，不能有半点虚构）。

　　除杨述的《一二·九漫忆》，我想到可印的还有《六十八天》（马力记王震南征，从出发到回到延安。此稿由王匡由中原解放区带出）、《第七七二团在太行山一带》（卞之琳作）。其他还有。杨绛的《干校六记》也可列入。

这套书用小开本排印。

此事原拟在讨论三联任务、方针、选题时提出，因杨绛来信，并候回音，所以先单独提请考虑。

曾彦修当日即批示："杨绛同志当然不会假借别人名义讲话。我看了前三段，觉得比较平淡，评价不如乔木同志之高。但政治上作者自己的保险系数是很高的。我觉得三联可以出，但恐怕不会如何轰动。"

为了出好这本喜爱的书，范先生特请丁聪设计封面。丁聪的设计比较写实，夜晚蓝天，满地白雪，近处几株大树，远处一个村庄，矮屋的窗子里亮着灯。出书后，杨绛不满意，她也许觉得把干校生活表现得太温情静谧了。重印时范用亲自做了设计：白色的封面上，只有一个不规则的方框，方框内单黑印着几棵小草，被风吹得低下了头。整个封面简到不能再简，很抽象，也很现代，但又有中国传统的影子。那几棵小草来自他收藏的一本美国植物版画集，作者亨利·埃文斯是植物学家，同时是自学成才的版画家，所以他的版画都来自标准的植物标本。他真正发现了大自然原有之美。这个封面杨绛很喜欢，而且后来果然得了全国书籍设计奖。那时人民出版社刚刚有了复印机，范用将这本植物版画集的版画复印下来，缩小制版，利用画集中不同的植物剪影设计了十多本书，都属于"历史的证言，历史的侧记"，如杨绛的散文集《将饮茶》、陈白尘的《牛棚日记》和《云梦断忆》、巴金的《雪泥集》、沙汀的《睢水十年》等。

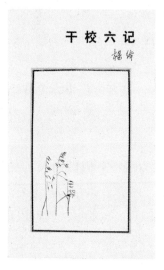

范用设计的《干校六记》封面 　　　　　　　　《干校六记》(1981)

　　那时候的习惯，作者的作品出版后，原稿可以归还，也可由出版社保存。因为范用喜欢，《干校六记》的手稿就留在三联书店编辑部。2010年范用去世后，手稿原件捐给了上海出版博物馆。

"书话书"出版的推动者

　　20世纪70年代末至80年代中期，三联书店密集推出了多种"书话书"，让饥渴已久的读书人大快朵颐。"书话"即"话书"，就是关于书的书，也可以说是关于书的掌故，一般由若干篇散文小品组成，内容无非是买书、借书、读书、藏书、评书等事情。书话名家唐弢认为，写书话需要一点事实，一点掌故，一点观点，一点抒情气息；它给人知识，也给人以艺术享受；书话虽然有资料的作用，但光有资料不等于书话。中国古代有以评论为主的诗话、词话、曲话，也有以文献为主，专谈藏家与版本的如清末民初的《书林清话》。唐弢偏重于"书"本身，不喜欢铺张和无限延伸。他于 1962 年出版的《书话》和 1980 年出版的《晦庵书话》可视为这方面的范例。

《书话》共收四十篇短文，也就六七万字样子，内容却很丰富，凡有关书的内容无不涉及。讲版本的有《守常全集》《〈子夜〉翻印版》，讲作者的有《半农杂文》《朱自清》《诗人朱湘》等，讲类型的有《科学小说》《乡土文学》等，也少不了谈历史八卦的，如《翻版书》《再谈翻版书》《"奉令停刊"》《书刊的伪装》等，《关于禁书》《关于禁书之二》《关于禁书之三》……还有《藏书印》《藏书票》《谈封面画》《画册的装帧》一类爱书人感兴趣的边角知识。十八年后的《晦庵书话》，虽然分量增加了好几倍，但内容范围却是差不多的，只是分了几个专题。

三联书店的书话书出版与范用分不开。早在 1973 年，风雨如晦之中，范用就剪贴了许多唐弢早年发表但没有收入《书话》的报刊文章，寄给唐弢，使唐弢"惊奇而又感动"。延至 1978 年，改革开放，形势转好，范用遂向唐弢提出由三联书店重印《书话》的动议。唐弢于同年 12 月 24 日"专函奉告"：

一、前在电话中曾奉达：去年或今年初，郑锽（上海文艺出版社总编辑——作者注）来京，约将此书交上海文艺出版社，我口头曾答应考虑……我和别人通信时，曾请其转告郑镗同志，《书话》三联范用同志要出，请其同意，未获回音。您曾说也打算和郑镗打个招呼，不知有下文否？

二、《书话》原由北京出版社出版，他们没有来联系此书。不久前见到北京出版社重新成立的消息，但我和他们没有接触，仅见报载。不知此事是否要先和他们打招呼？乞告。

三、如改版，我打算用真名（原作者名"晦庵"——作者注），而将书名改为《晦庵书话》，共分三部分：（一）《书话》原收文四十篇（我已改正）；（二）曾在香港《大公报》发表、内地未发表的《书城八记》八篇（也已搜集改正），谈版本、买书、校订等，每篇比《书话》略长；（三）解放前写的书话选录一部分（这是您上次谈及，我也想做的，尚未动手）。

……

一个多月后，唐弢又给范用信曰：

《书话》稿奉上，请您审阅。当时随手写出，没有全面安排，有的重要作家未谈及，有的谈得多了一些。多的我已删去几篇（看来还多），少的却一时无法补上了。我将在《后记》中说明。

目前计分：《书话》《读余书杂》《诗海一勺》《译书过眼录》《书城八记》《附录》等部分，恰当否？是否分栏太多？

书影插图，力求全有，但有几篇已无法可想……

这两封信透露了几个信息：一是作者不想原样出版《书话》，而想增加内容后做成另一本书；二是刚过了一个多月，作者就编完稿子"奉上"，可见他的急切心理（前文说过，"文革"刚结束，百废待兴，出书不易，作者对出书普遍有一种急切心理）；三是作者十分看重书影插图，"力求全有"，在当时，这可是一个超前的想法。

又过了一个多月，1979年3月21日唐弢来信："前日吴、冯二同志来，对原稿看得极仔细，又带来许多准备插入的照片。出版社对《晦庵书话》如此重视，真是既高兴，又惭愧也。"一年来唐弢出了好几本书，可是"无一当意者，《海山论集》算是差强人意的一本，然而题目所占行数之少，注释线上下忽宽忽窄，用纸之黑（与袁鹰《风帆》一比可见），令人泄气。希望《晦庵书话》不至于此"。由此可看出他对这本书话书也是很看重的，对书籍设计尤其在意。

作为"书痴"，也作为业余书籍设计者，范用与唐弢可说是心有灵犀。他特意请年过七十的老艺术家钱君匋设计书封。钱君匋与鲁迅、陶元庆交往很深，陶元庆去世后，他为鲁迅多本著作设计过封面。受他们影响，钱君匋坚持书面的装饰要做到"就是在读者的案头陈列时也觉得有一种新鲜的趣味"；强调书籍装帧要"富于图案趣味"，主张以图案作为装饰，而排斥以画作或照片为装饰。他设计的《晦庵书话》为小三十二开，封面封底全用灰色地儿，面封下部是黑、橙两色描绘的对称的鸭与草的图案，顶部有连续山形图案，手写的书名反白字，作者名黑字；底封重复使用草和山形图案。简单、晦暗的色彩，

《晦庵书话》（1980）封面与扉页

搭配起来却有响亮的效果，让人联想到敦煌壁画。鸭子和草的图案虽然与书的内容没有直接关系，却散发着浓郁的书卷气，让人喜欢。扉页也讲究，左下方选用一页作者的手稿，稿纸格子线红色，字黑色，右上竖排书名——这扉页并非钱君匋设计，而是范用的手笔。内文版式也出于范用：版心不大，天地宽朗，五号宋体铅字，每页横排二十二行，每篇题目占七行，从容大方，展读时赏心悦目。

《晦庵书话》于1980年9月出版，作者署名"唐弢"。此书堪称书话书类型的先声，此前没有哪个出版社把出版书话书当作重点。范用手下的书话书从内容、写法、封面设计、版式设计到印装都具有开创性。

在出版《晦庵书话》的同时，范用给黄裳去信，建议他也编一本书话书，黄裳很愉快地答应了。黄裳，原名容鼎昌（1919—2012），山东益都人。曾做过记者、编辑、编剧。20

世纪 40 年代开始散文创作，并热心于版本目录学。他的文笔追慕鲁迅，有股别扭劲儿和犟劲儿。他是《读书》的作者，从 1979 年第六期起，开了一个专栏"书林一枝"，到 1981 年 3 月已写了十八篇，这是范用催促的结果。黄裳曾向范用表示：《读书》办得不错，都说水平甚高，我已勉力投稿，但所谈系古书，很不容易写得有吸引力。范用却认为，黄裳的书话别具一格，既有知识性，又很耐读。把《读书》专栏文章编成专著出版，这大概是最早的尝试。书名开始想用《书林一枝》，但

黄裳的信

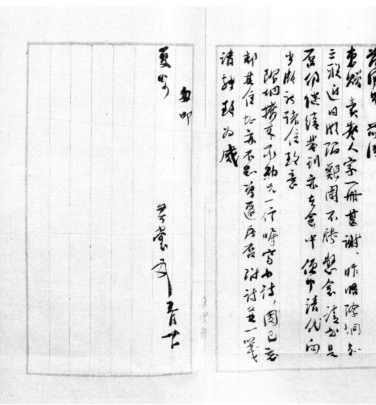

最后以《榆下说书》名之。黄裳在《后记》中写道：

> 将这两年所作的杂文选编成集，取了"榆下说书"这样一个名字。榆，说的是我家后面的一棵参天的老榆树，它的树梢比四层楼还高。到了夏天，就像一把绿色的太阳伞。"说书"，意思是说，这些文字大抵说的是与书有些关联的事情，同时也是说，这只不过是一些漫谈。取书本中的一点因由，随意说些感想，既无系统，又少深度，就连材料也是零碎的。

说是"这两年所作的杂文选编成集"，也就是说不仅是在《读书》发表的文章，实际上，《读书》专栏的文章仅占不到三分之二篇幅，但都是作为要目放在最前面的，甚至那篇目顺序也都与发表时间顺序一致。比如《读书》的专栏和《榆下说书》开首第一篇都是《书的故事》（写于1979年4月13日），讲的是作者几十年买书淘书的奇遇（经验）。查档案，《榆下说书》的发稿单是范用亲自填写的，编辑秦人路对《谈禁书》一文意见中有"关于读书无禁区的议论，有无关碍，请核"，范用批示"无碍"。此书1981年3月发排，1982

《榆下说书》（1982）

年 2 月才出版。稿签中有人建议改名为《榆下书话》，范用没有采纳。

其实此时范用对书话书并没有充足的自信。他自己作为"书痴"，看这类书津津有味，但说到底，这样的书还是比较小众的。此前 1979 年底到 1980 年初，三联书店出版了陈原的《书林漫步》和杜渐的《书海夜航》，前者两次印了二十八万册，后者首印九万册，可是到了 1982 年出版《榆下说书》，首印只有一万六千册，在那图书品种很少的年代，新书开印往往十数万册的情况下，这个印数是少得可怜了。所以，当杨宪益应范用之约交来《译余偶拾》，并经编辑秦人路于 1981 年 7 月 3 日提交初审意见，沈昌文写了二审意见，交到范用手上，他却犹豫了。

沈昌文的二审意见是："拟同意选题"，"没有资格从学术价值上评述这样的著作，假如把它当作历史学专著出版，那要由专家鉴定，并且最好由历史编辑室有关专业的同志来处理。但是，能不能由三联编辑室作为一种文人的读书笔记（书名叫《译余偶拾》，近于此意）印它一版呢？"。足足过了大半年，1982 年 3 月 31 日，范用才签署意见，并注明："犹豫这种书三联出不出，故搁置至今。"在正式的审稿意见中，他写道：

名翻译家杨宪益有两本读书笔记——《零墨新笺》（中华书局出版）、《零墨续笺》（自己花钱印了送朋友，非卖品），印数均甚少（后一种只印了一百本），但至今为人称道，海外尤是，比在国内更受人注意。去年我去宪益同志处，要来了这两本书，并且动员他重印出版，他答允了，两书合为一集，更易

《西谛书话》（1983）

《译余偶拾》（1983）

书名为《译余偶拾》，写来了一篇《序》。

因为是读书笔记性质的文字，不必按科学研究著作看待，作者也声明了是旧稿重印，可以存旧，只改正错漏即可。

笔记的内容，大多有关异域、西域文化交往，印证中外记述，考释名物、典制、方位，略述个人见解，每有所得。可见做一个翻译工作者也须勤读书，广涉猎，好钻研。作为一本文化读物，有其特色。这样的书，对提高人们的读书兴趣有好处。

三联不妨多印几本读书笔记、书话。此为其一。

曾彦修的审批意见是："这样的书，我很赞成。有读者，可以保存文化，团结和尊重卓有成就的老作家。"张惠卿的意见是："很同意出版。既是旧书重印，当然应尽量保持原貌。"

《译余偶拾》于1983年6月出版，首印九千五百册。

《译余偶拾》之后，又有郑振铎的《西谛书话》。三联书店留存下来的这本书的书稿档案中的"审读意见"是范用亲自写的：

　　《西谛书话》一部，是我建议，征得郑尔康（郑振铎子）的同意，请常君实同志搜集材料编成的；为编此书，常君实同志奔走许多图书馆，翻查了大量书刊，功不可没。

　　郑先生遇难已经三十四年，他的遗著甚少印行（几乎没有），不免使人有寂寞之感。出版一本书话，给读者添加一本可读的书，也算是不忘前人，对郑先生的一点纪念。

　　全书的内容都是谈古籍，论文学艺术、历史，抒说访书、获书的艰辛。郑先生在这方面所做出的贡献，称得上前无古人，尚无来者——到目前为止。

　　请批准发稿。

范用

4月22日（1983）

送彦修、惠卿同志

　　短短的审读意见，充满了庄严崇敬之感，令人读之动容。曾彦修批示曰："此书极好，完全拥护！"

　　发稿单上，范用特别注明："在版权页的上方加印：责任编辑：常君实；封面设计：钱君匋；扉页设计：叶雨"——"叶雨"即"业余"，范用是也。特别标出"扉页设计"比较少见，但也可以看出范用对这个设计是重视的，是满意的。

　　审读意见后页，有范用列出的三联书店已出版和打算出版的书话书共计九种，除《书林漫步》《书海夜航》《晦庵书话》

1992 年范用在三联书店楼顶平台上

《榆下说书》《译余偶拾》《西谛书话》，还有曹聚仁的《书林新话》、叶灵凤的《霜崖书话》（后来改为三册《读书随笔》）、孙犁《题未定》（后来出版书名为《书林秋草》）等。

《西谛书话》成书厚达七百二十六页，精装一册，平装分为上下两册。书前有叶圣陶写的《序》、书影三十一页，书后附北京图书馆文献学家赵万里写的《西谛书目序》。范用在当年8月号《读书》封底写了一则预告：

《西谛书话》：

辑自遗著，凡二八零篇，近四十万言。内容广泛，涉及唐代至清代文学艺术古籍：珍本、刻本和抄本，包括小说话本、杂剧、诗词、杂记、版画。附有书影多幅。（排印中）

除以上外，范用还策划了多种书话书，如李一氓的《一氓题跋》

《存在集》《存在集（续编）》，黄裳的《翠墨集》《银鱼集》等。

如今，李一氓、孙犁、唐弢、黄裳、杨宪益等一众书话名家先后谢世，范用也于 2010 年 9 月 14 日仙去，然而书话书已然图书中的一个版块，每年都有新作涌现，实为天下读书人偏爱的"独食"。"行中人"每当到手一本新作，就会想起它的推动者——范用。

发掘老版书的乐趣

1980 年 4 月 11 日，范用接到叶圣陶的信："《经典常谈》的序文已作成，今送上，请审阅。朱先生的原序当然要照印，我的意思，宜乎把他的序文放在前面，您以为何如？现在改用简体字排，要请校对同志特别注意，务期不出错误。此书是否即可付排？预期何时可出？便中均盼示知。"

第二天，范用为《经典常谈》写了一份"发稿内容说明"：

这本书是朱自清三十多年前写的。叶圣陶先生在《重印序》里说："朱先生所说的经典，指的是我国文化遗产中用文字写记下来的东西。假如把准备接触这些文化遗产的人比做参观岩洞的游客，他就是给他们做个向导，先在洞外讲说一番，让他们心中有个数，不至于进了洞感到迷糊。他可真是个好向导，自己在洞里边摸熟了，知道岩洞的成因和演变，因而能按实际讲说。"叶圣陶先生认为："经典训练不限于学校教育的范围而推广到全社会，是很有必要的。历史不能割断，文化遗产跟当今各条战线上的工作有直接或间接的牵连，所以谁都一样，能够跟经典有所接触总比完全不接触好。"现在重印这本书，不仅是为的供学生和讲师们阅读，为的把它推荐给广大干部，也为的给大家介绍好文风的范例。

朱自清（1898—1948），字佩弦。出生于江苏东海县，后随父定居扬州。中国现代散文家、诗人、学者、民主战士。1922年，与叶圣陶等创办了中国新文学史上第一个诗刊——《诗》月刊。1928年出版散文集《背影》。他的散文作品《桨声灯影里的秦淮河》被誉为"白话美文的模范"。曾任清华大学中文系系主任、西南联大教授。1948年因胃穿孔病逝于北平。

朱自清的书，范用年轻时都读过。《经典常谈》初版是由重庆国民图书出版社1942年8月出版的，这次重印是根据范用收藏的重庆文光书店1946年5月出版的版本，另行用简体字排版。朱自清认为："在中等以上的教育里，经典训练应该是一个必要的项目。经典训练的价值不在实用，而在文化。有一位外国教授说过，阅读经典的用处，就在教人见识经典一番。这是很明达的议论……本书所谓经典是广义的用法，包括群经、先秦诸子、几种史书、一些集部；要读懂这些书，特别是经、子，得懂'小学'，就是文字学，所以《说文解字》等书也是经典的一部分……各篇的议论，尽量采择近人新说；这中间并无编撰者自己的创见，编撰者的工作只是编撰罢了。"

什么叫通俗易懂、雅俗共赏？读了《经典常谈》就知道了。可以说，作为出版人，范用最大的愿望就是能够出版雅俗共赏的书，将最优质文化，化解成大众能懂、能赏的书。在 1980 年那百废待兴的日子里，他好像发现了新大陆：发掘优秀的老版书，重编，重印，奉献给当今的读者。而他恰好有机会跟这些老文化人联络、交往，比如，出朱自清的书，就找叶圣陶。朱和叶曾是最

《论雅俗共赏》（1983）

要好的朋友、事业的伙伴，他们的事业关乎中国的中小学教育，共同编过教材，并且推出了许多适合中等文化以上和以下的读者读的书。范用在随后短短两三年里，又出版了朱自清的《序跋书评集》《论雅俗共赏》《你我》《欧游杂记》《新诗杂话》《标准与尺寸》等作品。这样密集出版朱自清的作品，可以看出他对这些老书的偏爱。这一点，在重新出版唐弢的《文章修养》时更为明显。查当时（1983 年 2 月 21 日）的发稿单，所有条目都是范用一人所填，三联书店总编辑倪子明和编辑部主任沈昌文只是签字同意，很难插手。审稿意见中，范用写道：

约在四十年前读过这本书，就觉得是一本适合青年自学的读物。最近又看了一遍，还是这个看法。它的好处是写得简洁，不枯燥。可与叶圣老的《文章例话》、叶氏三兄妹的《花萼与

三叶》放在一起，印给青年们，包括年轻的语文教师、初学写作者们看看。

不必再分配编辑同志审查加工，我一手做完，可以发稿，连校样也不必看了。（三联的做法可以从实际出发，灵活一些，不要死板板地三审。）

沈昌文签署意见："各层次签名不可省，故我在主任栏下签署。倪如同意请在总编栏下签署，以完善手续。"作为总经理，范用的名字却签署在"责任编辑"栏下。

1983年4月，《读书》杂志的作者之一朱光潜给董秀玉写了一封信，信中说："在香港近流传一部由秦贤次编的、台北洪范书店出版的我的《诗论新编》，编得很好，其中有几篇我早忘记的文章（题上画了○的那几篇），可以补上海选集第二本的不足处。听到北大同事张隆溪同志说：三联书店早有意要翻印我的《诗论》，也曾得到我的同意，我想请你承担这份编辑工作。如果您可以抽暇，我就正式通知三联负责人。附寄《诗论新编》一册。请过目后留交三联负责人范用同志。"

朱光潜（1897—1986）是安徽省桐城人，现当代美学家、文艺理论家、翻译家。这本书也在范用重印老版书的计划之内，见到朱光潜的信，他专门签了一个意见："请秀玉同志担任此稿业余编辑（董秀玉那时在《读书》杂志工作——作者注）。请倪、沈一阅。朱先生的非马克思主义观点，可允许其持此说，留待评论。"倪子明签的意见是："同意范意见，请董秀玉同志责编，驾轻就熟，不另找他人为好。"

范用很喜欢这本《诗论》，他对"诗"有种发自内心的敬意。他亲自为这本书设计封面。学术书很难设计，常常是，拿了一本书，却想不出办法，只好用颜色，争取不呆板，然而颜色用不好容易显得品格不高。《诗论》的封面设计没有靠颜色，用稍微厚一点的胶版纸，白地儿，把朱光潜手稿中两个蝇头小字"诗论"放大几十倍作为书名，作者名也是手书，再加一个图章，几乎把封面

《诗论》（1984）

占满了，看上去大气而美观。朱光潜对这个封面很满意。那枚图章刻的是朱光潜的字"孟实"，董秀玉去取清样，朱光潜说："这枚图章你喜欢，拿去。"董秀玉带回去交给范用保存了。

　　大概是 1980 年，范用到上海公干，工作之余，请朋友约见曹聚仁的夫人邓珂云。那时"文革"结束不久，还很少人提到曹聚仁，邓珂云很惊讶，当天晚上，就带着儿子曹景行去了福州路范用住的酒店。范用说他正在组织一套"名家杂文集"，曹聚仁是杂文大家，希望能把《曹聚仁杂文集》列入计划。邓珂云很高兴，从此开始了曹家人与范用几十年的交往。1984 年，曹聚仁的女儿、配音演员曹雷有机会到北京，打听到三联书店办公地点，去见范用。范用正和一位编辑谈一本书的设计。他不知道来者是谁，先让她在旁边坐一坐。他和编辑商量那本书的封面，细微到字的大小、衬底颜色深浅等问题。他从书柜

中拿出好几本书作比较，反复讨论，最后敲定。然后他问曹雷有什么事，曹雷做了自我介绍，此时又有同事来请教他什么事，他给曹雷泡了茶，请她等一刻钟，然后明确干脆地对那件事做了指示。一刻钟后，他与曹雷谈起出版曹聚仁的书的事。曹雷惊讶于范用办事效率之高，惊讶于他对编辑工作要求之严……以上是曹雷回忆第一次见到范用时的情景。

1986 年，三联书店出版了曹聚仁的《中国学术思想史随笔》，这是著者的晚年之作，最早在香港《晶报》连载（1970年），名为《听涛室随笔》，后在港结集出版，更名为《国学十二讲——中国学术思想新话》。范用在香港看了这本书，觉得内容深入浅出，很适合内地普通读者阅读。当时内地还没开始"国学热"，范用的敏感是超前的。他一下子买了二十本，带回北京，送给社里的年轻人看。后来干脆买了简体字版的版权。可是曹聚仁是报人、作家，并非学术研究专家，若要出版这本书，必须请专家校读，这是一个不小的工作量。后来由曹夫人邓珂云介绍，请上海东亚研究所的章念驰校读。章念驰是章太炎的孙子，有很好的学术训练，他几年前在港书沪展中见到此书，曾向上海古籍出版社推荐，他们虽然也认为这是一本好书，

《中国学术思想史随笔》（1986）

但以"无翻印海外著作先例"之由婉拒。所以，这本书能出版，校读这本书，章念驰认为是愉快的事情。他给范用写信说：

久闻足下大名，只恨无缘相识。此次遵曹聚仁先生夫人邓珂云之嘱，校读《国学十二讲》，得悉此著将由贵店出版，并闻此事全蒙足下鼎力赞助，不禁倍感敬意，佳传足下于港购得《十二讲》多册，分赠编辑，谓此书不能不读……

曹先生此著，文字虽浅近，说理也平实，内容却是出经入史，涉及诸子百家，综合了两千多年来的学术问题，介绍了百年来著名近现代学者的成果，这在内地还是很罕见的工作。所以搞的时候要非常认真，若有不慎将贻误读者。由于我才疏学浅，搞起来颇花力气和时间，加上"三育版"（香港三育图书文具公司——作者注）错误实在太多，幸好贵店校读本大部分是很有用的……现在存在的问题是，我在将《国学十二讲》与《晶报》当年连载的《听涛室随笔》相校时发现：（一）漏了许多段文字，都是有用的内容，必不是曹先生自删的，我已一一补上了；（二）《听涛室随笔》比《国学十二讲》至少多了十七篇，内容大多是讲文学，我以为应当一并加以辑录，这样新版文史俱全，内容丰富，将大大优裕于旧版（旧版台湾地区、日本均已翻印，日本版我已见），并有利于后人更全面研究曹先生的学术思想，也颇合足下将书名改为《中国学术思想随笔》或《中国学术思想读书札记》之意，则更名副其实了。不知尊意如何。目下我这里剪报残缺不全，希望设法搜寻一下，将《听涛室随笔》全部复印，使先人遗墨无一遗珠……

曹先生早年记录我先祖父的国学演说，成《国学概论》，为他第一部作品，半个多世纪中，印行三十多版，成为海内外大中学校国文辅助读本。曹先生晚年成《国学十二讲》，成为他最末一本著作，既发挥了师说，又自成一家之言，其说实可与《国学概论》"相辅而成"（曹《题定本〈国学概论〉》）。曹先生一生与我章门结下深缘，想不到我还有幸继作续篇。三代之谊，三世之交，诚足下成全……

《中国学术思想史随笔》这个题目，范用是根据《听涛室随笔》修改的，因为他认为曹先生写作此专栏的目的就是普及国学常识。此后，范用又在三联书店出版了曹聚仁的《书林新话》和《曹聚仁杂文集》，都是从老书刊里发掘的老文章。需要提到的是，以上三本曹聚仁的书，设计都是范用亲自担纲——他之喜爱曹聚仁的文字，由此可见一斑。

杂文系列

范用那一两代人，大都深受鲁迅的影响，尤其是鲁迅的杂文。杂文自古有之，是散文的一种，是一种"文艺性论文"，杂而有文，以短小、活泼、鲜明为特点。写作内容面广，有关社会生活、文化动态以及政治事变的杂感、杂谈、杂论、随笔，都可归入这一类。鲁迅晚年，主要写杂文，把这一文体发挥到

拜谒鲁迅墓

极致。那时的文化人、作家、学者，没有不写杂文的。通过杂文表达思想观点、爱憎好恶，最为有力。

1979年，中国出版刚从十年动乱中开始恢复，范用策划了一本《夏衍杂文集》，请老编辑常君实编辑。这年10月29日，他给总编辑曾彦修写了一个报告：

夏衍同志要廖沫沙同志为他的《杂文集》写了一篇《序》，他自己也写了一篇《后记》。送请一阅。

这两天查看了徐懋庸、聂绀弩两位的杂文，其题材之广，字数之多，也是惊人，使我更加感到对近几十年的杂文实有收集、整理、出版之必要。历史上的作家留下许多集子，我们作为出版者应协助、推动作家们结集。有一本散篇佳作集子，就

夏衍（前）、丁聪（中）与范用

可以流传后世了。

曾彦修批示说："范用同志，我同意你的这些意见。廖序拜读之后，觉得很好。我希望：1. 保留序中提到的编者的名字；2. 我希望对夏的电影改编本的估计再高一些。"

夏衍（1900—1995）是浙江杭州人，中国现代电影和戏剧作家。早年参加五四运动，编辑刊物《浙江新潮》，后公费留学日本学电工技术。留学期间接触日本共产党，参加日本工人运动和左翼文化运动。1927 年被日本驱逐回国，同年加入中国共产党。1929 年同鲁迅等筹建中国左翼作家联盟，任执行委员。

1949年后历任上海市委宣传部部长、国家文化部副部长等职。

《夏衍杂文集》最后定名《夏衍杂文随笔集》，足有五十万字，于1980年8月出版，首印两万五千册。夏衍在《后记》中说：

这次应三联书店之约，重新编印了一部我的杂文随笔选。这本书是我所写的杂文随笔之类的文章的选集，包括前面说过的五本小册子和解放后出版的《杂文与政论》的大部分作品。从时间上说，这里收集的是抗战前后直到现在的文章。时过境迁，有些文章已经失去了它的作用，还有不少是过年过节应报刊编者要求而写的应景文章，这些东西都删去了。大凡我自己还有一点印象的文章，都收进去了。这样编集，内容必然很杂，除了战争时期的随笔、杂感之外，数量较多的是我自己写的剧本的序文、后记和有关戏剧运动的文章……

收在这本集子里的文章，除明显的误植和为了欺蒙审查官而有意用的曲笔之外，我都没有改动。时间差不多过了半个世纪，世界起了很大的变化，自己在颠沛中也获得了一些长进，但墨写的字是刀也砍不掉的。我认为还是一仍其旧为好。这样做也另有一层意思，就是留下这些记录，让现在的读者知道抗日战争时期我们这些人在蒋管区的遭遇。

根据上报给曾彦修的设想，由《夏衍杂文随笔集》打头，范用陆续组织了一套"杂文丛书"，虽然没有打出丛书的名目，但因题目都是"×××杂文集"，而且设计和装订方式一致，一看便知是一套丛书。

《柯灵杂文选》(1984)　　　　　　　《胡风杂文选》(1987)

当时出版杂文丛书，比较敏感，因为杂文总是针砭现实社会的弊病，说些不好听的话，而且这套杂文丛书的内容跨越几个时代，涉及面极广，不易把握。在随后出版的《聂绀弩杂文集》《秦似杂文集》《徐懋庸杂文集》《茅盾杂文集》《柯灵杂文集》《廖沫沙杂文集》《唐弢杂文集》《胡风杂文集》《曹聚仁杂文集》《王任叔杂文集》中都遇到这些问题。比如聂绀弩写于20世纪30年代的《创作口号和联合问题》《创作活动的路标》，牵扯到"国防文学"和"民族革命战争的大众文学"两个口号论争问题，且都牵扯到胡风，而"胡风反党集团"当时还未平反。责任编辑常君实与聂绀弩商量，聂不希望删除这两篇文章，建议删去胡风的名字，用"××"替代。范用与倪子明商量后，决定保留这两篇文章，保留胡风的名字，不做处理。

再如《廖沫沙杂文集》的审稿意见：

《廖沫沙杂文集》给我的印象似乎驳杂了些。如果能删去一些时论文章……而将《故事新编》（共十二篇，连后记九万多字）抽出另出一本小册子（仍用《鹿马传》为名，或另用其他书名），则更好……有几点意见，请考虑：

1. 建议删去《抄两段辛亥革命实录看看》。这篇文章写于1948年，意思是要将革命进行到底，当时有很大针对性。但文章全部否定了辛亥革命……太绝对化了，从学术观点上说不足取，也同现在中央政策不合拍。

2. 《看看这场新傀儡戏》，其中提到傅作义的地方，作者均改以×××代之……又，《在三条战线上的破裂》，其中也有"以李宗仁（另一个蒋介石）代替蒋介石的职务"，是否也改为×××？

3. 在《人民死敌走向灭亡》中有"蒋报记者曹聚仁"，可改为"某报记者曹聚仁"……

责任编辑与廖沫沙商量后，做了修改，但《故事新编》系列和《抄两段辛亥革命实录看看》都保留在集子里。

根据范用的策划，这套杂文丛书，每本选用一张作者肖像照和一张作者文稿手迹。廖沫沙的手稿送审时，范用很不满，因为这张手稿文字"劈头就是'三联书店编辑'字样，不太好，要尽可能避免。可用的手稿有好几页，为什么要用这一页呢？现已从《自序》原稿中另选一张发交制版"。责任编辑辩解：这是廖沫沙同志自己选的。

这套杂文丛书，范用十分看重，作者整理筛选也特别辛苦。

聂绀弩的书稿从七十五万字，删到五十三万字，最后保留了四十五万五千字。丛书设计请曹辛之操刀，全部精装，布面书脊，书名烫金，外加护封。范用担心社内有人不理解这种做法，特别注明：这些著作相当于作者的"文集"，是作者一生思想火花的集萃，是要流传后世的（当时人民出版社有个不成文的做法：凡作家文集一类图书，出版时一般采用硬壳精装）。在范用的出版生涯中，这样每本近五十万字、七八百页，出版规格这样高的丛书，仅此一套（范用总的出版风格是提倡内容精简、小开本、轻装订、雅俗共赏）。

《随想录》

"文革"后期，1974 年，七十岁的巴金开始翻译俄国思想家、作家、革命家赫尔岑的回忆录《往事与随想》（三册）。他很喜欢这部回忆录，欣赏赫尔岑的文笔，说他"善于表达他那极其鲜明的爱与憎的感情"，说他的文章"能够打动人心"。早在 1928 年初学写作时，巴金就以这部著作为老师，并曾向鲁迅许诺要全部翻译出来（一百多万字），但未能如愿。所以，晚年他暗自下决心要完成这一大工程，将此视为自己"一生最后的一件工作"，也是兑现一个承诺，尽管当时他明明知道这部书是很难出版的。

巴金（1904—2005）生于四川成都，本名李尧棠，中国现当代作家、文学翻译家、出版家。他1929年第一次以"巴金"的笔名在《小说月报》发表中篇小说《灭亡》，引起文坛关注。1933年出版长篇小说代表作《家》。1935年与吴朗西创办文化生活出版社，出版了大量进步文学作品。1949年后曾任全国政协副主席、中国作家协会主席、《收获》杂志主编。《往事与随想》的作者赫尔岑（1812—1870）少年时代受俄国十二月党人思想影响，立志反对沙皇专制制度，曾被流放，1847年被迫出国，成为流亡者。1852年在伦敦建立"自由俄罗斯印刷所"，出版《北极星》和《警钟》两种刊物，登载揭露沙皇专制制度的文学作品和各种文章。这些刊物被大量秘密运回俄国，广为传播，促进了农奴解放运动的发展。

翻译这部著作，促使巴金回想和反思。赫尔岑在书中说：

我回顾着一件件往事，思考着每一句话和每一封信，每一个人和我自己。我看到，我有时这儿错了，有时那儿错了，我看到了我的脆弱，摇摆，行动上的犹豫，别人对我的影响。在这种清理过程中，我内心逐渐出现了一种转变……化装舞会结束了，多米诺斗篷脱下了，桂冠从头上摘下了，面具从脸上拿掉了，我看到了另一些面貌，不是我预先想象的面貌……

由此，巴金联想到自己经历的苦难，以及曾经的软弱。"我仿佛同赫尔岑一起在19世纪俄罗斯的暗夜里行路，我像赫尔岑诅咒沙皇尼古拉一世专制黑暗的统治那样咒骂'四人帮'的法西斯专政，我坚决相信他们的横行霸道的日子不会太久了。

我就这样活了下来，看到了'四人帮'的灭亡……"1979年，巴金翻译的《往事与随想》第一册终于出版了。第一册包含原作中的前两卷，即《育儿室和大学》《监狱与流放》。此前，1978年，巴金在香港《大公报·大公园副刊》开专栏时，就决定像赫尔岑那样，以"随想录"为名写一部"说真话"的作品。

《随想录》自1978年12月1日开写，到1979年8月11日写完了第一集，并作为单行本先行出版。巴金在《后记》中写道：

《随想录》第一集收"随想"三十篇，作为1979年的一本集子。以后每年编一册，到1984年为止。

《随想录》是我翻译亚·赫尔岑的《往事与随想》时的副产品。我说过赫尔岑的"这些议论就在当时看也不见得都正确"。而我的"随想"呢，我可以说，它们都不高明。不过它们都是我现在的真实思想和真挚感情。

古语说："人之将死，其言也善。"我过去不懂这句话，今天倒颇欣赏它。我觉得我开始在接近死亡，我愿意向读者们讲真话。《随想录》其实是我自愿写的真实的"思想汇报"。至于"四害"横行时期被迫写下的那些自己咒骂自己的"思想汇报"，让它们见鬼去吧。

过去我吃够了"人云亦云"的苦头，这要怪我自己不肯多动脑筋思考。虽然收在这里的只是些"随想"，它们却都是自己"想过"之后写出来的，我愿意为它们负责。

在这一集里，包含了《多印几本西方文学名著》《怀念萧珊》《"遵命文学"》《"五四"运动六十周年》《要不要制订"文艺法"?》《纪念雪峰》等文章,每篇两三千字或四五千字。当时改革开放刚刚兴起,极左的思想还没有肃清,这些讲真话的文章还在陆续发表的时候,就有人说三道四,横加指责,甚至向香港《大公报·大公园副刊》的主编潘际炯施加压力。范用和潘际炯认识,听说此事后很是气愤。恰好巴金来北京参加政协会议,住在民族饭店,他就打电话问候,同时请求将来把《随想录》合订本交三联书店出版,"可以一字不改"。巴金与三联书店很有渊源,听到这种承诺,一口答应,范用非常高兴。

范用还是小学生的时候,老师沙名鹿送他一本巴金的小说《家》,作为生日礼物。这部小说震撼了他幼小的心灵。他是流着泪读完的。他读到封建家庭中的封建礼教、封建势力怎样吞噬弱小者、软弱者,而像觉慧那样的年青一代又怎样冲破罗网走向光明的道路,使他初步感受到人道主义思想。以后凡巴金有新作他都会想方设法找来读。他曾说,"我们这一代人都是读巴金的书成长的"。潘际炯按期寄给他《大公园》副刊,所以他能及时读到巴金的专栏文章,这些讲真话的文章总能让他激动。

原本打算五年写完的《随想录》,中间因为巴金生病,八年才完成(1986年7月29日写完最后一篇),足足五集、一百五十篇,将近五十万字。巴金说:"我把这五本《随想录》当作我一生的收支总账……我称它们为'真话的书'……我希望在这里你们会看到我的真诚的心。这是最后一次了。"

由三联书店出版的《随想录》全本上下册于1987年9月问

《随想录》（1987）

世。对这本书的出版，范用可说是精益求精：最好的纸张（调用为出版《毛泽东选集》备用的纸张），最好的装订（卡纸硬封加护封），最精心的设计——范用亲自设计内文版式、封面和包封。另外加印了一百五十本编号特装本（一卷装），非卖品。在书稿档案中有范用写的"《随想录》图版、插页编排方案"：

1. 向港店（香港三联书店）借用前四集的照片；请港店翻拍一套第五集的照片；

2. 请巴老提供一帧近照（置卷首用）；

3. 需《无题集》后记手稿一页。

巴老《随想录》图版拟印十二面或十六面：

1. 巴老近照、签名；

2—5. 巴老个人照片；

6. 巴老与叶圣老、曹禺合照；

7. 萧珊与小林、小端等；

8—11. 与外国朋友，在日本、法国访问；

12.《随想录》原稿一页（用《无题集》后记）。

（以上图片见于前四集单行本，第五集图片尚未见到，如加入，可印为十六面）

各集插页，用巴老手书（随想录、真话集、探索集、病中集、无题集）。

安排详细、明确、有序。另外，出版时，在下册最后空白页印了其他四本书的广告：克鲁泡特金的《我的自传》、薇娜·妃格念尔的《狱中二十年》、鲁多夫·洛克尔的《六人》以及《雪泥集》，前三本是巴金的译著，最后一本是巴金书信集，都是三联书店出版的。可以看出，这广告也是范用精心安排的（都与巴金有关，也与俄国革命有关。范用很喜欢在书中多出的页码加印书的广告）。

巴金接到《随想录》样书后很激动，在给范用的信中说：

《随想录》能出合订本，合订本能够印得这样漂亮，我得感谢您和秀玉同志。说真话，我拿到这部书已经很满意了。真是第一流的纸张，第一流的装帧！是你们用辉煌的灯火把我这部多灾多难的小著引进"文明"书市的。

陈原得到范用的赠书，给范用写了一封信：

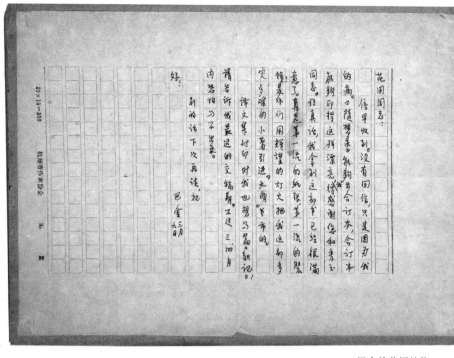

范用同志：

信早收到没有回信，只是因为我的病。《随想录》能够出合订本，合订本令我同志，能够印得这样深感谢你和李玉同志。说真话，我拿到这部书已经很满意了。真是事一流的纸张第一流的装帧，是你们用辉煌的灯火把我造成多许文集村印时我也想写一篇《新记》，实多难的小著引进，文稿写，不过三四月请告诉我最迟的交稿期。内容怕写不出来。

好！

别的话下次再谈

巴金
三月
九日

巴金给范用的信

　　顷读完巴老的《随想录》，百感交集；谢谢你，把这本书印成像一本书应当有的样子。《随想录》散篇、散本都已读过，此次重读，仍然十分激动。你能不时编印一些已逝和未逝的智者的书，可佩可敬。我们出版界，可能就缺少这样的出版者。或者你还在着手编其他智者的集子，但愿它们陆续成为现实。祝贺你，同时感谢你。

范用哪里是在开书店啊，他是在交朋友。

——夏　衍

范用出的是文人写给文人看的书。

——夏　衍

作家获得出版家的爱护和支援，可算一大乐事！兄可谓作家的知己！

——陈白尘

范用是三多先生：书多、酒多、朋友多。

——坊间语

书友田家英

范用说，"爱书人习相近癖相投，遂为书友"。对他来说，田家英就是这样一个书友。20世纪50年代初，人民出版社出版《毛泽东选集》，田家英是编者之一，官衔是中华人民共和国主席办公厅、中共中央政治研究室、中共中央办公厅副主任，简称"毛办"副主任。许多编辑出版事务由他交涉，所以与人民出版社的范用相熟。

范用初见田家英，看不出是延安时期老干部，毫无官气，还不到三十岁，像个大学生——那种40年代思想进步、富有热情、温文尔雅、谦恭可亲的大学生。接触多了，才逐渐了解他的才干和为人。田家英比范用大一岁，1922年生，四川双流人，原名曾正昌。他只读过几年中学，后来在药店做学徒，主要靠自学，读了很多书。1937年辗转到达延安，参加革命，第二年入党，只有十六岁。一次，他在延安《解放日报》上发表一篇《从侯方域说起》，受到毛泽东的注意，让他做刚从苏联回国的毛岸英的老师。1948年胡乔木推荐他做了毛泽东的秘书。

范用和田家英的交往，除了工作，主要是彼此都爱书，都有爱看杂书的癖好，互相觉得亲切——爱书人是很容易成为朋友的。范用发现，田家英喜欢的书，主要是清末民国以来的文

田家英

史著译，包括政治、经济、社会史料。他研究中国近代史，在延安已出版了两本有关民国史事的书，被认为是"秀才""笔杆子"。能做毛泽东的秘书，是很不简单的。田家英曾有写一部《清史》的想法，为此，他多方收集，积攒了不少清代人的手札、日记、稿本，其专门和齐全的程度在中国收藏界恐怕是独此一份。近人如黄侃、苏曼殊、柳亚子、鲁迅、郁达夫的墨迹，他也有收藏。范用爱看的书更宽一些，他喜欢东翻西看，漫无边际，也不问有用没用。而田家英看杂书还是有一定范围的，有比较明确的目的。反正两人在一起有话可谈，比如最近读了什么书、得了什么书之类。田家英在中南海的办公室很大，除了一角放办公桌和沙发，其他地方几乎被书架占满了。范用每次去，谈完公事，田家英都要领他参观藏书，尤其是新搜求到的书。他有跑旧书店的习好，常去琉璃厂；出差到上海，必去四马路的上海书店，常有收获。这些旧书店，范用也是常客。他们都把跑旧书店看成人生一乐。

那时候工资很低，田家英将大部分工资和写文章的稿费都用来收购清人墨迹，不遗余力，购得后还要装裱，甚至外加布套锦函。短短十几年，田家英收集的藏品就达约五百家、一千五百多件，其中仅清代康熙五年至民国初的名人信札就有六百多通。他常兴致勃勃地拿自己的藏品给范用看。范用后来也在能力许可范围内收藏一些字画，就是受了田家英的影响。田家英为自己的书斋起名为"小莽苍苍斋"，因他对"戊戌六君子"之一的谭嗣同非常敬仰，特借用谭氏书斋名"莽苍苍斋"，前冠以"小"字，既是为了区别，也是尊重前辈之意。

田家英读书没有框框，不管什么香花毒草，必须自己读过了才下定论。这对范用有启发。"读书无禁区"其实早在上世纪五六十年代就在范用心目中扎下了根。范用认为，天下只有读不尽的书，而没有不可读之书。好书坏书读了才知道。同一本书，见仁见智随你的便，书品跟人品没有必然联系，不能因人废言。

范用收藏了许多周作人的集子，他发现田家英收藏的也不少。那时周作人的书旧书店里有，但是内部发行。买内部书要凭级别，分几个档次。田家英跟他说："你缺少什么书，我给你想办法。"田家英常替毛泽东买书，所以不受任何规定的限制。由此，范用间接享受了毛泽东的买书待遇。

田家英到人民出版社，只要有空，一般也去范用的办公室看看。一些港台的书，他没见过（如金雄白的《汪政权的开场与收场》，叶誉虎的《遐庵清秘录》《遐庵谈艺录》，"托派"刊物《文艺世纪》等），就借回去看。有一部陈凡编的《艺林丛录》，是香港《大公报·艺林副刊》的文章汇编，他很感兴趣，借去看了一两年，几经范用催要才还回来，范用发现他已经在这本书上加盖了"家英曾阅"的印章，似乎是不想还了。这本书范用一直保存着，每看到它，心里十分懊悔：家英爱看这部书，为什么不送给他？太小气了。

认识久了，他们见面常常喝茶闲谈，除了谈书，也谈人，谈文林逸事、社会事件等，直言无忌，毫无顾虑。他们是同时代人，有共同语言，在精神上是平等的。有时两人看法不一样，并没因为田家英的官大，得听他的。与他相处，范用感到很安全。他们谈到，中国历史上的统治者，总是跟读书人过不去，秦焚书坑儒，明清株连九族，书成了万恶之源，成了祸根，教训太多了！

1962 年范用根据胡乔木的意见，办大型文摘刊物《新华文萃》，印了一百本"试读本"。有一天，田家英到范用办公室看到了，拿去一本。范用说，上面还没批准出版。田家英说带回去放毛主席桌上，他也许有兴趣翻翻。这事范用一直提心吊胆，怕因为绕过了直接领导中宣部，挨批评。他猜想田家英一定觉得办这样一个刊物很好，不然他不会给毛主席看。

1966 年 5 月的一天，范用在王府井新华书店偶遇田家英，寒暄几句就分手了。范用是去抢购粤剧《关汉卿》评弹开篇等唱片的。几天后传来消息，田家英自戕去世。范用一辈子怀念书友田家英，一直记得田家英说自己"十年京兆一书生，

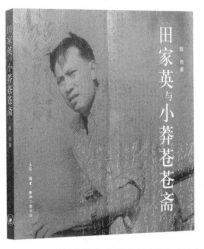

《田家英与小莽苍苍斋》（2002）

爱书爱字不爱名"。和田家英交往十余年，对范用的影响是骨子里的。

2002 年 9 月，三联书店出版了《田家英与小莽苍苍斋》。这本书从田家英的藏品中精选百余件明清、近代人物的诗文手稿、楹联、条幅、信札及印章、铭砚、善本等文物，并通过生动有趣的文章，讲述了田家英收藏的故事、藏品的历史内涵与文化价值。范用很高兴三联书店出版了这本书，因为书友田家英的一点英魂被保留下来了。此时距田家英弃世已过去三十六年。

六十年的老友——戈宝权

范用和戈宝权订交于抗日战争期间的重庆。其实早在 1935 年，范用十二岁时就在杂志上见到"戈宝权"这一名字，十分仰慕。那时级任老师周坚如订有一份杜重远主编的《新生周刊》（原为《生活周刊》，该刊被国民党政府查禁后，改名为《新生周刊》继续出版，意思是"新的生活周刊"），范用很喜欢看，周坚如特意又订了一份给范用。刊物中的《名人及名著》专栏就是戈宝权写的。范用一直记得，这个专栏头一篇介绍英国托马斯·莫尔的《乌托邦》一书。范用读了这篇文章朦胧知道未来的社会"万事平等，无富贵贫贱之分"，在那个国家里"不通用金钱，金银是不名誉的证据，仅用来做便器和锁罪人"。文章中写到莫尔之死，从容走上断头台，范用的心都颤抖了。

后来在重庆，范用是读书生活出版社的员工，戈宝权在《新华日报》做编辑。这两个单位都是中共南方局领导的，很多员工都是老相识，亲如一家。大家都知道读书生活出版社有一个"小鬼"，叫范用。他和戈宝权都是书迷，所以更加投合，每次见面，都是谈书。戈宝权1913年生于江苏省东台市台城的一个教师家庭，他的叔叔戈公振是名记者、新闻学家。戈宝权1932年肄业于上海大夏大学。在大学时，学习英、法、日语，自学世界语，后又学习俄语，为他日后从事外国文学及中外文学关系史的研究奠定了基础。他比范用大十岁，当时二十六七岁，但不嫌范用年纪小，因为范用人小心大，什么书都能读下去，两人对话毫不费劲。戈宝权还帮助读书生活出版社编辑《文学月报》，范用是校对，和戈宝权一起跑印刷厂，冒着日寇飞机轰炸的危险，城里城外，来回几十里，全靠步行，一路聊天，也不觉得远；晚上一起在油灯下工作，也不觉得累。

戈宝权（丁聪画）

"皖南事变"后，周恩来为了保存中共文化人的实力，让一些人先期撤到香港。1942年，范用也转战桂林。日军占领香港，范用十分担心在港的戈宝权、黄洛峰等人的安全。1944年湘桂大撤退，大家平安回到重庆，劫后重逢，分外高兴。那时中国文化界兴起一股"罗曼·罗兰热"。范用手中有全套四卷本《约翰·克利斯朵夫》。因为喜欢这部小说，范用还搜集剪辑了两本罗曼·罗兰文章和资料集。这些剪辑的资料，曾借给戈宝权。为此，戈宝权专门写信感谢范用：

大用兄：

　　承你上次借给我两本有关罗曼·罗兰的材料，这两本东西颇帮助了我不少，我在《群众》上的那篇长文（《罗曼·罗兰生平及其著作和思想》——作者注），差不多就全是靠了它才写成的，现特送你一本，以示感激……附上资料两本，其中有一张罗氏晚年的锌板像是送你的。这两本材料我希望你能好好地珍藏着，也许我什么时候还要向你借。

　　日内进城当再来看你……

　　由此可知，范用从很早就有剪贴报刊资料的癖好，一生都是如此。

　　1945年日本投降，大家纷纷做南下东归之计。人好走，书却成了问题，带不走那么多。戈宝权是轻装简行，较早回到上海的，而把自己的藏书交给范用。他有一封长信，是关于自己的书的：

大用兄：

来此匆匆一月，每天都是忙着……我在此应该首先感谢你的，就是承你剪寄奥斯特洛夫斯基一文，而尤其感激的，就是你能将我的一部分原稿及资料检出并托舍妹带来。这包东西颇救了我不小的命：我已"翻版"了二篇，此外，再译了二篇，否则那真是巧妇难为无米之炊了（当然我也不是巧妇）……《苏联文艺》已有了一个全套，日前出到第十八期，你期期都有（市面上已买不到创刊号及第十二期），此刊物系道林纸印的，分量甚重，无法邮寄，只能留在房里，将来一并交给你。《时代》也期期为你留。此刊物已出到第六年，过去的无法补到，但从今年一月份的都齐。《文联》已要来三期交全兄寄来。此地出的新书虽多，绝大多数是翻版的，即使有新出的，也甚少好书。但有一书可以告诉你的，就是傅雷译的《裴多汶传》（罗曼·罗兰著），不久即可出版，我当买一本送你……不知你何时来沪，那时我可当你的向导，因为我跑书店已跑得相当熟了。

我留在你那里的书，不知曾否包装？还有留在乡下的书，他们在我走后曾否送给你？万望能用报纸或油纸包好，再用蒲包或篾包包装，外用麻绳捆扎，一切费用将来我可还给你，或先托人送给你。书最好装包得好一些，以免将来运的时候遭损坏……

当时读书出版社租到一条木船，由重庆运书和纸型去上海，有这个便利，范用就将戈宝权的藏书和自己积攒的资料一起托运。不料木船在途中触礁沉入江流。押运的工作人员居然从江中捞起了几包书，在江滩上晒干运到上海。戈宝权的书主要是俄文书，有的是作者签名送给他的，如法捷耶夫、爱伦堡等，十分珍贵。范用把从江中捞起的不多的十几本书送给戈宝权，戈宝权十分激动——失而复得的激动，可是范用十分歉疚。

那时戈宝权给《中学生》月刊写了一个《西洋音乐欣赏》专栏，第一篇楔子用了这样的标题:《音乐——生命的乳汁》，文章开头摘录了罗曼·罗兰《约翰·克利斯朵夫》末卷中的文字。戈宝权在这个专栏里不仅介绍名曲，还不厌其详地介绍交响乐队的组织和乐器，画出乐队演出时不同乐手的具体位置，范用读得很入迷。《西洋音乐欣赏》专栏文章后来没有结集出版，他从看过的杂志上撕下每篇文章，自己装订了一本。范用本来对西洋音乐比较陌生，还是读了戈宝权的文章，长了不少知识，进而对西洋音乐产生了兴趣。

回到上海，戈宝权和妻子有了自己的房子，1946年的除夕，范用就是在戈宅度过的。点红蜡烛，喝酒，听音乐。后来他意外得到几百张唱片，并且有了一台唱机，于是"大听特听"，简直就是"恶补"。1949年以后，生活安定，有固定工资，每个月到王府井的外文书店买几张唱片（只有苏联和东欧国家的，价格不菲），渐渐有了一定分量的收藏。意料之外的是，这份收藏在"文革"开始年代里，被作为"资产阶级生活方式"的罪状之一，给范用带来不小烦恼。可是在那些艰苦寂寞的日子里，正是这些音乐（贝多芬、莫扎特、柴可夫斯基、肖邦……）抚慰着他的心灵。为此，他一直视戈宝权为乐友。

在上海时，戈宝权在塔斯通讯社工作，业余还在翻译和编辑刊物。他编辑的《普希金文集》等每种书都会签名送给范用一本。范用特别喜爱戈宝权翻译的勃洛克的长诗《十二个》，虽然是一薄薄的小册子，却是戈宝权精心设计装帧的方形开本，米色道林纸印正文，橘红色的画面纸做封面，外加包书纸。封面上安能科夫所绘的插图，是另外用纸贴上去的。包书纸用咖啡色油墨印了勃洛克的画像。书里有六幅插图，还有一张作者的原稿手迹。内封面绿黑两色套印，精致高雅。戈宝权在这一页上写了三行蝇头小字："小范兄惠存，译者谨赠，1946年6月2日于上海"。正文前有温克罗夫的《俄国文学巨匠亚历山大·勃洛克》，书后有季莫菲耶夫等三位作家有关《十二个》的评价，真是尽善尽美。很多年后，范用经手出版德拉伯金娜的《黑面包干》，装帧设计曾模仿这本书。

1949年后，除了作为中国首位大使（代办）在莫斯科中国驻苏大使馆任职以及其他外交工作，戈宝权的研究工作主要仍在俄苏文学。现在的人很难体会20世纪五六十年代的人阅读俄苏文学的心情。这方面范用因了戈宝权的友情，可谓"近水楼台先得月"，受到特别的影响。

藏书，是戈宝权一生最大的嗜好。他藏有一套九十卷本的俄文《托尔斯泰全集》。苏联从1928年开始出版这部大书，至1957年才出齐。在中国别说个人藏家，连北京图书馆都没有配齐。他平时省吃俭用，把钱全用在买书上。他藏书古今中外都有，很多是善本、珍本，计两万余册。1986年他毅然将这一生的心血全部捐给他的家乡江苏省。政府为表彰他这一义举，给他一笔可观的奖金，他以这笔款子，设立了"戈宝权文学翻译

《〈马克思恩格斯选集〉中的希腊罗马神话典故》（1978）

奖"，专门扶持年轻的译者。在藏书这一点上，范用和戈宝权更是心有灵犀。他们两个都不是专门的藏书家，并不过于讲求版本，也不甚系统，全是凭着喜爱而收藏。

戈宝权与三联书店的文字之交始于1941年，一直保持了四五十年。1978年，他在读《马克思恩格斯选集》时，编写了一本名叫《〈马克思恩格斯选集〉中的希腊罗马神话典故》的书，是经范用之手出版的。"一本不到十万字的书，我们俩共同商量设计版式、封面，选配插图。打倒了'四人帮'，重新工作，心情特别愉快。在短短的时间内，这本书受到读者欢迎，重印了三次。"——范用后来回忆说。随后，《读书》杂志创刊，范用介绍戈宝权为杂志编委；《傅译传记五种》出版，范用请戈宝权写了一篇附录《谈傅雷和罗曼·罗兰的通信》。戈宝权将《傅译传记五种》寄给一直有联系的罗曼·罗兰夫人、罗曼·罗兰之友会等。1984年三联书店出版了戈宝权翻译的高尔基《我怎样学习和写作》新版，也是范用经手的。

2000年5月，戈宝权病逝。五个月前，戈夫人请范用为《戈宝权文集》写几句话，范用没写文章，而是给"宝权兄"写了一封长信，其中称自己和戈宝权是六十年的老友。这样的老友一生也不过几个。

师恩难忘——陈白尘

范用小时候通过沙名鹿老师见到了陈白尘，他年龄虽小，却读过陈白尘的剧本，并有自己独立的看法，陈先生很惊讶，对他另眼看待，成为忘年交（陈比范大十五岁）。陈白尘回上海后，为范用订了一份《作家》月刊，并给他写信，寄材料，与他讨论创作问题。范用的父亲早逝，他幼小的心底里对陈白尘有一种依恋和仰慕，一生视陈白尘为自己的文学启蒙老师。

陈白尘 1952 年调北京任文化部剧本创作室主任，1953 年任中国作家协会理事、秘书长，后任作协书记处书记、《人民文学》副主编等职。1966 年调江苏省文联，旋即又被叫回北京，参加作协的"文革"运动，接受批判，后来也下放到咸宁干校，但与范用在不同"连队"，无从联系。1973 年他比范用晚一年从咸宁干校回到北京，在一次会上见到范用，没敢打招呼（其时范用已被重新启用，而陈白尘尚未"解放"）。1978年后，七十岁的陈白尘恢复名誉，任南京大学教授，重新提笔写作，与范用恢复了联系。《新华文摘》和《读书》创刊后，范用每期寄奉，对陈白尘尊爱有加，写信必以师称之。虽然陈白尘曾郑重辞"师"，可是范用尊师如一，他也就不再啰唆，而实际上是以友相待的，有时信中还称范用为"兄"，范用也不计较。

陈白尘

　　此时正值改革开放起步，百废待兴，两人都很忙。陈白尘不但要教学，还要写剧本（如改编《阿Q正传》），另外，受美国爱荷华大学"国际写作计划"主持人聂华苓之邀，到美国参加写作笔会和观光。在美国写作笔会上，陈白尘写了八篇回忆干校生活的文章，统称为《云梦断忆》（也许受《干校六记》启发？因为读了范用寄给他的《干校六记》以后，他击节叫好，并认为"干校生活可记很多"）。从这本书开始，范用与老师的往还信件密起来了：

　　《云梦断忆》稿已交香港三联书店，不知他们是否决定付印？你说想在内地出版，是否已与他们联系？陈白尘（1983）5月16日；

　　《断忆》稿校正一遍，改了几处错误。特别是把孟轲的话当成孔老二的了。另外删了几句。《忆金镜》也是写的湖（"向阳湖")中生活，是可以收进去的。但思考一下，插在中间也并不妥。附于篇末如何？这在出版说明中提一笔即可……文稿修改处是否请代告港店编辑部？如已付印，也就算了！陈白尘（1983）6月16日；

《云梦》一书，港店早已出版，内地版迟迟未出，是否另有苦衷？务请如实示知！弟亦达人，绝不致使兄为难也！陈白尘（1984）4月3日……

其实这本书的北京三联版，范用在1983年7月8日已经签字付印。他请丁聪设计封面，这个封面与《干校六记》的第一个封面一样，都是写实风格：一片水塘，一人划着小船在放鸭子，很有诗意。然而干校生活实很艰苦，人的精神也很压抑，并非丁聪所表达的闲适情调。陈白尘写信跟范用说："《云梦断忆》封面虽出于方家老友，颇为不佳，可惜！""《云梦断忆》闻已脱销，是否有重版计划？我意如果重版，希望小丁兄重画个封面……"后来第二印时，范用重新设计了封面，风格与他为《干校六记》重新设计的完全一致，只是换了一丛花草图案，线框颜色有所区别而已。这套书虽然没有丛书名目，但三联书店

《云梦断忆》（1984）

编辑部内部统称"实录丛书",这名称来自范用为《干校六记》写的选题报告:"我曾设想三联可以出版一些纪实的作品。这类作品,并非历史,但是当事者的实录,也可看作'历史的证言'或'历史的侧记'。"

"云梦"是指咸宁干校,该地域属于古云梦泽一带。"如今这儿除了残留着几处荷塘——而且又被我们这群'农业专家'给毁了——以外,实在想象不出它烟波万顷如云如梦的丝毫景象来。有的只是大片沼泽之中,间有几块'无名高地'和一条小河。到处荒草丛生,却无一株树木……至于走兽,除了放牧的水牛之外,很少见到什么。即使是牛,如果离开牧童,深入沼泽地带,它也'不能自拔',每每陷死泽中。许多整架的牛骨在沼泽地附近时有所见,足以为证……"陈白尘在书中忆了房东,忆了茅舍,忆了放鸭子的劳动,还忆了同事侯金镜,写得生动有感,不乏苦中求乐的幽默,堪与《干校六记》媲美。

《云梦断忆》之后,陈白尘又有回忆散文《寂寞的童年》。他写信给范用说:"我有个秘密计划:如果《童年》可读,则拟续写《少年行》,写初中读书到1928年离开学校止。再后写青年、中年以及老年时代,亦即三年流浪、三年狱中生活、上海亭子间、抗战前后、解放后十七年等等生活,以后接上《断忆》《听梯楼随笔》共七八册,形成系列的生活回忆性的散文(但我避免叫'回忆录'这一名称),算作我对人世的告别。(话剧,我是没精力写了!)但这秘密,从未告诉别人,因为是否写得成,是否能出版(如写'十七年'等)均不可知也……"范用很理解老师的苦心，在心里默默答应，决心帮助完成这位老文化人最后的心愿。

《云梦断忆》1984 年 1 月出版，首印两万五千册；《寂寞的童年》1985 年 11 月出版，首印只有区区四千七百五十册。《少年行》1986 年完稿，范用已离开现任领导岗位，退居二线（不算退休）。他把书稿交给三联，写了一个说明：

陈白尘计划写一部回忆录，先一本本地来，已出之《云梦断忆》《寂寞的童年》即其中的两本。《少年行》已在一刊物连载，这以下，估计还可写——到上海，走入文坛（30 年代上海），《狱中记》（30 年代上海），抗战期间（武汉、重庆、成都），解放后（北京、南京，一直到"文革"）。这样几本加起来，差不多也有《懒寻旧梦录》（《懒寻旧梦录》是夏衍的自传体回忆录。他在八十四岁高龄开写，为世人揭示了四十多年间许多历史的侧面，为中国现当代文学史和电影史的研究，提供了重要而丰富的史料。其中，关于 20 世纪 30 年代上海"左联"的记述，尤为珍贵。——作者注）那样一本，等出齐了单本，以后再出一大本。巴老的《随想录》也可归入这套书（也有四十几万字）。

范用　1986年7月4日

几位需要在《少年行》选题报告上签字的店领导都签了字，其中一位提出："如要出一大本回忆录，是否这种分阶段的不一定每本都出，而是择其几个重要的阶段出一二个单本就可以了呢？"范用赞同这个意见，但还是建议："《少年行》稿既已来，是否还是印出，以下另议。《少年行》我逐篇读了，还是陈白尘的文风，可读。"1988年3月，《少年行》出版，首印六千册。

退居二线范用并无怨言，他和倪子明联合推荐沈昌文任刚刚恢复独立建制的三联书店总经理，董秀玉任副总经理。这两位"接班人"都是范用一手提携、培养的。沈昌文（1931—2021）生于上海，1951年考入人民出版社，历任校对员、秘书、编辑、三联书店编辑部主任。1986年三联书店恢复独立建制，任总经理、《读书》杂志主编。1993年不再任总经理，仍任《读书》主编至1996年。

退居二线的范用仍任三联书店编辑委员会主任，仍在忙碌着出书，只是在第一线时自己可以决定一部书稿出还是不出，退居二线后则要想办法为一本本好书找出路。他乐此不疲。倒是一些老作者、老朋友对他的岗位变化发一点感慨。陈白尘在1986年10月25日的信中就说："你退居二线，对三联是个损失。据我记忆，你也刚满六十不久，正精力充沛之时，也'一刀切'下来，是不智的。一个人学习到二十五岁，退休养老又二十来年，中间工作时间仅三十来年。从国家来说，浪费太多了！反之，有许多早该退下来的至今还尸位素餐，令人愤愤！"

之所以很多作者和朋友对范用退居二线反应强烈，是因为他们从心里认为范用这样的出版家少之又少，他对作者的负责和亲近也是少有的。陈白尘因此感叹："作家获得出版家的爱护和支援，可算一大乐事！兄（指范用）可谓作家的知己！"

为书籍的一生

绥青著　叶冬心译

读书与出版

第8年

生活书店发行

周纬著

中國兵器史稿

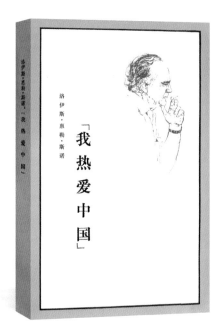

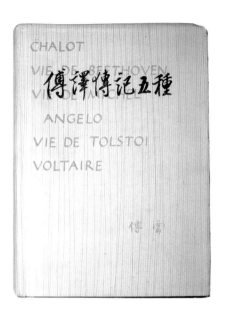

CHALOT
VIE DE BEETHOVEN
VIE DE MICHEL
ANGELO
VIE DE TOLSTOI
VOLTAIRE

傅譯傳記五種

傅雷

檐下说書

英棠

晦庵書話

唐弢

晦庵書話

唐弢

西諦書話

郑振铎

譯餘偶拾

楊憲益

论雅俗共赏

朱自清

生活·讀書·新知三联书店

中国学术思想史随笔

曾琦仁

生活·读书·新知三联书店

随想录

巴金

柯灵杂文集

胡风杂文集

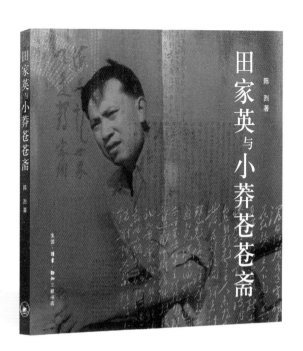

陈白尘
对人世的告别

一岷题跋

存上集

李一岷

北京鸽哨
王世襄编著
BEIJING GESHAO
BEIJING GESHAO

香港，
香港……

柳苏

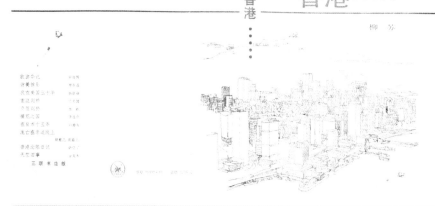

欧游杂记 .... 卜少夫
沙漠画室 .... 叶灵凤
我在香港三十年 .... 阮朗
重逢别梦 .... 刘以鬯
人生的桥 .... 陈方
繁花之国 .... 李金发
在日本十五年 .... 刘绍唐
流亡岁月追纪上 .... 胡菊人
醉意之浮想录 .... 刘思慕
香港沦陷日记 .... 萨空了
天堂旧事 .... 叶浅予

三联书店版

我很丑
也不温柔
漫画范用

生活·读书·新知 三联书店

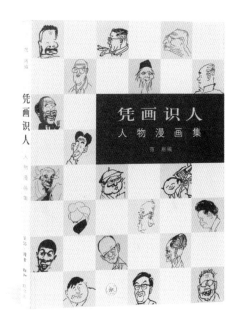

凭画识人
人物漫画集

范用编

芥末居雜記

黄永玉

语文
周有光
闲谈
上

書癡范用

讀書生活出版社

吳禾 編

人民出版社
生活·讀書·新知 三联书店

ROMAIN ROLLAND
JEAN CHRISTOPHE

約翰·克利斯朵夫

羅曼羅蘭 著
駱駝書店發行

战斗在白区

生活·讀書·新知

留真集影

童年，
是梦中的真，
是真中的梦，
是回忆时含泪的微笑！

花用同志嘱

我
爱 穆 源
范 用

泥土 脚印
花用 续编

DAVID COPPERFIELD
大·卫·科波菲尔

C·狄更斯 著　董秋斯 译
生活·读书·新知三联书店 发行

NOTRE-DAME DE PARIS

维克多·雨果 著
陈敬容 译

巴
黎
聖
母
院

维克多·雨果著
陈敬容译
巴黎聖母院 上

西窗漫记
董鼎山

干校六记
杨绛

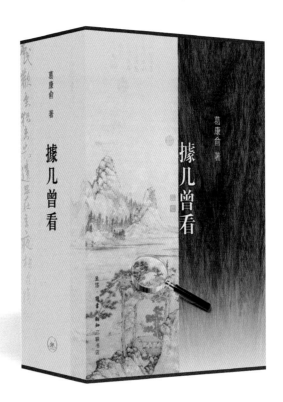

范用 编

存牍辑览

孤云带雨来

范用 编

生活·读书·新知 联书店

叶雨书衣

自选集

范用

叶雨书衣

自选集 范用

生活·读书·新知 三联书店

陈白尘在生命的最后时段，疾病缠身，身心虚弱，勉力写作回忆录，最终未能完成。此前，1993年底，女儿陈虹怀着好奇翻出了父亲的"文革"日记，读后认为是弥足珍贵的史料，先是选了一部分交给某刊，父亲亲笔为之题名《牛棚日记摘抄》，并说，如有可能，以后要全文发表，不容删改一字。但摘抄部分迟迟不见发表，陈白尘最终没有等到，1994年5月28日去世了。范用听陈虹说了这件事情，愿意帮忙想办法将这部日记出版，打电话约她面谈。可是就在那天上午，范用被一辆自行车撞断了腿骨，只能卧床。几天后，陈虹依约来见范用，只见他躺在床上，腿部像上了刑具一样不能动，还没开口，就哭了。他接过抄录好的且附有陈白尘生前亲笔撰写的《前言》的书稿，双手将它紧抱在胸前，说："你放心，我一定想办法让它出版！一定！"过后，他郑重把这部遗稿交给三联书店，三联编辑苑兴华看过后写下审稿意见：

　　这部稿子是老剧作家陈白尘"文革"日记中的一部分，1966年9月10日起至1972年2月29日止，时近七载。七年间他远离家庭，处于半幽禁状态，要接受批斗、外调、劳动、写检查……他背着人，用一种只有自己能懂的缩写和符号，记录下这段历史，实为不可多得的珍贵史料。

　　他的日记真实记录了他的内心活动，对周围人与事的看法，同时也记录了同他一样命运的臧克家、冰心、严文井、侯金镜、李季、张天翼、周扬等许多人的遭遇。再就是"文革"中的各派人物……尽管陈白尘先生曾说"今后如有可能一定将其全文发表，不容删改一个字"，他的女儿还是删去了十分之九的内容，因为这些内容会给人增添麻烦……

这本书稿我颇费踌躇，但我觉得还是有益的，让人们不忘曾有过这样一个时代，了解一代知识分子的生活和他们的内心世界。重温这些痛苦，是为的不再发生这些痛苦。

这篇审稿意见写于1995年2月1日，五个月前，范用托人送来这部书稿时，给时任三联书店总经理的董秀玉写了一封信：

十几年前，您组来杨绛先生《干校六记》，出版以后，风行一时，至今行销不衰，为士林所爱，评者时有论及。此书与其他几本书，为三联奠定基础，为三联增光。

现又有一部类似的稿子《牛棚日记》，作者陈白尘，我的恩师（当我尚是十四岁的童子，幼稚无知，正遭父丧，陈老师视我为子弟，爱护倍加，谆谆善诱，启蒙文学），所记内容，自"文革"初起，被揪斗关牛棚，服苦役，到发配干校，因病请假回南京止。其可贵之处，在于虽蒙受侮辱，残酷斗争无已，仍能偷偷地逐日记录其亲历及所见所闻……白尘师临终前，再三嘱咐家人，此为其最重要的遗作，务求问世……家属还希望我协助寻求在香港、台湾出版，我自当效力。如三联出版，此事即可通过三联去办。我首先想到的是三联出版。出版一本好书，一本长命书。

范用1994年9月24日　写于病床

师母金玲曾偕女儿专程来京看我，面托此事。当时我已断腿在床，否则我会陪她们来看您。我花了一天时间，仰卧读了全稿，希望您在百忙中一读。

我们这一代人，作为历史的见证者，给后人留下一点东西，让子孙们知道前进的道路是如何曲折，人们是如何付出沉重的代价，终于正义战胜邪恶，良知战胜愚昧，让后人知道少做愚蠢的事情，知道今

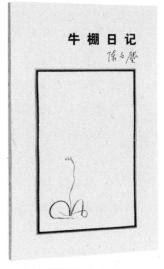

《牛棚日记》（1995）

日来之不易，要珍惜它，要捍卫生活的权利。此所谓前事不忘，后事之师也。出版工作应当尽可能在这方面做出贡献。这是我对三联真诚的希望，也可以说受巴老、白尘师、杨绛先生之感召。他们辛辛苦苦一字一字写下，我们不过是出点微力排印出版而已。又及。

此时范用虽然无法出家门，但师恩难忘，从给董秀玉的信中可以看出他的急切心情。1995年5月，《牛棚日记》出版，首印一万册。为了出好这本书，范用前后给责任编辑苑兴华写了三封信，并且亲自设计封面。拿到样书，范用又写了一封信：

三联书店：

陈白尘先生《牛棚日记》得能出版，不仅家属非常感激，

作为学生，我也十分欣慰，也要感谢三联书店。

本月14日为白尘师逝世一周年，南京正在赶印纪念文集，并有纪念活动。中国作协和北京图书馆在京有一图片展，金玲师母和陈虹将到京参加揭幕。

14日《文汇报·笔会》发表一篇我的怀念文章（非全文），送上一份，看了可以知道白尘先生是我的恩师。

陈虹来京，我将和她商量将未写完的回忆录，加上历年发表的有关文章，编成一集，书名即用陈师给我的信中说的"告别人世"，编好后再接洽出版。

14日那天，三联书店根据范用的要求，特地赶出一百本《牛棚日记》。范用在儿子范里的陪护下来到北京图书馆"陈白尘生平创作展览"会场（腿伤未好，伤后第一次出门），范里气喘吁吁地提着样书。范用告诉陈虹，该书正式出版还要有两个月。会上虽然只售出二十七本，但他看到想看这本书的人买到书，心里很高兴，自觉是为心目中永远的老师尽了一点学生的心意。剩余七十三本，给家属样书二十本，家属购买四十八本，余五本，送展览会两本，沈从文夫人（张兆和）、黄宗江、董秀玉各一本，送董秀玉那本，特请陈白尘夫人金玲签了名。

《牛棚日记》刚出版，范用已经在策划陈白尘最后一本书了。这本书就是《对人世的告别》。

1995年8月23日，《牛棚日记》出版后三个月，范用给三联书店又写了一封信：

三联书店：

十年前，三联在决定出版《随想录》《懒寻旧梦录》的同时，曾经设想出几本30年代老作家的文学回忆录，约到一本算一本。当时我曾动员冰心、萧乾、陈白尘先生。

冰心先生答应了，并在台历上记下"三联范用约稿"，免得又弄错（曾有一本《关于女人》，给人民文学出版社拿走了，冰心先生说，我以为来的人是三联书店的）。

萧乾先生交来了稿，即《未带地图的旅人》，给×××退了，后来在香港和内地另一出版社出了。三联不出，我以为失策。

陈白尘先生接受我的意见，陆陆续续写了出来，不幸的是，没有完成即去世。检点遗稿，这部回忆录已经写到抗战胜利以后，只余下解放以后这一段。"文革"这一段倒是写下了，即《云梦断忆》《牛棚日记》《听梯楼随笔》。

现在我请陈虹把她父亲的遗著整理汇编为一卷，约五十万字（相当于《随想录》）。我打算给它找一个出版社，先送给三联（因为有上述情况）看看。

当然，目前出版一部五十万字的书实非易事。我想可以从容考虑。今年定不了，明年看情况再说。

作者家属方面，我可以据实相告。将来出版，在稿酬等等方面我也可以从中做工作。

就我个人来说，这部回忆录是我催生的。我在世之日一定想一切办法争取出版它，以慰老师在天之灵。

信写得很动感情。三联书店当仁不让，同意出版。范用得知消息后，当即给责任编辑苑兴华写信说："得悉《对人世的告别》选题已获批准，甚为高兴。有关此书的编辑事宜，请与陈虹联系。我已写信请她提供图版照片，我帮助画版式。她寄来的稿子中，《寂寞的童年》《少年行》《云梦断忆》拆用（照排）太可惜，我已写信问她家中是否还有，如没有，那就复印一份发稿，原书仍寄还她保存。"

陈虹得知《对人世的告别》有望在三联书店出版，奋笔写下一篇感人的《编后记》。她在文章中披露了十一年前父亲写给范用那封诉说写作回忆录的"秘密计划"的信，并且讲述了："今年（1995）4月6日，范用先生给我来了信，他不仅第一次泄露出父亲与他共商的这一'秘密计划'，而且几乎是命令般地给我下达了任务：'把已经写成的，包括发表的和未发表的，都集为一卷，如夏公的《懒寻旧梦录》那样的一本……'父亲在1984年还远远没有预见到，如今想要出版一部作家的回忆录，那是大大难于出版一本明星自传的。且不说出版社要拿出多少个万来做赔款，就是当今的年轻读者，又有几人愿意翻看这于当今来说早已是携手合作了的两党间以往的那些残酷的斗争呢？范用先生实在是太执着了，我不能不为他的赤诚所感动。作为后辈，我还能再说什么呢？"

在向范用诉说写作"秘密计划"时，陈白尘已经七十六岁了。范用知道，这是老师经过了一番痛苦的抉择之后，才做出的决定。陈白尘在文章中沉痛地写道："一位朋友安慰我：伟大的作家到晚年都是写散文和回忆录之类的。这自然很好听。但在伟大的作家则可，他们已经完成巨著之后，写些珍贵的回忆，对后学也是极其有益的。我何人斯？
既没写下辉煌之作，却喋喋不休大
谈自己的过去，如果不是有意自炫，
便得承认自己'江郎才尽'……"范
用打小仰慕的师长、作家的这番话，
怎能不令他心痛呢！

《对人世的告别》（1997）

　　成书后的《对人世的告别》包
括《寂寞的童年》《少年行》《漂泊
年年》《剧影生涯》《云梦断忆》《听
梯楼随笔》六个小长篇及《阳翰老
与中华剧社》《从影记略》《一项未
完成的纪念》《记〈华西晚报〉副刊》《〈新文艺〉周刊杂记》
《回忆〈词六首〉的发表》《献》《我站在那腊梅树下》八个短
篇，《牛棚日记》未再收入。审稿意见认为"这是一位老作家
对自己的一生，同时也是对中国数十年历史进行的深刻总结和
反思，并以此作为对人世的告别……语言生动诙谐，深情质朴，
在诙谐中痛斥丑恶罪孽；在深情中怀念旧友亲朋，令人一咏三
叹，感慨万千，有很强的可读性"。

　　《对人世的告别》开印七千册，于1997年4月出版。厚厚
一大本，足有八百五十页，沉甸甸的。范用与陈白尘一生的因
缘，至此可以说是功德圆满。作为一个作家，其生命的火都在
于写作，而写作的目的，就是为了出版，以便让更多的人看到。
范用对老师的感恩就在于帮助老师实现他最大的愿望，把生命
中最后的心血留下来，也为世间留下几本好书。

衡宇相望——李一氓

　　李一氓（1903—1990）是四川彭州人。他资格很老，在上海大同大学、沪江大学、东吴大学求学期间就参加学生运动，后成为郭沫若等创办的"创造社"同人。1925年入中共，参加过北伐、南昌起义和长征，曾受命协助叶挺组建新四军，任秘书长；抗战胜利后任中共华中分局宣传部部长；1949年后，先后任中联部副部长、中纪委副书记、中顾委常委、国务院古籍整理出版组组长。一个老革命，主管古籍整理出版工作，从此与出版界打交道。

　　"文革"后，李一氓有好多年住在艺华胡同，后门开在北牌坊胡同，汽车可以出入，与范用家相距只有几个门牌号。1989年6月初某日，李一氓派人给范用送了一张纸条："仲淹左右：书两卷奉缴，衡宇相望，如暇乞过我一谈？知名不具，即日。""仲淹"即范仲淹，李一氓戏称范用为古代大文人本家仲淹；"衡宇相望"即门厅靠近。范用后来回忆说，"这天午睡后即去李老家，闲谈了一个多小时，归来才省悟，原来老人家担心我是否平安无事。那两天，又是游行，又是静坐……我这个人向来怕去人多的地方，一如往常，坐在家里看书喝茶。而老人的关怀，至今想起来，仍然深为感动"。

　　交往还是从书开始的。两人投脾气。比如李一氓家里的书

李一氓

房、客厅、饭厅都安排得井井有条，窗明几净。据他说是受父亲影响，习惯手里拿着一把鸡毛掸子，什么地方有灰尘，就掸除到什么地方。桌子上有点小摆设，也拿鸡毛掸子横比顺比，力求位置妥当，协调雅观。范用家里也是如此，永远安排有序，亮亮堂堂。满屋子书，左摆右放，却丝毫不乱，反增书卷气。

　　有一段，范用和李一氓过从较密，经常去李宅聊天。李一氓对他说："你随时来，不用通报，按一下电铃进来。"范用感到，坐在书房里，听李老娓娓细谈，是一种享受。创办《读书》那几年，他编辑的书话书里，就有李一氓的《一氓题跋》（1981年，吴泰昌辑），而且出版规格很高：漆布精装，简体直排（竖排），四号仿宋字，每页不过十行，舒朗悦目。护封设计，范用选了李一氓常用的图章，并请李一氓亲自题署书名。灰绿色的图章印文做底，黑色书名压在其上，儒雅得体，范用本人比较满意这个书封。在这本书的《后记》里，李一氓写道："这些短篇，即兴动笔，写在书前书后，算不上学问。大概是玩了物，但诚恳地申明，还不至于丧志……假如说玩物的话，我曾经搞过一个时期的书画的收藏和鉴赏。过眼云烟，都已经缴纳公库了。为了赶时髦，转而搞小说、戏曲、版画、词集。老实说，是颇有所获。因此，在书前书后，信笔所至，为了纸幅有限，不免使用了不通的文言。原来也只是写给自己看看而已。哪知走进了死胡同，无非是一点目录学，一点版本学……"在这篇文章的最后，他特别提出："对范用、吴泰昌两位同志的怂恿和他们抛开自己的工作而进行的整理工作，谨致谢意。"李一氓的文字真诚、率真，自信而又自明，有傲骨，范用很爱看。

范用还记得，一次他随李一氓坐车回家，遇红灯，李老说起，在上海做地下工作时（特科），中央给他一千块钱，买一辆二手汽车，同时学会开车。有任务时，车上坐什么人，放上什么东西，不必问，尽到开车的本分就是。直到现在坐车遇到红灯时，还会习惯地做一个用脚踩刹车的动作。在上海做地下工作时，他应该在潘汉年领导下，与潘很熟，大概一直从心里为潘汉年叫屈。他知道范用在编潘汉年纪念集（《零落成泥香如故》），特地抄了三首潘汉年的诗送来。这三首诗原来发表于 1943 年淮北《拂晓报》，鲜为人知。

一日，李一氓寄来一封短笺和一篇稿子。短笺说：

范用同志：

寄上一短稿，望刊入明年《读书》。我拟有暇读些古今中外的书，写为短文，发点议论，这算第一篇。第二篇拟写今年伦敦出版的《苏联大战略》，写成后寄上。都在两千字左右。

《一氓题跋》（1981）

《存在集》（1985）

我想在题前用个"一氓读书"符号，而且都用"读什么"为题，至于原书名，照你们规矩，可放在文后。

请核。明年全年我想写六至八篇。

如此主动供稿，范用甚为感动。他看出，李一氓写这组文章，意在提倡一种文风，反对写文章"言必称希腊"，摘引马列词句，而是用马克思主义的观点写作。这很符合《读书》精神，是一种支持。

范用为李一氓出版的第二本书是《存在集》。这本书"全稿十一万字，包括史论、悼念回忆、题跋、书评共二十四篇，除《读〈国殇今译〉》发表于1951年，其他各篇都是近两三年的写作……本书书名《存在集》，曾有改名为《瑶瑟集》的想法（'瑶瑟'二字见四页《序诗》中）"。决审人倪子明在旁批注道：《存在集》是李老自定，即用此名"；"排版格式请范用同志定"。李一氓对排版是很看重的，在随后的来信中，他问范用："如何排法？是否与《一氓题跋》一样直行、四号字？总题只有二十五个，应为每题各为题，不上下文紧接。"这些意见，范用都接受了。封面仍是以图章印文做底，与《一氓题跋》同，只是图章换了一组新的，但一看就知是同一个人的著作。这年（1984）10月27日，李一氓给范用去信："《存在集》后记寄上，稿子就算全了。这篇后记，只能附在书后，或者有点意思，不能独立起来，因此不希望单独发表。因为单独发表，番而莫名其庙了。"他故意用"番"和"庙"取代"反"和"妙"，是在开玩笑。由此可看出他也是一个老顽童。《存在集》全书首页，印有李一氓手迹："献给潘汉年同志"。正文第一篇即为《纪念潘汉年同志》。

李一氓食不厌精，但并非豪奢，而是讲究，这也很合范用脾气。1988年，夏衍先生八十大寿，范用跟李一氓商议吃顿饭给夏公上寿，李一氓说好，他来点菜。吃饭的地方，定在万寿路宾馆，那是一个用来招待宾客（多数是外宾）的内部餐厅。

李一氓开的菜单范用还留着："肚肺杏仁汤、红烧元鱼、糖醋桂鱼、粉蒸牛肉、炒扁豆泥、锅巴尤鱼、开水白菜、担担面、萝卜丝饼、水果色拉。"简简单单。开水白菜放在最后上，是有讲究的，吃罢油腻，再来清淡的，爽口。

参加的人除了李一氓、范用，有廖沫沙、张光年（这两位是夏衍点的名）、郁风、冯亦代、李子云、高集、高汾，还有夏衍的儿子女儿沈旦华、沈宁。大圆桌一桌。

范用在菜单上还记下了："氓老报告点的菜，并作说明。夏

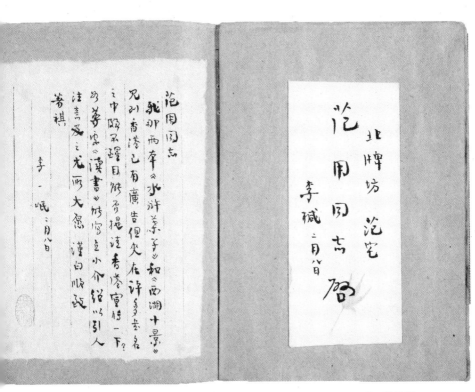

李一氓的信

公说：'你办事，我放心。'"餐费，除去夏衍、李一氓，结账后按人分摊。

　　与李一氓熟络了，范用的拿手好戏就是劝人写作。他约李一氓写回忆录，一遍一遍动员，李老终于动笔了，他成了第一读者，每写完一章，范用去取，或者李老派人送来。这部回忆录后来定名《模糊的荧屏》，由人民出版社于1992年出版，可惜李一氓生前未能见到。李一氓去世八年后，范用又将李一氓未收入集子的遗作编了一本《存在集续编》在三联书店出版。

作为出版家，范用重视书籍广告的写作。在这方面，他受到李一氓的影响。李一氓曾写文章谈广告：

我们的广告制作家可以看看，前人那些广告，上至宋代的《清明上河图》，下到清代末年的桂林轩，都实事求是，遣词命意，还相当文雅，绝无恶俗之气……实在必要搞个广告作家训练班，第一门课上《什么是中国人》，第二门课上《汉文广告写作大纲》。第一章叫《如何医治不通》……第三门课上考古学的边缘学科《广告考古学》，看看从甲骨文以来我们祖先对于广告是怎么搞的。第四门课上《鲁迅广告学》，好好阅读、学习、讨论鲁迅为许多书籍出版所写的广告，与其抄东洋，不如抄鲁迅。

范用后来编辑一本《爱看书的广告》，里面收集了许多鲁迅写的书籍广告，恐怕是受了李一氓的启发。

1992年1月30日，李一氓去世一年余，范用给正在编辑《模糊的荧屏》的编辑陈子伶去信：

李一氓夫人王仪同志来电话，知回忆录已付排，很高兴。她要我从旁关心一下此书的印刷、装帧质量。

不知封面请谁设计，我只有一点意见，务必不要在封面印上人像（无论是画的或者照片），这种设计最糟糕，像张广告画、招贴画，俗气，而缺乏书卷气。

后来这部回忆录出版了（人民出版社1992年12月出版），封面是按范用的意见设计的。陈子伶后来回忆，深为范用对老朋友未了事的尽心而感动。遗憾的是，2015年人民出版社重印此书，改名为《李一氓回忆录》，封面印上了李一氓大大的头像。此时范用已仙去多年。

王老和启老

范用曾说："我的办公室对门是洗手间，朋友们封我为'文史馆长'。'文'者，'闻'也。我如入芝兰之室，久闻不觉其香，客人陪闻，我很抱歉……有一天，真的文史馆长启功先生来了，老人家居然登高（五楼，没电梯），赠我一书一画。我从不敢跟人讨字画（王世襄、郁风除外），更不敢向启老讨，看他吃力的样子，我不知说什么好。"通过此段话，可以看出他与王世襄和启功的朋友关系。

启功（1912—2005），字元白，满族，北京市人，清代雍正皇帝的第九代孙。他是中国当代书画家、古典文献学家、鉴定家，曾任北京师范大学教授、国家文物鉴定委员会主任委员、中央文史研究馆馆长、中国书法家协会主席、西泠印社社长。王世襄（1914—2009），字畅安，原籍福建福州，生于北京。文物专家、学者、收藏家。1938年获燕京大学文学院国文系学士学位，1941年获燕京大学文学院硕士学位。曾任故宫博

范用与启功

物院古物馆科长及编纂，文物博物馆研究所、文物保护科学技术研究所副研究员，文化部文物局中国文物研究所研究员。这两位都堪称奇人。启功的书法在市场上曾经卖到好几万元一尺，但他本人并不贪钱，范用找他为一些商家或城市公共设施题名，他坚决不要回报。王世襄一生好玩，养鸽子、鹰，玩蝈蝈、蟋蟀，遛獾狗，收藏明清家具，而且是美食家，他做的红烧大葱，那叫一个绝！一日，几个朋友在范用家聚会，说好由王世襄掌勺，所有家伙事和调料他都要自己带，范用家的不行……可是他玩，却玩出了学问，一些别人不研究的学问，自成一家，名满天下。范用太爱这二老了，潜移默化，趣味日近。比如喜欢书画，尤其是文人画、文人字；再如学会了烧几个好菜……

夏衍曾说："范用哪里是开书店啊，他是在交朋友。"范用说："我交朋友，还是为了出书。"在范用这里，再好的朋友，最后还都是落在书上。他希望两位老先生都能把自己多年写作的文章集中起来出书。没想到第一本却是王世襄的《北京鸽哨》。1988 年 2 月，王世襄给三联书店写信：

拙稿《北京鸽哨》遵嘱已全部重抄，改成简体字。对其出版，本人无任何要求，只希望今年 8 月间应香港大学之邀，前往讲学，可以有少量样书，分赠友好。字数甚少，图尽黑白，想可办到。书签印章及《鸽铃赋》标点，如能套红，则感甚。

三联书店总经理沈昌文亲自做责任编辑，并签署意见："早点安排，但非急件。年内出最好；版式大方点；此稿提前看一

启功的信

王世襄和夫人袁荃猷

下，等我回来即签发。（不要找作者，有问题等我解决。）"

沈昌文同时给范用一封信：

范用同志：

　　王世襄专程找我，谈《鸽哨》事。谓此书只求快出，次求印装质量。他8月去港，一定要带去。附上给"三联"公函一件。

　　若然，可否用小32开平装，文排五宋，横排，即交双桥印刷厂排印，否则恐要误事。如直排，如文排五仿，繁体，怕都来不及。如胶印，照排，怕又因篇幅太少，印数也少，而且成本太高。只是王要求书前后题签等要双色套印，是应照办的。王向我恳切说明，时间因素是第一的。他怕搞得精益求精，使他未能带出去，影响使用。你看怎么办好？

范用在信的下方签意见说："既然如此，就请按你们的要求办，我就不设计了，免得难办。我原想设计成一本别致、文雅一点的书。"

可是不知为何，这部稿子1989年9月才出书，比原计划整整晚了一年，不但出得十分简陋，而且耽误了王世襄讲学之用。

1993年8月21日，范用给苑兴华写了一封信：

《北京鸽哨》(1989)

我一直希望出版一部王世襄文集（选那些可读性很强的文章，如谈鸽哨、秋虫、葫芦、竹刻之类），哪一个出版社出都可以，三联出，更是我所希望的。我不断做催生工作，总算说动了王先生，所以我曾经首先写信给您，现在才知道此信未能转到，不知丢失在哪里了。

两个月前，人民出版社（东方出版社）表示非常愿意出这部书，甚至不惜成本，亏本也出。近日此事起了变化，王先生……怎么也不愿给人民出了（此事董秀玉知道）。在此情况下，我又想到何不仍由三联来出。这是一部很有价值的著作，可以垂之久远。可以用与港台（出版社）合作的办法出版，我想港台一定有出版社愿意与三联合作，此事董经理很容易办到。

目前王先生正在编这部书，我仍然以一个局外人催生。请你们研究一下。如三联无意，我再介绍到别的出版社去（深圳有一出版社愿出）。

几天后，苑兴华写了一份选题报告，报告中说："范用同志几次提及王世襄文集事。我认为这本书有情趣，有格调，可保留国粹使之'垂之久远'。我意可以接受下来。据老宁（三联书店美编室主任宁成春——作者注）讲，王先生即将编就。如能从港台找到合作者则更好。如有此意向，我去王先生处进一步洽谈，有关篇目、字数。附：范用信二纸。"总经理董秀玉即日批复："拟同意选题。"

编辑过程中，范用又几次给苑兴华写信。其一曰：

王世襄先生来电话，说他的文集即将付印。出版这部文集，是他的一件大事，一生留下的唯一有点用处的东西都在这里了。希望印得讲究一点。

我告诉他，早在廿年前，我就有一个意愿由三联出版一部王世襄文集（还有一部启功文集）。现在我退休了，能看到得能实现，感到欣慰。

我想三联也会重视它的印制质量。当然要印得十分讲究，也有困难。如果能和港台合作在外面印一印，那就不成问题了。

我特转达他的意见，以及我的想法。请在研究工作时向董秀玉经理汇报一下，如有可能，也望就此事与王世襄先生商量一下，听听他的意见。

我有一次请他问问启功先生，可否也编一部文集（交三联或别处出版都可以）。

董秀玉在信上签了意见："合约签订后我们即商定用料等问题。"

完全没想到，这部书前后用了整整六年多才得以出版，成就了一部皇皇巨制：《锦灰堆——王世襄自选集》（全三卷），1999 年 8 月出版，二十开。第一卷四百七十四页，第二卷四百七十五页至八百一十六页，第三卷四十页。一、二卷横排；三卷竖排，手书。分平装、精装两种。一、二卷收集了王世襄八十岁以前所写的大部分文章，计一百零五篇，编为：家具、漆器、竹刻、工艺、则例、书画、雕塑、乐舞、忆往、游艺、饮食、杂稿十二类。共有线图二百三十四幅（王世襄夫人袁荃猷手绘），黑白图四百二十四幅、彩图二百五十五幅。第三卷选收王世襄历年所作的诗词一百二十首，由他

《王世襄自选集·锦灰堆》
（1999）

和夫人手书影印。

《锦灰堆》出版后获得极大好评，奠定了王世襄作为中国国学一方重镇的地位。其间范用所起的作用不可小觑。其后十年间，三联书店又出版了王世襄的《明式家具研究》《锦灰二堆》《锦灰三堆》《锦灰不成堆》等一系列著作。在他去世那年还出版了王世襄散文选本《京华忆往》，首印一万册，一个月即售罄。2013年，三联书店出版了十卷本"王世襄集"，收入《明式家具研究》《髹饰录解说》《中国古代漆器》《竹刻艺术》以及《锦灰堆：王世襄自选集》《自珍集：俪松居长物志》等作品。这部书获得"中华优秀出版物奖"，至今畅销不衰，成为三联书店看家书之一。

1993年11月28日，启功给范用写了一封信：

范老：

手教敬悉，"鞍山钻石城"亟写出求教！我公挚友，何敢以世俗手续奉干？只问合格否耳。《启功絮语》正在印刷中，上海《文汇报》当未见。全书即将出版，序言不忙着看。

王公畅安（王世襄——作者注）转来我公厚意，但拙作杂文不多，亦未专事收集。今后谨当开始剪存，待够一册，先行求教！能否值得出版，殊不敢自信也！

1994年2月21日，范用致信苑兴华：

我想再推荐出版一本《启功文集》。启老写有不少篇文史杂文，发表在报刊，序跋分印在各本文集，似可建议启老搜集印一本集子，可与王世襄文集并列为三联长销书目。

请与有关领导一议。我手头有一些书刊可以供参考，如需要，请来取。我曾向启老提出，他很谦虚，说以后再说。我觉得现在就应当办。

董秀玉看了范用的信，明确提出："这类专家都是国宝，他们的书应列入我们的选题。可去要来资料选编，并去拜访。"

其实早在 1986 年，范用就有出版启功的另一本书《论书绝句》的想法。这书先由香港商务印书馆出版，内地版已交山东齐鲁书社，经范用与齐鲁书社"恳商"才改交三联书店。范用认为，启功为中国一大家，三联书目中应当有一本他的著作。但考虑到当时正值三联恢复独立建制，资力有限，而发行渠道尚未通畅，又拖了两年才正式提出选题。范用在选题报告中写道：

本书……来稿已两年多，收录著者历来评论书学的七言绝句一百首，每首绝句后另有短评，纵论历代书法名家及书法名迹；或评名家之得失，或论书迹传本的优劣真伪，词简而意赅，见解每有独到处。不仅是有关书学的绝句和评论，且可视为小品文佳作。启老文字有特点，人所称道。

请董、沈、戴、倪阅

董秀玉认为：今年的条件可以印一些这样的书了，赞成搞。

《论书绝句》（1990）

沈昌文、戴文葆、倪子明都签字同意。得到确切消息后，范用立即给启功写了一封信，信中丝毫没有流露自己为这个选题所做的工作，反而像局外人一样说："《论书绝句》脱销已久，近从三联书店得悉，将重印出版，并且设计新的版式，印得更讲究些。"作为本书设计者，他向启功提出封面设计和内页都需用原稿手迹。启功回信说：

拙著蒙亲自设计，实为厚幸，亦弥增惶悚。

所设计各端，悉遵硕划……至于拙著手稿，原本已归港上友人，印本中者俱用照片。其印片前曾以一份奉上，今既不存，北师大只存印片一份……又想到如只用数首，是否可由功另写做起草之样，字稍行草，略加修改，做假草稿，虽未免欺人，亦可避免雷同，而稍见别致，不知高明以为如何？

这一段文坛佳话亦可看到启功之有趣的另一面。

2022年，三联推出"启功作品系列"，收入启老的《论书绝句（注释本）》《古代字体论稿》《启功三绝：诗书画精选与赏析》《启功口述历史》《启功讲学录》五部作品。此时启功已离世十七年，范用也已仙去十二年。某种程度上，这也可视为范用留给三联的遗产的承续。

《编辑忆旧》——赵家璧

范用与赵家璧的友谊是从书稿开始的。1979年5月16日，赵家璧接到好友冯亦代的信，信中说："范用同志嘱我和你商量，你写的那些回忆录，三联想出版，你是否可以同意？请即告我。"6月1日信中又说："已将你的来信给范用看了，他十分感谢你……请在集稿后立即寄给他，以便早日出版。"

1979年晚些时候在北京广东酒家有一次三人聚会：赵家璧、范用、冯亦代。范用十三四岁时读过许多"良友文学丛书""一角丛书"，对这些书的编者赵家璧也有所闻。此时范用和冯亦代等人正在忙碌新创办的《读书》杂志，意气风发，广交文化界朋友，且有约稿在前，赵家璧来北京公干，焉能不见？

冯亦代和范用也是老朋友，他1913年生于杭州，上海沪江大学毕业，曾任国际新闻局秘书长兼出版发行处处长、外文出版社出版部主任、英文版《中国文学》编辑部主任。他任《读书》副主编就是范用推荐的（需要一位通晓西方文化的人选）。

赵家璧生于1908年。他是江苏松江（今属上海）人，1932年毕业于上海光华大学英文系，曾任良友图书出版公司经理兼总编辑、上海晨光出版公司经理兼总编辑，其间，结识鲁迅、郑伯奇等左翼作家。1936年，发起由鲁迅等名家分别

范用与赵家璧

编选《中国新文学大系》，蔡元培作总序。皇皇十大卷，分为：
一、《建设理论集》，胡适编选；二、《文学论争集》，郑振铎编
选；三、《小说一集》，茅盾编选；四、《小说二集》，鲁迅编选；
五、《小说三集》，郑伯奇编选；六、《散文一集》，周作人编选；
七、《散文二集》，郁达夫编选；八、《诗集》，朱自清编选；九、
《戏剧集》，洪深编选；十、《史料·索引》，阿英编选，良友图
书印刷公司出版。这个书系实可视为中国现代出版史上一座丰
碑。1949年后赵家璧曾任上海人民美术出版社和上海文艺出版
社副总编辑。

在三人聚会前，创刊才几个月的《读书》发表了一篇赵家
璧的文章《想起蔡元培先生的一个遗愿》，文章中说，当年《中
国新文学大系》出版后，蔡元培很满意，对赵家璧说出另一个

愿望："假如这部书出版后销路不坏，你们很可以续编第二集。但我个人认为比这更重要的是翻译作品的结集。五四时代如果没有西洋优秀文艺作品被介绍到中国来，新文学的创作事业就不可能获得目前的成就。"赵家璧很以为然，此后一年多时间里一直在做出版一套《世界短篇小说大系》的准备工作，有了方案，连编选者都确定了，于是再一次面见病中的蔡元培，报告这一出版筹划，并请他写序。蔡元培非常高兴，数日便写好序，派人送来。可是没想到两个月后"八一三"战事打响，"良友"倒闭，已经进入发印样本阶段的书系告吹……范用对这篇文章印象很深，见面时，就极力约请赵家璧多写一些关于三四十年代出版的回忆文章。赵家璧在这篇文章中，谈到他 1957 年在《人民日报》发表过两篇文章，题目叫作《编辑忆旧》，范用就与他商定，将来假若成书，书名就用《编辑忆旧》。

北京见面，使赵家璧多年受冷落的心感到极大的温暖。1980 年元旦，他给范用写信说："这次在北京能见到你，又蒙你们盛情厚待，感何如之。你对我在编辑史料写作方面的关怀和鼓励，使我更要加快步伐，早日完成这件有意义的工作。就怕质量不高，希望你对最近期间发表的几篇拙作，多加批评，以便修订。"

这年 9 月，赵家璧又写信给范用：

深深感谢你不断地对我的关怀和鼓励！这两年，我能够写出几篇出版工作方面的史料，与您、亦代和其他几位同志朋友的督促分不开。我对已发表的几篇并不满意，所以还没有想到编集出书的事，你的来信使我有些手足无措之感。我这几天忙于自己细细考虑一个写作计划，好供你参考……我今年七十有三，如果身体没有什么特殊变化，希望能在生前完成它……

三联出版的书，不但有内容，印刷、编排、封面装帧都带有生活书店的优良传统……你答应在书前加印些插图，那正中下怀。

赵家璧在此信中提出编自己的集子的两种方案，一是先编《编辑忆旧——忆鲁迅先生》（1981年是鲁迅诞辰一百周年），另一种是单出《编辑忆旧》。范用回信赞成第二种，因为回忆鲁迅的书明年会出很多，何况相比之下，许广平、冯雪峰、许寿裳写的回忆鲁迅文章更有先天的优势。对此，赵家璧当即回信，接受范用的建议，但希望时间宽一些，因为一大半要现写。"我希望给我半年（特殊优待！），我就非常感激了。因为一篇文章有时要写一二十封信去求教、核实，充实内容，而我的笔既钝又慢。"

那时，赵家璧已经写完的回忆文章还不到十万字。范用看了他开列的写作计划后回信说："所开的那些题目，都使人十分兴奋，能够写出来对今人、后人了解新文艺史、新出版史，都大有好处。我就渴望早日读到它们。"又说："我希望插图有作家像与信或原稿的手迹、书影、插图，乃至广告等等。请放手搜集。"

1981年11月，赵家璧又去北京，这次去了范用家做客，见到范用收藏的"良友"和"晨光"出版的书刊，甚至把当时的许多广告插页也收集珍藏，十分感动，认为认识范用是一种难得的缘分。此后，范用一直关注着赵家璧在各处发表的文章。可是过了一年，仍不见赵家璧寄来书稿，就写信催促："赵老答应给三联出一本集子，再有二三篇也就差不多了，可以交付排印了。现在我写这封信是提醒赵老一下，不要让别的出版社要去稿子（时下抢稿之风又起了）……书名也请早一点想定……封面能不能请庞薰琹或钱君匋设计？"可是，直到1984年1月14日，赵家璧才将编好的文稿发往北京。书名有人建议用《良友书话》或《我与良友》，但范用建议仍用原先商定的《编辑忆旧》，赵家璧也同意。在编排期间，他们两位出版家通信频繁，研究和讨论封面设计、插图安排、正文版式等问题——书籍设计最后由范用亲自操刀。赵家璧写信说："我最欣赏三联能给我一些高级纸张加印插图……将来作者像（有和我合影的）、作者手迹、书影、封面等，我都将遵嘱准备。我编的书，《良友画报》和《文学月刊》上都刊有大幅书影广告，将来可以由我设法翻拍。我对你最后所提'乃至广告等等'一语颇感兴趣。30年代，《生活》《良友》对刊登广告，都花了脑筋的……从这些小事上，说明我们之间是有许多共同的想法的。""昨晚发出一信，今晨蔡元培先生的后辈蔡建国同志送来当年蔡先生为《中国新文学大系》所著总序的原稿手迹复印件

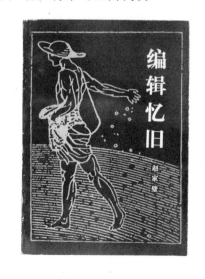

《编辑忆旧》（1984）

两片，我也是最近得知，今天第一次见到……赶紧寄奉。"

同年 8 月，这本书历经五年终于出版了（三联书店将这本书的出版列为"急件"），首印一万一千一百本。赵家璧对这本书的封面和装帧都很满意，特别是封面选用了他在"良友"时惯用的木刻标志做主图，让熟悉的人看到封面就想起"良友"，最让他称心。此书出版赶在赵家璧随出版访问团去日本之前，他带样书去日本，得到友邦出版同仁的一致好评。赵家璧的女儿后来说："看着他们的来往信件，我感到这不是简单地讨论一本书的制作，这是两个以编辑为终身爱好的朋友之间，心灵的交流，编辑出版业务的探讨。"

《编辑忆旧》问世后受到读者欢迎，很快就销售一空。

《编辑忆旧》既是赵家璧从事编辑工作的思考和经验总结，也是对中国 20 世纪三四十年代出版工作的综合概括，勾画了当时出版界、文化界的活动蓝图，可以从中清晰地看到当年错综复杂的活动和斗争，其中许多篇目都具有独一无二的史料价值，如《关于钱锺书的〈围城〉和师陀的〈结婚〉——"晨光文学丛书"中的两本长篇小说》《我编的第一部成套书——"一角丛书"》《鲁迅怎样编选〈小说二集〉》《鲁迅编选〈苏联版画集〉》《记四十五年前的一部小说年选》等。

这本书的完成，显然让赵家璧十分兴奋，在交稿的通信中，他已经在筹划新书了："今后，如果身体健康，我还可以再写一本，那么，我离开这个世界的时候，就会感到没有虚度此生了。"可见他对自己关于出版史料的写作是特别看重的。在另一封信里，他还提到："《为书籍的一生》值得我国同行学习参考，初版本印数极少。我是深受此书的影响，才开始了写《编辑忆旧》这类文章的。"而《为书籍的一生》正是范用一手引进中国的。有趣的是，第一版第一印的《编辑忆旧》最后有一空页，范用加了一则图书广告，所介绍的也是《为书籍的一生》。拿到《编辑忆旧》样书后，赵家璧给范用写信说："要向你表示感谢的事，实在不胜枚举。如果我这本书受到什么好评的话，先得归功于你这位出版家，同时又是真正的责任编辑。"在后来的通信中，他还说过："我与国内出版编辑同行的接触中，找到了一位知己，我们对事业有同样的爱好，遭遇有相类似之处……你是把北京三联培养成长为国内第一家专出好书、扬名海内外的有功之人。"而范用，也为与这位出版前辈成为至交而由衷高兴。此后十余年间，范用又促成香港三联书店出版了赵家璧的《书比人长寿》（1988）、北京三联书店出版了《文坛故旧录——编辑忆旧续集》（1991）。1997年，八十九岁的赵家璧去世。

海内存知己——杜渐和罗孚

杜渐原名李文健，1935年生于香港。他毕业于中山大学中文系，担任报刊编辑和电讯编辑多年，后任香港三联书店特约编辑，主编《开卷》和《读者良友》月刊，退休后定居加拿大多伦多。他跟范用第一次见面，是1978年，国务院侨务办公室主任廖承志要求香港三联书店总经理蓝真邀请香港一群文化人到内地，北京三联书店则由范用带队南下，到深圳会面。刚见面时，香港的黄仕芬向范用介绍杜渐是"翻译家"，急得杜渐连忙说："我不是翻译家，只是个报刊小编辑罢了，不过我喜欢看书，什么书都想看，是个书虫。"范用听了大笑道："好啊，那我们是志同道合了，我也是个爱书如命的人！"杜渐在香港有"书痴"之称号，在内地，范用也被称为"书痴"。内地与香港，一北一南两个"书痴"很自然就成为推心置腹的朋友（虽然年龄差了一轮，都属猪）。随后范用和香港同行一起游西湖，爬泰山，到北京除了参加廖承志安排的座谈，还带杜渐、古苍梧（香港报刊编辑）访问了许多作家学者，可以说是全程陪同，很快与香港同仁如同一家人。

杜渐是最早与范用频繁通信联络的香港出版人，从1978年7月开始通信，至2000年11月，长达二十二年，动辄就是两三千字的长信。范用保存下来的杜渐信件总计将近五万言。还有一桩巧事：1978年10月，香港三联书店的读书杂志《开卷》创刊，杜渐是主编；1979年4月北京三联书店的《读书》杂志创刊，范用是主事者之一。两个刊物由两位"书痴"参与创办，相隔不过半年。也就是说，《开卷》创办之时，《读书》已在酝酿，甚至已经在组织稿件了。所以两人有说不完的话。范用出版三卷本叶灵凤的《读书随笔》，杜渐爱得要命，听说还装了一部分毛边本，他忍不住跟范用要，可是范用说已经派发光了。过了不久，范用还是给他寄来一套，说是向一个朋友讨回来的，杜渐十分感动。一次范用到香港，去杜渐家，一下子看到书架上有一套"无名氏"的小说集，直截了当地说："这套书我找了好久了！"杜渐二话没说，把整套书包好了相送，范用说："那就不客气了！"

杜渐来信，多是请范用帮忙。《开卷》的任务之一，就是香港与内地、台湾两岸三地的文化沟通，而杜渐所需要的稿子、介绍的作者主要在内地。范用也视此事为义不容辞，比如安排刚调到《读书》编辑部不久的"小董"（董秀玉）代《开卷》访问周而复、冰心、艾青、巴金、丁玲、萧军等人，写成访谈记，供《开卷》发表；比如请茅盾为《开卷》题字，请吴祖光、丁聪等为《开卷》写稿；或者帮忙搜罗一些内地的刊物，给杜渐编杂志时参考。《开卷》出版后，每期寄给范用若干本，请他在内地散发……杜渐在随后的来信中盛赞："小董的访问，我们认为很生动，希望不要断稿！""小董实在辛苦，又要帮你编《读书》，又要为《开卷》搞访问，我真不知道如何谢她才好了。"可是谁也没想到，数年

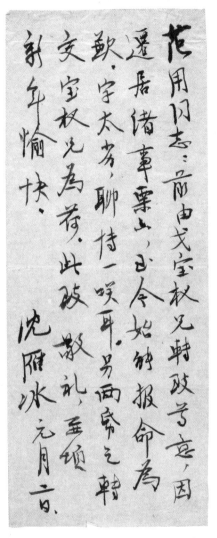

沈雁冰（茅盾）给范用的信

《书海夜航》（1980）

后，"小董"调任香港三联书店总经理兼总编辑，与杜渐成为同事……

1979年1月6日，杜渐来信谈了三件事，一是《开卷》办了三期，决定增加两个栏目，其一是《每月新书》，介绍两岸三地的新书；二是每期搞一个专辑，以三分之一到一半的篇幅，专门组织有关稿件，如"日本文化特辑""苏联文化动向特辑"之类；三是自荐："何不把我写那些书籍介绍的文字结一集子出版呢？我倒宁愿你根据我为报刊所写的书介，加以挑选，出一册子，因为可供内地读者参考，知道一点外国文学动态……可以名之为《夜读札记》。"范用很欣赏杜渐的办刊方略，对他的自荐也很赞同，很快就推出了杜渐专谈外国作家和作品的《书海夜航》（这书名是作家严庆澍建议的），首印九万册，堪称"文革"后最早出版的书话书之一。书名中的"夜航"一点都不夸张，正像作者在《后记》里说的："业余唯一的嗜好，就是逛书店，口袋里有一点闲钱，就花在买书上面。每天晚上，坐在向海窗口的书桌旁，翻阅喜爱的书籍，怡然自得，以为是一种最高的享受，往往看到深夜两三点，也不觉疲倦。"此书的扉页设计、版式安排、插图使用等方面是范用一手所为，已可看出范用的设计风格。几年后，范用又推出了杜渐的《书海夜航·二集》。

1979 年 1 月下旬，杜渐听说范用要办一份《读书人》杂志，希望出版后能先睹为快。2 月 6 日写信说："《开卷》最初也想起'读书人'这名字。当初有几个名字，是'读书人''今日图书''读书月刊''图书世界'，后来是小古（古兆申）建议叫'开卷'，就这样定为'开卷'。其实，'读书人'这名字很好嘛。香港因赌徒多，避'输'这字的谐音，所以才打消了用'书'字的刊名……"《开卷》也好，《读书》也好，都是关于书的刊物。几年后，《开卷》因经济困窘而停刊，杜渐又受命编一本内刊《读者良友》。以后的日子里，他们的共同语言更多，通信更密、篇幅更长了。

杜渐给范用的信

1979 年 3 月，范用参加内地出版访问团到香港，在香港三联总经理蓝真举办的欢迎宴会上认识了罗孚。其实他此前早闻罗孚大名，杜渐写信也提到过，此次见面，一见如故。

罗孚（1921—2014），原名罗成勋，笔名柳苏，生于桂林。他是香港老报人，曾任香港《大公报》副总编辑、《新晚报》总编辑，他还是一位笔头甚健的作家。1982 年他经历了一大变故，一年后来到北京海淀双榆树住下，虽未明确被限制人身自由，但他安之若素，一住就是十年。在北京，他的朋友不多，而且也自觉不便去找朋友，但有一个朋友是要找的，那就是聂绀弩。聂绀弩曾任香港《文汇报》主编，在港四年，与罗孚成为同志、好友。聂绀弩调回北京后任人民文学出版社副总编辑，后被打成"胡风分子""右派"和"现行反革命"，"文革"后平反。多时未见，聂绀弩已经退休，罗孚没有聂绀弩的地址，只好去找经聂绀弩认识的人民出版社三联书店编辑部的周健强。一天，他正和周健强在出版社楼道里说话，偶遇范用。范用上来就拉住罗孚的手说："老罗，你住哪里？在哪里？我一直在找你，找得好苦！"那种热情，那种真诚，发自内心，让罗孚顿时老泪纵横。"这次相遇，对罗孚影响至深。"罗夫人吴秀圣后来说。

"范用和罗孚相遇后，当即在楼下餐馆请客。坐下不久，范用就说了一句大出罗孚意外的话：老罗，你给三联书店写书吧。接着就讨论写什么书，在座的周健强说，写一本介绍香港的书吧。范用立即说：对，香港交回中国是迟早的事，可我们这里没有多少人真正了解香港，非常需要这样一本书，写这本书的人，我找了很久，今天终于知道，你是最适合的人。当时距离《中英联合声明》签订还有一年多，这不能不让人佩服范用作为出版家的眼光。接着，范用又说：为什么你最合适？是因为你能写出香港的风物和文化，不会写成教科书。要按老罗你擅长的风格写成散文，最好有香港报纸专栏的那种杂文味道。要一事一说，独立成篇，这样最好读。最后，范用说：你回家就开始写吧，我会经常给你送些参考资料，但你可别被这些资料左右。"（引自高林《一个什么书都想出的人》）

这是范用"催生"成功的又一本书。在这方面他很会"钻空子"——恰巧罗孚不得不住在北京，恰巧罗孚又是一个最了解香港的港人，而且有很好的文笔，能写出范用所想要的那种生动可读的文章来。两年后这本书由北京三联书店出版，书名起初为《香港？香港！》，范用建议改为《香港，香港……》，更含蓄一些。只是鉴于罗孚当时的身份，只能用笔名"柳苏"——他喜爱的古代作家柳宗元和苏轼是也。范用还约请香港画家江启明画了十几幅插图，并做了全书的整体设计。封面巧妙地用了一幅内文插画，但加了三种颜色，象征着香港的多样性和此书内容的丰富性——从约稿到设计，范用的构思是很明确的。

这本书出版以后，范用寄给夏衍一本。夏衍曾任中共香港工委书记。他回信说："给罗孚出了书，是一件好事。在大转折大动荡时期，历史常常会捉弄人，有时甚至是很残酷的。我所认识的朋友中，这样蒙受过折磨的人不少，对他们给以友情的慰藉，发挥他们的余热，应该说是'古道可风'，甚佩。"当时

《香港，香港……》（1986）　　《香港文坛剪影》（1993）

香港回归中国已成定局，内地读者想了解香港，这本书恰好派上了用场。

罗孚在京，有范用这样的朋友，很自然成为《读书》的作者。他的文章主要还是谈香港文坛的，后来这些文章结集列入三联书店"读书文丛"出版，名为《香港文坛剪影》。范用还每个月寄给罗孚一批《读书》，通过他送给香港的文化界朋友，扩大《读书》的影响。

在范用与杜渐、罗孚的交往中，有一件事是他求助于他们的。范用一直想出版叶灵凤的书。当时对叶灵凤有些争议，因为日本人占领香港时，叶灵凤还在报刊上发表文章，有人就骂他是"汉奸文人"。范用认为，叶灵凤发表的那些文章都是有关文艺知识的，他不是"汉奸文人"，而只是个"文人"，文人要吃饭，只好写文章。他没写过汉奸文字。何况，叶灵凤写的那些小文十分精彩，尤其因为他学过美术，对外国美术家、美术作品和美术书的介绍，只眼独具。

1983 年 8 月 3 日，罗孚和夫人一起去人民出版社访周健强，未果，"邂逅范用，小坐一番，商量霜崖书话事"。霜崖即叶灵凤，原名叶蕴璞，南京人。他毕业于上海美专，1925 年加入创造社，主办过《洪水》《幻洲》《戈壁》等刊物，1938 年广州失守后定居香港，1975 年病逝，终年七十岁。罗孚和叶灵凤相交多年，整理出版叶灵凤的文章，他很赞成。此前范用去港时，已经通过杜渐等人，见到叶夫人，带回了一大包叶灵凤发表在报刊上文章的剪报，这些剪报文章许多还没编成书，上面还有叶灵凤修改过的地方。范用打算在叶灵凤已经出版的文集的基础上，补充一些另编一书。1984 年 3 月 26 日，范用给罗孚发去一信：

承勋兄：

星期天在家将叶翁的几本集子翻看了一遍，觉得可即以"读书随笔"为书名，集《读书随笔》《文艺随笔》《北窗读书录》《晚晴杂记》为一书，约有廿五万字，不算少。现打印了一份编目，请酌。删去的几篇多半与性有关，是大忌。有几行现在不适宜再印的话，也做了删节。

由香港带来的两大包剪报，暇时当淘汰一遍，如有可以编入者，即附在《晚晴杂记》之后，或另成一辑：《霜红室随笔》。先送上四本集子，请先看起来，剪报随后陆续送上。

将来用复印件发排，这四本书还要保存，因此请以铅笔在书上批注或删节。

中敏来信说，请夏公写一序，能否办到，不知道。但"编后"须请我兄撰写，不仅谈作品，而且介绍叶翁之晚年。用一笔名，行文来点魔障法，如有必要，由弟冒名顶替一下也可。

又选了几幅比亚兹莱的画，似可作封面或每辑之插页。

在范用的催促下，罗孚开始编选叶灵凤的选集。杜渐也时有帮忙。1985年1月3日，杜渐给范用写信说："我已将叶灵凤的两批东西寄上，第一批是你在时看过留下的，我已影印了有用的，是插图书；第二批只是些剪报稿《百日谈》，我没有影印，那是法国的《风流绮谈一百篇》，你们出版的话，我就不影印留存了。"

其间，范用将剪报寄给《人民日报》文艺部的姜德明，征求他的意见。姜德明看后来信说："剪报已收到，多谢！我还不及看，粗翻一下题目，觉得还有遗漏。我有的一份剪报，其中便无。但已够丰富的了。我不知道您那里是否已有人着手编辑了？总之，完全可以选一本非常有分量的书。其实可以编成几本专书：一、读书随笔；二、美术杂记；三、草木风物；四、香港随笔。我建议三联为他编一本读书随笔，其中可包括人物回忆。这与唐弢、黄裳、杨宪益的可以划为一类，国内能如此读书的，亦无非这几位大家。当然，还有曹聚仁和杜渐。"

三年后的1987年，罗孚终于编完叶灵凤的《读书随笔》，分为三册，由三联书店一次性推出。第一册书前有《前记》《凤兮，凤兮》《叶灵凤的后半生》三篇文章，作者分别是丝韦、沈慰、宗兰，其实"魔障法"背后的作者都是——罗孚。

《读书随笔》的设计者是范用。他曾回忆说："我设计封面时都用了比亚兹莱的插图，有西洋书的味道。关于比亚兹莱，叶灵凤写过四篇文章，分别介绍比亚兹莱其人、其画、其散文、其书信。叶灵凤读书很多，知识面很宽，他的随笔涉及文艺的各个方面……我设计这三册书的封面，一册是绛红色，一册是灰蓝色，一册是米黄色，但印刷厂老是印不准。"书出版后，在京的叶灵凤的老朋友们专门聚了一次，并在一本毛边样书上签名纪念，有夏衍、叶浅予、吴祖光、柯灵、黄苗子、郁风、萧乾、楼适夷、冯亦代、姜德明、丝韦、叶中敏，签名上面的题记是黄苗子写的。题记曰：1988 年 4 月 11 日，为纪念灵凤新书出版同人留题纪念。其中"丝韦"者，就是罗孚。

1993 年罗孚十年期满回到香港，1998 年移民美国加州，几年后又回香港定居。离得远了，但二位的友情却是永久的，一直鱼雁往来：

罗兄：

……你一走，我们真的感到寂寞了，尤其是宪益的小客厅，先是少了二黄（苗子、永玉）和郁风，现在又少了一位，侃大山也侃不起劲了。

如果方便，请到田园书屋（九龙旺角洗衣街 79 号三楼）买一本《诗》双月刊二卷六期、三卷一期合刊冯至专号。

罗兄：

……我还是在写童年记事。此间一出版社要把那本小书

《读书随笔》（1988）

（《我爱穆源》——作者注）重编，换个书名出版，我得赶写六七篇加进去。最近写了两篇，不属于这本小书，一篇《细说姓名》，带有调侃性的；一篇记田蔚（略去了姓名），题目叫《邂逅》。此外，还要写一篇《我的婚外恋》，廖冰兄赠我一幅肖像漫画，题辞：热恋漫画数十年，天翻地覆情不变，范用亦漫画之大情人也……

罗兄：

日前寄上一信，忘了告诉您，托人（不知是谁，董老板转来的）带来莫一点先生的赠画，已经收到。几年前（七八年前）我说想得到一幅一点先生的小品，您就记住了，使我如愿以偿，真太感谢！请于见到一点先生时，代致谢意！

由欧洲寄出的邮片：大卫，亦于昨天收到。冒公来电话，他也收到了，还收到了《北京十年》若干篇，是否要印成书？我们期待阅读全书。

入秋以来，因季节交替，总要引起老毛病——气管炎。这两天只好在家抱着一个痰盂。小丁夫妇约我10月底和他俩一同去上海（为画展），可以吃到大闸蟹，颇为动心，可是面临搬迁，随时会找我谈判，能否走得开，还难说。近来我明显感到精神大不如前，想是年过七十必然如此，由此想到您在香港应酬，包括文约太多，也得注意劳逸结合才好。能把节奏放松一些就尽可能放松，悠着一点过日子。

永玉夫妇去德国了，行前把五本新书托付沈培兄设法带给我，即不必麻烦您了。我已在老潘处见到了这五本书，真漂亮。

我一生都没有能印出这样漂亮的书，为憾。

罗兄：

　　舒湮兄来电话告诉我，才知道兄中风住院。我一直为此担忧，总觉得，兄过于劳累，果然不出所料。舒兄说你一出院，又应酬起来，让家人扶着去，又叫我不知如何劝你才好！酒是无论如何不可再喝，实在不行，用嘴唇沾一沾就是。文章你不能不写，但拼命万万不可。朋友的事，也不可像过去那样过分热心了。总之，我们在北京的，对你一万个不放心，我只好求你看在旧友的分上，保重又保重！

　　我的腿已好得多，但还是不灵，走路十分吃力，因此，我只好收心养性，坐在家中。苗子夫妇回来时，朋友们倒来我家聚过几回。苗子说，他们如回北京定居，一定要搬到方庄和我为邻。这里环境甚佳，我的房子也还算宽敞，阳光暖气充足，可以不再受冻。就是僻居一隅，朋友们来一趟打的要花不少钱（丁聪一来一往要五十几块钱）。

　　我过着刻板的生活。晨起收拾房间，然后听新闻，等中午来报。幸好收到朋友的赠书不少，还可以消磨时日。宪益的诗集印得很漂亮，是兄出了大力，还花了不少钱。他把我正式归入"二流堂"了。唐瑜来，说要把堂主交椅移交给我，我怎么担当得起……

承勋兄：

　　我认为您还是迁回香港的好，来往的朋友多，不至于寂寞。

我现在还是跟从前一样过日子，老朋友有机会就聚会。只是乃迭、凤霞、舒湮这几位不在了。苗子、郁风又从澳洲回来了，搬到很漂亮的公寓，十分高兴。上星期请了丁聪、宗江夫妇和我吃了一顿，很开心。

承勋兄：

老友聚会越来越困难了，走不动。祖光自凤霞走后，不大说话了。每次见到他们，心里很难过……我今年七十七，望八了。大毛病没有，只是精神不如以前，除了午睡不可少，吃过早饭也有点昏昏欲睡，要坐着打一回盹。

丁聪动手术后，还是依然如故，宪益情绪尚好，想得开。只是难得去看他，从我家到他住处，打的一来一往需百元。自从搬来方庄，朋友也来得少了。

承勋兄：

现在我只能看一份《大公报》（当天看到，办事处派人分送），潘耀明寄我《明报月刊》，一年只能收到三四本，其余全扣没了。北京没有一份可看的报纸，真是可悲。书是出得不少，真正有价值的，很少。而且书价越来越贵，无法问津。有时我跑到三联书店门市部，站在那里浏览浏览。最近，花了相当于一个月的工资的钱（一千四百元，还是托人打了七折。定价要二千元），买了一部北京图书馆印的周作人、俞平伯的书札，字漂亮，印得也漂亮。

承勋兄：

　　老伴于去年9月突然脑溢血，昏迷未再醒来，就此分别。遭此变故，难以接受，心情很坏。人也变懒了，什么都提不起精神。老伴长我三岁，我十九岁见到她，次年即结缡。七十年恩爱到底，我一生幸福……我现在很少出门。老哥儿们走的走，老的老，难得见面。我每十天去三联书店门市部看看新出版的书，平日在家看书看报刊消磨时间，晚上女儿女婿下班回来（他们已搬来住）。白天无人说话，颇感孤寂。

　　范用的老伴丁仙宝是三四十年代读书生活出版社的同人，几乎与范用同时参加革命，一直做会计，是当年黄洛峰总经理的得力助手之一。两人1943年结婚，从此风雨同舟，她悉心照料了范用一辈子。

　　范用保存的罗孚最后一封信是2006年5月23日的。罗孚在信中说："年初收到黄宗江兄寄赠他的著作《我的坦白书》，书中附有你的一篇短文《范用说书》，说你见人就想到书，就想此人是什么书……朋友们都好吧？苗子、郁风据说都很健康，只是小丁不怎么好，但'家长'照料得好，也还不错。宪老需要轮椅代步，已不是新闻。现在有什么晚辈和你一起住？你我都是八十以上的人，我已经八十有五，虽然精神还好，却不得不准备随时要归道山了……"

　　这些朴实的信中表现出的老友之间相互依赖的感情不能不让人感动。

漫画之大情人也

范用是个有情趣、爱生活、懂幽默的人。比如，他喜欢吹口哨。在办公楼的走廊上经常可以看见他一边走路一边吹着口哨，很多同事都留下印象。他喜欢看电影、听音乐，喜欢看足球比赛。离休以后，每逢世界杯足球赛，他经常守在电视机旁通宵观看。他爱做喜欢吃的小菜，喜欢养金鱼，喜欢收集可爱的小玩意儿，比如藏书票、火花。每到新年他自己动手做贺卡，成为朋友之间的美谈。那时没有网络，除了打电话电报，与外界联系全靠邮政，写信、收信、寄书、收书，还订了不少刊物和报纸。有一次朋友卫建民去看他，按了门铃，就听到院里有人一边小跑，一边高呼："来啰——"那天刮小风，刚打开门，便见范用发动衣飞，伸长手臂——手中捏着一个图章。抬头一看，又把手缩回去，笑着说："我以为是邮递员来了。这个时间，该是邮递员来。"这个场景很能看出范用的个性。

1994年6月，他从北京东城北牌坊老房子搬家到南二环新建小区方庄，专门写了一个《迁帖》，像贺卡一样寄给朋友们：

迁　帖

来北京在东城一住四十五年，而今搬到城南，住进高楼，冒充"上层人士"。室高两米五；好在我俩都是小尺码，倒也相称。再也不用烧煤炉换煤气，省心省力，却是在高处看落日，别有一番感受。

北牌坊胡同那个小院，将不复存在，免不了有点依恋，为什么？自己也想不清楚，许是丢不下那两棵爷爷奶奶辈的老槐树，还有住在那一带的几位长者、稚知。

新居地址：丰台区方庄芳古园一区一号楼一单元1003室。电话：7632508。邮政编码：100078。乘车：43路天坛东路南口站、39路东侧路站下车，玉蜓桥左塔楼即是。

范用　丁仙宝

许多人至今存着这张别致的"迁帖"，它有点幽默，又有点惆怅，更有点认真，真正是"范用式"的。

范用特别迷恋漫画。他那个时代的文化人都深受漫画影响。中国二三十年代，是现代出版兴起的年代，漫画艺术特别繁荣，达到世界一流高度。当时上海有两本很有名的漫画杂志：《时代漫画》和《上海漫画》。范用还是小孩子的时候就爱看这两本杂志。那时最叫得响的画家是张光宇、叶浅予、鲁少飞、汪子美，无论从画的技巧，还是表现的内容，都很抓人。其他像黄尧的"牛鼻子"、胡考的"西施"、高龙生的"阿斗"、梁白波的"蜜蜂小姐"也都很吸引他。他也记住了一个叫丁聪的画家，作品还比较幼稚，但有个性。这些漫画家有一个很大的特点就是每个人都想尽办法创造一种独特的风格，或者塑造一个独特的角色，使人一看就知道是谁的画。丁聪还不满二十岁，也在个人风格上下功夫。

1946 年，抗战胜利了，一本叫《清明》的刊物，登了丁聪题为《花街》的漫画。"花街"是成都的红灯区，在他笔下，妓女、老鸨、嫖客造型夸张，乌烟瘴气，如人间地狱，惨不忍睹，一下子就打动了范用，认为是一幅杰作。他从此看好丁聪。那时一些进步报刊，如《周报》《民主》《文萃》，几乎每期都有丁聪的作品，矛头直指蒋介石，毫不隐晦，毫不含糊。凤子主编的刊物《人世间》，每期封面、插图、题头画都是丁聪作的。

范用后来和漫画家结交，就是从丁聪开始的。1957 年，文化部揭发批判"右派分子"，丁聪作为"二流堂"的一员在座。中午散会，丁聪到东四青海餐厅买包子吃，范用紧随其后，坐在一张桌子上跟他"套近乎"，说是仰慕了多少多少年，由此，算是认识了，进而成为至交（范用自嘲"臭味相同"）。范用与其他漫画家交往，大多是丁聪介绍的。丁聪在漫画圈可谓左右逢源——他的父亲丁悚就是中国漫画开创一级的前辈，他从小就跟着张光宇画画，而张光宇是 30 年代上海漫画圈里的"大哥"……丁聪生于 1916 年，上海枫泾人，曾任《人民画报》副总编辑。

黄苗子和范用是 1980 年在香港认识的，香港三联书店老总蓝真是介绍人。蓝真告诉黄苗子，范用是个有意思的人，他有一句名言：我这个总经理只管办公室以内的事，不管床上的事。见了面，互相发现原来是熟面孔。在北京，两人的办公室曾在一个大院里，经常在公共汽车上遇到。黄苗子习惯在车上看书，范用就主动打招呼，问他看什么书。黄苗子告诉范用，自己是人民美术出版社的编辑，看的是美术方面的书。此后再遇到，就互相点点头，只是没有深交。范用早知黄苗子的大名，

二流堂的朋友们。左列从前到后：吴祖光、丁聪、杨宪益、黄苗子、郁风；

右列从前到后：范用、右三姜德明、右五邵燕祥；

后排：左一李辉、左三沈峻（丁聪夫人）、左五应红

当然也了解黄夫人郁风是郁达夫的侄女。两人成了朋友以后，黄苗子更觉得范用有意思了。一天，保安把一个偷书的大学生"押送"到范用办公室，经他"审问"，是个爱书成癖的"君子"，于是他说"这次就算了，书你拿走，钱我替你付。下次想要什么书就来找我，千万不要再偷书了"——这个故事，是范用亲口告诉黄苗子的。

范用做出版，最为得意的事情之一就是请"漫画大家"丁聪为《读书》杂志设计封面、画版式，而且每期贡献一幅漫画由《读书》刊发。因了这件"公事"，每个月丁聪都要大老远从

西城到东城，到朝内大街166号，爬楼梯到五楼《读书》编辑部，先见五位女将（即五位编辑，指董秀玉、吴彬、扬之水、杨丽华、贾宝兰），聊一阵，交了差，中午就和范用二人下小馆子，四两小二锅头两个小炒。东四一带的小馆子几乎吃遍。两人有一默契：路西的馆子，丁聪掏钱；路东的馆子，范用付钱。后来范用离休，没地盘了，断了一段；再后来，三联书店在美术馆东侧盖了楼，开了门市，附设咖啡馆，于是以后就在那儿见面，喝杯咖啡，聊天，还经常能见到其他朋友，更方便了。范用和方成、叶浅予、华君武、黄永玉、鲁少飞等都通过丁聪熟识了，外地的廖冰兄、韩羽、高马德等也有了联系，一圈人下来，只有他不是漫画家，可是总往漫画家圈里凑，华君武说他是"漫画发烧友"，廖冰兄称他为"漫画之大情人也"（所谓"婚外恋"），一点都不冤枉。

黄苗子与范用（在范用家）

1988 年 12 月 31 日范用收到叶浅予的一张字条："1989 年元旦中午请了几位老人在我家午餐，有之方、徐淦、少飞。特请徐夫人做小菜。丁聪有事仍不能到，务请你出席。"

一次见面，叶浅予主动送他一幅水墨画《新疆舞》，说："不落上款，你有需要时可以换钱。"

1996 年，华君武在送给范用的画册上题词："范用是我们漫画家的好朋友，可惜他无权，如有权必为我们的保护神。"

1996 年 10 月 17 日夜，范用正倚床看书，忽然电话响了，来电话的是日本朋友刈间文俊，寒暄几句，陡然冒出一句："听说苗子先生去世了。"范用好像遭了电击，五雷轰顶。怎么可能呢？3 月间苗子去澳大利亚，大家叮嘱他早点回来，至迟春节。刈间说，他是从一位日本汉学家那里得知的，消息来自一位中国作家，汉学家已经写了文章寄回东京报道此事。虽然已是半夜 12 点，范用还是打电话问了丁聪夫人沈峻。她一听，斩钉截铁回答："绝不可能！"一夜没有睡好，快到天亮才迷迷

范用在《老漫画》座谈会上（1998 年）

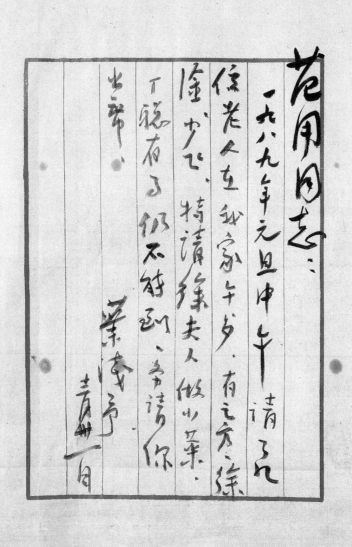

范用同志：

一九八九年元旦申午请无

保老人在我家午岁，有三方，徐

冰少也，特请徐夫人做几菜。

丁聪有了仍不符动，另请你

出菜。

叶浅予

　　　　　　　　　 元旦

叶浅予的信

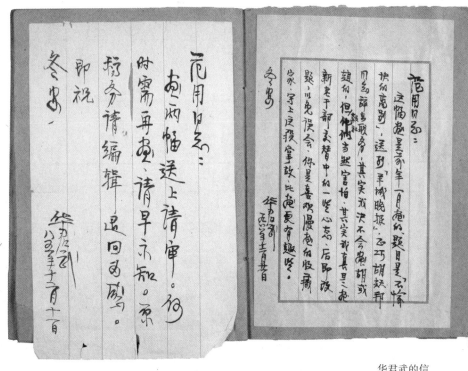

糊糊睡着。电话又响了，沈峻打来的，说已经跟苗子通了电话。
过了两天，沈峻转来苗子的传真：

　　华君武先生并转沈峻：本人于 1996 年 10 月 17 日晚 12 时
厌世自杀，并已通过日本刈间君电话通知范用先生，以为从此
幽明异路，永难与京中好友相见了。但一念"悼文"尚未改好，
无法向组织及白吃了他们八十三年米饭的广大人民交代；二念
一个人独行，道路不熟，生怕要上天堂时，错走地狱，从此永
劫不回；三念君武、黄胄、范用、宪益、小丁骂我不先打个招

呼，鬼鬼祟祟地溜跑，不像男子汉大丈夫行为。所以现在还没死。此外，还因各位应写的黄苗子挽联悼词，一个都没交卷，生前看不见这些"荣哀"，死不瞑目。所以目前正在犹豫，是死是活，听候发落。苗子未绝笔。1996/10/18

瞧瞧，范用和这些画家混得何其熟也！

说到底，范用交朋友还是要落实到出书上面。首先是丁聪的作品《昨天的事情——丁聪讽刺画集》，1984 年 2 月第一版，首印两万两千册。内容是 1944 年到 1947 年的漫画和 1978 年以后的漫画。"我画里批评的问题，有些今天还依然存在。我之所以把这些画也编在《昨天的事情》里，是愿这批讽刺画的内容，早日成为昨天的事情！"（丁聪）其次是《古趣一百图》（三联书店，1987），再次是《阿 Q 正传漫画》（浙江文艺出版社，1992）。有意思的是，这三本书的书籍设计者，都是范用（笔名叶雨）。丁聪对这些设计都很满意。"丁聪是专业画家，我是业余的。能让专业的满意，我很高兴。"范用曾自得地说。另外，三联书店还出版了"丁聪漫画系列"，包括《文人肖像》等十余种。

1985 年范用借香港三联书店的版，两地同时出版了黄永玉的《永玉三记》。书稿档案中是范用亲笔写的选题介绍：

作者黄永玉是著名画家，也常发表新诗和散文。"三记"，即《芥末居杂记》《力求严肃认真思考的札记》《罐斋杂记》，一部分曾发表于《瞭望》《诗刊》《人民日报》……以笔触活泼的笔墨画与哲理性的短句相配合，借助发生在人、生物或非生

丁聪漫画系列（1994—2004）

物身上的一些事情，对人生世态做淋漓尽致的讽喻，发人深思，而又会使人禁不住发出会心的微笑。

《永玉三记》后来发展到《四记》《五记》《六记》，均由三联书店出版，成为黄永玉的代表作品之一。

和范用熟识后，黄苗子和郁风就毫无悬念地成了《读书》的文章作者，进而成为三联书店的书籍作者。2000年和2003年，三联书店相继出版了黄苗子的著作《画坛师友录》和《艺林一枝》，2005年出版了郁风的《故人·故乡·故事》（散文集）。

范用是个恋旧的人，他忘不了三四十年代的老漫画曾怎样让他入迷。他支持其他出版社重新出版《时代漫画》，把自己的收藏都拿出来供他们使用。山东画报出版社要做一套"老漫画丛书"，他当义务"顾问"，除了拿出自己收藏的老书、老刊，还介绍他们去找上海的魏绍昌，为此，他给魏绍昌写了好几封长信。山东画报出版社在《老照片》的基础上出版"杂志书"《老漫画》系列读物，他更是起劲。《老漫画》出版后在韬奋图书中心做活动，他把京城的老漫画家丁聪、黄苗子、方成、毕克官、江有生等都叫来捧场。在他的支持下，老漫画编辑部与全国老漫画家建立了联系，如汪子美、廖冰兄、贺友直、韩羽、高马德……廖冰兄对此特别热心，他给范用写信说："长期以来，文艺界的同志大都认为30年代革命文艺战线中，美术方面只有新兴木刻这支孤军，而漫画则是乌七八糟，或者游离于革命之外，甚至是与革命对立的东西。解放后，在极左的、反历史的文艺观点影响之下，我们当年从事此事业的同志也就产生了历史的自卑感"；他建议，应当"研究我国30年代漫画在当时文艺战线的斗争中的作用，它的政治倾向以及对人民大众的影响如何等等"，把重出老漫画的作用提到"正名"的高度。

范用出版漫画书，视野很宽，规模较大的还有一套十一本的"外国漫画家丛刊"，二十四开本，由方成主编，范用设计。方成 1918 年生于北京。1948 年在香港参加"人间画会"，在《大公报》连载连环漫画《康伯》。1949 年在《新民晚报》做美术编辑，1951 年起到《人民日报》做美术编辑直至退休，2018 年以百岁去世。他能画，也能写杂文。范用早在 1984

《芥末居杂记》（1985）

年9月就出版了方成图文并茂的作品集《幽默·讽刺·漫画》，市场反响不错。"外国漫画家丛刊"从1987年至1992年陆续出齐。其中有近代以来英国大卫·罗的政治讽刺画，瑞典雅各布生、德国威廉·布什和卜劳恩、美国乔治·贝克、法国让·艾飞、丹麦皮特斯脱鲁普、波兰兰格仑、日本根本进等人的连环漫画和法国阿尔贝·迪布的幽默画。那时找资料很难，何况还要找不同语种的翻译，方成是把这件事情当作一件了不起的伟业来做的。书稿交齐后，他就一次次写信给范用，问何时出版：

　　那十本外国漫画，是8月18日您取走的，我几次问小邵（三联书店编辑邵宏志——作者注），都说尚未复印。现离1月18日近，亦即将近五个月，画稿仍躺在编辑部。希望在2月18日前，也就是半年时间，能编排好送工厂。我怕的是夜长梦多，好容易努力近两年才把书编齐，如再耽误，未免耗时过久，容易出意外。我今年还想编十本，这工作对漫画事业十分急需……

　　我那本《幽默·讽刺·漫画》许多大城市都很难买到，多早已售空……我在沈阳出版那本《笑的艺术》却是到处可买到的，我想是沾了书名的光。新华书店业务干部的水平，仅止于懂得"笑"，而不大懂"幽默"的。以后出书，还得考虑到书名问题。以后出漫画书，不管什么内容，都可含糊地定名为"她的匕首""娇娜的投枪""带血的刺""笑不笑由你"……

　　方成所说并非危言耸听。"外国漫画家丛刊"前三本出来，一销而空，但随着时间推移，印数越来越少，方成计划的"新

前排右起：沈峻、郁风、范用；后排右起：丁聪、方成、黄苗子

十本"也就不了了之。

范用与漫画最后的感情，寄托于2006年4月出版的《我很丑也不温柔——漫画范用》和2007年6月出版的《凭画识人——人物漫画集》，是他亲自编辑出版的最后的书。他结识的漫画家都为他画过精彩的漫画像，他都很好地珍藏着，有几幅镶在镜框里，挂在客厅墙上，成为范宅一景。黄永玉送给他的漫画上题词曰："除却借书沽酒外，更无一事扰公卿"；丁聪画范用，汪曾祺题词："往来多白丁，绕墙排酒瓮。朋自远方来，顷刻肴馔供。偶遇阴雨天，翻书温旧梦。剪剪又贴贴，搬搬又弄弄。非止为消遣，无用也是用"；黄苗子题曰："书中沉醉心常乐，床上纠缠耳不闻。一事未曾夸耀过，祖宗原是范希文（范仲淹——作者注）"；韩羽在漫画像上题词曰："书癖堪可难扁鹊，酒徒何妨让高阳"……这些漫像和题词，都被他收到《漫画范用》一书中。在序言里，他说："因为爱漫画，也就爱跟漫

《我很丑也不温柔——漫画范用》（2006）

《凭画识人》（2007）

画家交朋友，于是我也到了他们的笔下。他们画范用，千姿百态，竭尽夸张之能事，然而都那么神似逼真，这就合得上美学观点之'丑即是美，丑中见美'。现在我把他们的'漫画范用'奉献给读者，让大家看了也开开心。"

《凭画识人》则是范用多年剪贴的人物漫画汇编而成，共收有中外漫画家三百四十四幅人像漫画。有趣的是，他还编入了"文革"当中某艺术家画的领导人物和文化名人的漫画像，聊备一格。这些肖像，极尽丑化之能事，但惟妙惟肖，现在看来，滋味丰富。

作为出版人，与这么多的漫画家为友，出这么多漫画书，范用堪称独此一人。这些漫画家和漫画书为三联书店的图书抹上了一道亮色，也代表了范用性情的一个侧面。

美妙插曲——《逝去的童年》

1996年9月，《文汇报》的编辑陆灏来北京公干，顺便访问了范用。他此行的目的之一，是代《文汇报特刊》少儿副刊《星星岛》的编辑顾军向范用约稿。范用一口答应，陆灏也就回上海交差了。由此开始了一老一少长达两年的密切通信。

范用先生：

陆灏自京归，带来了您如此热情的信，真叫我喜出望外……我已经想好，这个专栏该叫"逝去的童年"，您觉得如何？我又得寸进尺地认为：除了您自己，可否再发动一批您的老朋友，如丁聪先生等，他们和您一样——"屋顶的白雪并不表明炉内没有生火"……我也想将这一栏目创办成名牌产品。……

小友 顾军 96/9/9

几天后，范用回信：

顾军同志：

你要我办的事（也就是小朋友要我办的事），我当尽力去办。我想了一下，有这么一些老朋友，我可以动员他们，争取他们写"逝去的童年"（短文），能弄到一篇算一篇。请把登了

顾军看望范用

我那篇的报寄二十份来，我可以转送他们。我想到的人：华君武、丁聪、方成（画家），新凤霞、黄宗英、黄宗江、吕恩（演员），吴祖光、邵燕祥、冯亦代、杨宪益、严文井、洁珉、舒芜、资中筠、姜德明、袁鹰（作家），都是七十、八十老头老太，如能争取到配画更好。我找不到，你们在上海找人画。

范用先生：

您的老朋友名单罗列了这么一大串名人，真是丰富！如果他们都能发动起来为《星星岛》撰稿，真是孩子们和我这个初出茅庐的小编者最大的福分了！我想，他们愿意如何写"逝去的童年"就如何写，可以是书信体——写给孙辈或其他小朋友，也可以是散文。简单地说就是：短小而有情。七八百字即可，当然长点短点都可。可以是童年生活有趣的回忆，也可以是影响一生的童年听到的一句话，读到的一本书，碰到的一个人，或者一件事、一封信、一段戏、一首歌，甚至一个眼神……这件事让您费心了，但做成了也是一件大好事，甚至能集成一本有意义的书，您说是吗？

《逝去的童年》开栏第一篇是范用的文章《我的小笑话》，写的是他五六岁的时候，看人家收到寄来的信，自己也想收到一封，于是找了个信封，在上面歪歪斜斜写上"伏星收"，从人家信封上撕一张用过的邮票贴上，偷偷扔进邮筒。邮局就在范用家住的那条街上，只有一个办事的先生，认得他，知道他的名字。信寄走以后，小范用等啊等，不见寄回来。他天天去邮局张望，被那位先生看见了，笑眯眯地问他："你是来拿信的吧？"小范用一下子好难为情，赶紧溜走了……这篇文章有丁聪画的插图，登在彩色版的《星星岛》上，十分好看。范用乐坏了。

"创栏号"出版，顾军给范用寄了三十四份，请他作为约稿样板，寄给其他朋友。范用专门起草了一份约稿函：

×××先生：

上海《文汇报特刊》有个给小学生看的副刊《星星岛》，编者是一位年青的女记者顾军。朋友代她向我约稿，我寄去一篇小笑话，并请丁聪配了张画。顾军真是会当编辑，脑子动得很快，就此开辟了一个专栏《逝去的童年》，请更多的爷爷、奶奶给小孙子讲故事，有趣的、心酸的都可以，让小朋友知道我们一代小时候的生活，滋润他们幼小的心灵，快快活活过日子。顾军来信说，愿意怎么写就怎么写，五六百字七八百字即可。她要给每一篇都配张画，彩色印。将来还想编集出本书。

小朋友的事，我从来乐意做，我想您也是的。好在都会讲故事，都有可讲的。也可以从旧作中摘抄一段，或者请您的孙子记下来，不就是一篇。敬祝健安。

范用　1997年2月

下一步就是开名单了。先是开了一份北京的名单，十三人：汪曾祺、绿原、王蒙……每人附有详细的地址；再开上海的，十六人：施蛰存、钱伯城、王元化、王辛笛、方平、梅朵、范泉、钱君匋、柯灵、邓云乡、魏绍昌……再开补充名单，十五人：于光远、吴祖光、新凤霞、贺友直、廖冰兄、韩羽、流沙河、曾卓、黄苗子、郁风、黄永玉、杨绛、丁景唐、吴祖强、丁午……全部都有详细的地址。人家说，范用有三多：书多、酒多、朋友多。这个优势现在得到充分发挥。在给朋友写的信中他还说："顾军要我帮她组稿，我非常乐于做这件事，因为我在当小学生时就想编儿童副刊，在家乡的日报编过一个叫作《蝌蚪》的副刊，因抗战而中止，现在又可重续旧梦。"他甚至代朋友选好旧作的片段，代朋友抄下来，然后寄给朋友，只需要他们同意，签个名，直接寄给顾军就行了——可谓帮忙帮到家了！

在给汪曾祺的信中，他写道：

顾军同志：

我把已经刊登的七篇剪贴为三页，请复印寄给未来所的战俊，在信上写上名字。汪曾祺先生不用寄，已经有了。

在上海，咱们再撒一次网。我就有来往的作家、编辑开了一个十六人的名单，请您发一批信，并且附去样张。除此，上海还有很多作家、学者、演员、导演，请您自己活动组稿（不妥用我的信，我不认识）。

辛一吟的画好极，是您捎来送的吗？顺问

两安　　　　　　范用
三妞

发了信，过几天您觉得可以就打电话催催。

范用给顾军的信

左起：汪曾祺、张洁、范用

曾祺兄：

不久前，我才知道你搬到虎坊桥一带去了。燕祥告诉我，是经济日报宿舍，楼很好，叫人高兴。可是我又离你很远了。近邻都没有来看你（汪曾祺原住在蒲黄榆，离范用很近——作者注），现在更不方便。燕祥还告诉我，松卿大姐（汪曾祺夫人——作者注）前一阵身体不好，不知现在好了没有？至念，至念！

我走路还是不灵便，所以只好待在家里。不过，还是想找机会见到你。

我在帮《文汇报特刊》的儿童副刊拉稿子，想请你写一篇，几百字就可以。我从你的散文卷里摘抄了两篇，请你过目，行的话即请寄给编者。如果写一篇，就更好。这两篇，我觉得《父亲》（这题目是我起的，不合适，你可以改）比较有意思。不管新写的，还是摘录的，都请寄给编者，将来编书，都可用上。在书里，一个作者可以有两三篇。即颂
双安

范用　96/12/10

　　顾军也很期待汪曾祺的稿子。汪先生出手一定不凡！遗憾的是，转过年春天，汪曾祺突然病逝。他既然没有采纳范用的建议用摘抄稿，那就一定是想新写一篇——短到几百字，正是

汪曾祺给
范用的信

汪曾祺拿手的。实在是遗憾！（五年后，范用编了一本《晚翠文谈续编》交三联书店出版，在《小引》里，他说："1986年曾祺兄赠我《晚翠文谈》一书，他谈文学的短文集。现在我从《汪曾祺文集》中加以增补这方面的文字，编为新版《晚翠文谈》……日子过得真快，转眼曾祺兄辞世已经五年，印这本书聊表怀念之情。"）

大部分的约稿都是如约而至。曾任上海市委宣传部部长、学者王元化来信说："嘱为儿童副刊撰稿，候暇时勉力一试，不知能否写成。多年来写理论，笔已涩，恐难符雅望"；"遵命试写了一篇给小孩看的东西。七八十学吹鼓手，当然学不好。寄上请您孙女审定，不行，就请撕掉，免我献丑。笔名是我年轻时写散文用的"。认真态度令人可感。

北京的老诗人牛汉给范用写信说："《星星岛》编得真好。北京城几家大报都没有为孩子们辟出一块芳草地，实在落后得令北京人难为情。"

范用给顾军的信中说，将来要成书，最少得五十篇。1997年12月15日，专栏已办了一年两个月，他又给顾军写信："我已写信告诉范泉先生，非常赞成他支持参与《逝去的童年》（一书）的组稿与出版，由上海书店出版，一定会办得妥妥当当。范泉先生富有编辑经验，而且与作家关系甚好，您可拜他为师。除上海发一批信，我还想再提供一份名单，稍后寄上。"

范泉（1916—2000）是作家、编辑家，江苏金山（今属上海市）人，本名徐炜。1939年毕业于复旦大学新闻系。曾任上海《中美日报》副刊主编，上海永祥印书馆编辑部主任。

1957 年被划为"右派"，发往青海湟中县劳动改造。1979 年平反，任青海师范学院中文系教授，任教期间，主编的《中国现代文学社团流派词典》在学界影响巨大。1986 年冬，调至上海书店任总编辑。范泉很愿意参加这项工作，他给范用写信说：

顾军告诉我，您已同意把《星星岛》专栏《逝去的童年》里发表的文章，交给上海书店出版社编辑郑晓方（郑超麟的孙女——作者注）分册出版，因此我介绍她与郑认识。因为要出书，已发表的十多篇，数量不够，她要我介绍一些作家、艺术家和科学家。我想到您曾热忱地写信介绍过，因此我拟了一封介绍信，由您和我署名，共同出面介绍，这样效果较好……不知您是否注意楼适夷先生晚年时期用儿童的视角和口吻写的散文，写得实在太好了。可惜现在他已不能写字，连说话也困难了。

范泉起草的，以范用联名发出的征稿信发出不到十天，就收到贾植芳、徐中玉、丁景唐等五篇来稿，顾军高兴极了。正当范泉和范用满怀兴奋，继续扩大战果（动员更多的朋友参与进来）时，1998 年年中，《文汇报特刊》戛然而止。范用的心情可想而知。1999 年 2 月，他给顾军写信说：

我还没有痴呆迹象，但越来越懒，拿起笔就打呵欠，于是眯一会儿，这一眯就糟了，有时干脆脱了鞋上床睡一下，那就更糟。

我在《文汇报特刊》上见不到你的特写专访，现在才知道你已跳槽，不仅是《星星岛》告终，连《特刊》也连根拔了。到《新民周刊》可能对你更合适，更有用武之地。你寄来几本，我看了，很热闹。我们这种老年人，喜欢看让人冷静思考的东西，你说是不是。

写完信，他又在信头加了一句："《逝去的童年》我们还可再做努力把它编印出来。"

将《逝去的童年》栏目文章编集成书这件事成了压在顾军心上的一块大石头。因为栏目存在时间短，文章数量不够，迟迟无法成书，加之原定主持书稿编辑出版的范泉于2000年初去世，编书的事就靠中国福利会出版社的编辑主任郑晓方了。范泉去世前，被病魔折磨得已经无法说话，他将郑晓方叫到身边，用笔在纸上写了几个字："顾军那本书……"郑晓方明白，使劲点头。

五六年过去，在郑晓方的努力下，这本书终于问世，改名为《名人小时候》。拿到样书，顾军第一时间寄给范用，范用很高兴，寄给穆源小学一本，送给自己的外孙女一本。每当看到这本书，重温当年办报的往来信件，顾军就会想到自己的青春岁月最值得纪念的两年，就会想到范用、范泉两位先生。而在范用的出版生涯中，这是一段美妙的插曲，其美妙就在于他和众多老朋友一起，帮助顾军开垦了一片自己的园地，一片充满童心的园地，一片奉献给孩子的园地。

自得其乐——叶至善、张允和

　　范用和叶家两代人都关系密切。不过叶圣陶是长辈（1894年生），只能说是敬爱的师长；叶至善是同辈，比范用大五岁（1918年生），是不分彼此的朋友。范用在三联"主政"的时候，出版了叶圣陶的《文章例话》《叶圣陶序跋集》《叶圣陶散文集》，还出版了叶至善、叶至美、叶至诚三兄妹的"少作"《花萼与三叶》《未必佳集》。其实这些文字，范用在三四十年代就已经读过了，都是开明书店出版的。拥有夏丏尊、叶圣陶、丰子恺等的开明书店也是范用一向所景仰的。

　　范用曾说："我写文章，是学的叶至善。"范用是好学的，也是会学的。叶至善的文字的确深受其父影响，朴实无华，感情深厚，不厌其烦地修改，力求不留一个无用的字和标点。

　　作为朋友，范用和丁聪可以说是不着形迹的密友，和叶至善却是相敬如宾，文字之交。但有一点丁聪和叶至善是一样的，就是童心未泯。说丁聪是老顽童也不为过，这正是大漫画家的本色。而叶至善是中国少年儿童出版社的第一任社长、总编辑，1949年前就一直在编辑儿童刊物，任社长后还兼任《中学生》杂志主编多年，堪称儿童文学的大编辑家。所以，范用和他有的是共同语言。

　　1990年暑假，范用的外孙女许双写作文，写了一篇《我的外公》：

我的外公六十七岁了，他瘦瘦的，个儿不高。

他做什么都快，看书快，写字快，走路快，吃饭快，就是喝起酒来，慢慢的。

他喜欢学习，天天看报纸看书，一看就是半天。有时夜里，我们都睡觉了，他还在看书。

他喜欢音乐，经常欣赏有名的乐曲。他也爱唱歌，总是拿着歌本坐在那里哼歌。有时候还把唱的歌录下来，听听自己唱得好不好。

外公喜欢集酒瓶，他的房间里有各种各样的酒瓶，颜色不同，有大有小，大的很大，小的只有一点儿，都挺好玩，我也挺喜欢。

他有些习惯跟我们不一样。我们吃饭的时候，他睡觉，我们睡觉的时候，他又吃饭，走来走去，弄得我们睡不着觉。晚上，我们吃米饭，他不吃，要吃面条；有的时候，我们吃面条，他又要吃米饭。你说他怪不怪？

这就是我的外公。

范用喜欢这篇作文，恰好元旦临近，他就用这篇作文做了贺年片：许双手写的两页纸，最后放上一张丁聪画的范用漫画头像。寄给叶至善时，在作文的反面写了一封短笺：

至善同志：

寄呈小外孙女的一篇暑假作文，一晒。她今年九岁，还不懂得说假话，句句实话，只是有点少见多怪。其实人老了，怪也无妨，只要活得自在，自得其乐。祝新年愉快，全家幸福！

范用　庚午岁杪

叶至善一家三代都读了这一小一老的两篇文字，"给了我们全家极大的乐趣"。他认为，"有这样一个好外孙女，谁都要夸耀的，人情之常嘛。可是我知道，范用同志的用意不在于此，他要告诉朋友们，虽然他年龄过了杠杠，被一刀切离开了心爱的编辑岗位，日子仍旧过得挺自在，在生活中不妨随心所欲，甚至闹点小别扭。范用同志当然可以自己写，可是写来恐怕还不如他外孙女这样自然，这样亲切。小许双才念小学三年级，作文还没有框框；要她写外公她就写外公，写她觉得最有意思的事儿；嘴上怎么说笔下怎么写，写了一桩再写一桩，写完就完；不做作，不卖弄。我们年纪大的人可做不到：一则顾虑太多，总把文章看成'千古事'；一则'污染'太多，来自各方面，教人防不胜防"。瞧，范用碰上了知音不是？但另一件事，却是叶至善遇到了范用这个知音——

叶圣陶去世七八年后的一天，叶至善托人带给范用两本书和一封信。书是香港一位作家的随笔集，因为书中谈到教育、学校、学生、文学、文字，是十年前范用送给叶圣陶看的。叶至善信上说："在抽屉里找到两本借给父亲的书，父亲大概没有看，因为眼睛实在不管事了。我手头实在忙，没法下功夫看，还是早点归回为好。"意外的是，信里附有两首手写的歌谱，一首《卜算子》，一首《荆轲》。信中说："我的视力也在衰退，闭上眼睛休息的时候，就哼哼唧唧，给旧诗词配上熟悉的西洋曲子，复印了两首呈上，求指正。记得许双的文章说外公喜欢唱歌。"范用大喜，马上按谱放声高歌，惊动了老伴丁仙宝，连声叫他："轻点！轻点！"

《卜算子·黄州定慧院寓居作》是苏轼的名作："缺月挂疏桐，漏断人初静。谁见幽人独往来，缥缈孤鸿影。惊起却回头，有恨无人省。拣尽寒枝不肯栖，寂寞沙洲冷。"配的曲子是苏格兰斯科特的《安妮·萝莉》，听起来有那么一种凄清冷寂的味道。另一首《荆轲》是晋代左思的作品："荆轲饮燕市，酒酣气益震。哀歌和渐离，谓若傍无人。虽无壮士节，与世亦殊伦。高眄邈四海，豪右何足陈。贵者虽自贵，视之若埃尘。贱者虽自贱，重之若千钧。"配的曲子却是意大利威尔第的歌剧《弄臣》中的《公爵之歌》，本来是轻佻诙谐的调子，跟《荆轲》风马牛不相及，可是配上左思的诗唱起来却也给人以激昂悲壮之感——上面这段感想，是范用唱毕写给叶至善的信中所言。叶至善看后直呼"知音难遇"，高兴得流下了眼泪。他写信告诉范用，给古人诗词配上外国曲子，弘一法师（李叔同）是第一人（不是《送别》，《送别》的歌词是弘一法师自己写的），后来似乎没人这样做。他这些年很迷恋这件事情，已经配成了四十首，"颇有几首出人意外，当然也有不满意的"。想积到五十来首，选出五十首来编成一本小册子。此后，两个人通信或见面就多了一个话题：

《女人善变》的曲调本来豪放，在西方早有人填了新词，译过来，歌名是《夏日泛舟海上》，重复达三遍之多，如一般的译词一样，唱起来有点拗口，在现在的歌本上可以找到。当时有位张冥飞（可能记错），曾倚声填词，歌词是："天连水，莽苍苍；水连天，白茫茫。天低处，下夕阳；水平处，现帆樯。风乍起，阵阵凉；月初上，淡淡光。落又起，新潮涨；散又聚，白云忙。天空鸟倦飞。水面鱼吹浪。我独立苍茫，悠然遐想。"看来取的是《夏日泛舟海上》原文的大意，加以发挥和修饰而中国化了，大体过得去。"月初上，淡淡光"稍嫌勉强。我在中学时代并不知道这曲子是威尔第的《弄臣》中的，就因为声调豪放，很喜欢唱。至今词还没有忘记，歌名却记不得了。现在的歌本上是找不到了……

这样的偏好要寻知音，实在不易，怪不得"高兴得流下了眼泪"。

叶至善住在东四八条，范用搬家后住在丰台区方庄，见面不易。有时范用趁着到美术馆东街的三联书店，约叶至善到小馆子里见个面，喝个小酒，聊天。有个星期天下午，叶至善给范用写了封短信：

中午11时25分，我去到"孔乙己"，等到12点10分还不见人来，只好要了四样菜一瓶酒，独自喝了起来。在酒店里独酌，回想起来还是头一回，也别有风趣。可惜心里总不踏实，大概是我记错了日，你约我星期六，我误作星期日了。应邀而不见面，真有点荒唐，抱歉之至，好在以后有的是机会，不必放在心上。

到底是谁误了约？没有下文。

《古诗词新唱》五十首，薄薄一册，1995年11月由开明出版社出版，没想到挺受欢迎，两年多一点又出了修订版，这次扩张三倍，一百五十首。叶至善为修订版写了一篇《前言》，其中说：

古代诗词本来都是可以唱的，先是没有记谱法，没法把曲子记下来，只能口耳相传；后来记谱法是有了，却不很完善，又不能普及，主要仍旧依靠口耳相传。年代隔得久了，曲子渐渐亡佚，诗词失去了音乐的依傍，只能吟诵，没法再唱，实在是非常可惜的事。配上现成的曲子，使某些古诗词能够唱，多少可以弥补一点儿缺憾吧。如果能像弘一法师配的那样和协，我就心满意足了。

我说的是弘一法师出家之前的作品。按佛门的规矩，出家前应该称呼在家的姓和名，可是我怎么敢呢？我的岳父和我的父亲，他们谈起弘一法师，从来不称名道姓的。我想，弘一法师即使知道了，也不会因此而皱眉头的，他脸上永远带着宽容的微笑。

除了叶至善的自得其乐，还有张允和、张家的自得其乐。1996年初，范用从《群言》杂志主编叶稚珊的文章中得知，张家的家庭刊物《水》复刊了，范用很感兴趣。张家是苏州九如巷的大家族，七十年前张家十姐弟元和、允和、兆和、充和、宗和、寅和、定和、宇和、寰和、宁和办了个叫《水》的家庭小刊物。前面四个是女儿，名字都带"两条腿"，会嫁人走掉；

后面六个是男儿，名字都有"宝盖头"，都留在家里。刊物名叫《水》，因为他们喜欢水的德行，正如张家三女婿沈从文说的："水的德行兼容并包，从不排斥拒绝不同方式侵入生命的任何离奇不经事物，却也不受它的影响。水的性格似乎特别脆弱，极容易就范。其实，柔弱中有强韧，如集中一点，即涓涓细流，滴水穿石，无坚不摧。"当时《水》每月一期，出了二十五期。

将近六十年前，范用和五位堂兄弟也办过一份手抄的家庭刊物，每人起过一个笔名，想当作家。如今几位堂兄，或亡故，或离散，无法圆复刊梦了。他跟沈从文的夫人、张家三姐张兆和要了一份复刊的《水》，共二十面，全部由原件复印。刊前有主编兼发行人、张家二姐张允和写的一封信，其实也是建议复刊的征稿信。信里说："多少年来我有一个心愿，想写我的爸爸张吉友。叶圣陶先生几次催我写，寰和五弟也要我写。我想，不但要写爸爸的事，还要写我们一家人的真人真事。这是一个宏大的工程，不是我一个人的力量可以完成的。我要发动张吉友一家人，就是我们爸爸的十位子女和他们的配偶来完成，也要他们的子女共同努力来完成。"

看了《水》，范用写了一篇《〈水〉之歌》的文章，给张允和写了一封信，信中说《水》的复刊是"本世纪一大奇迹，可喜可贺！"，并附上十五元钱作为第一期、第二期的订费，希望接受他为"长期订户"。张允和回信说：

　　昨天得到您的大札，十分感动！
　　我们的《水》是我们张家姐弟和小朋友办起来的；我们的

《水》只接受十家姐弟的捐款……因此，您寄来十五元，原璧归赵，否则，我将受姐弟们的谴责。可是我非常感谢您善良的赐予！是鼓励我们继续办下去。办一期我就寄上一期，请您不吝赐教！

"本世纪一大奇迹"，您太夸奖了我们，我们受之有愧。我受了有光的影响（周有光，张允和的丈夫——作者注），儿子又送了我们第二个电脑，我打电脑是当它玩具来玩。

我很失敬，您是范文正公的后代。我最佩服司马迁，第二个佩服的就是范文正公了，他的"先天下之忧而忧，后天下之乐而乐"是真正大政治家的名言。小时候到天平山，一定到范祠磕头。

您的来信我很感兴趣。信里称呼我为"允和先生"，信封上称呼"充和先生"，为什么为我加一顶帽子，这世界扣帽子可危险！幸亏加了帽子还是自家人，我的四妹"充和"。

还有我家住在"后"枏棒，不是"前"枏棒。您"前后"不分还不要紧，如果左右不分就要成问题了。

您可能信封、信是两次写的；一次"酒醉"，一次"酒醒"，哈哈！

"十足糊涂虫，'前后'拎勿清"。可是你很谦虚，"一事未曾夸耀过，祖宗原是范希文"。

祝您

"一本正经""十足糊涂"……

哈哈，一生认真细致如范用者，却也犯一次这样的错误！张允和老大姐（1909 年生）也真逗！但——自得其乐，自得其乐！

说到张允和，就不能不说她的夫君周有光（1906—2017）——中国语言文字专家。1992 年 10 月 2 日，周有光给范用写了一封信：

从 70 年代后期以来，我在香港和上海的几种刊物上，写过许多有关语文的"小品"，分别登在《海外文坛》《语文杂谈》《语文闲谈》等专栏中。直到最近，我还在给上海的畅销刊物《汉语拼音小报》写"语文闲谈"。最近我把这些"小品"重新整理修改一番，编辑成为一本书稿，名为《语文闲谈》，共得八百条，分为十六卷，每卷五十条（总共一百九十页）。

记得我的这些"小品"曾经得到您的垂青（您以为是倪海曙同志写的），并且说，等到出版事业不景气有所改善，为我设法出版。不知道现在出版事业是否已经好转？如果您能为我介绍一处愿意出版的地方，使这本书稿能与读者见面，那将十分感谢！

《语文闲谈》（1995）

范用把这本书介绍给三联书店，1995 年出版。这本书别具一格，很受欢迎。随后于 1997 年和 2000 年出版了续编和三编，共计两千八百条、五十六卷，2012 年又出版了三

编的套装版。2008年三联书店还将三卷本精选为一卷，名之为《语文闲谈·选订本》，作为"中学图书馆文库"系列之一出版，成为保留书目。

范式贺年片

范用做小学生时，就喜欢自己做贺年片，送给老师和同学。那时候，快到新年时，书店和文具店摆出了各式各样贺年片，印得很讲究，花花绿绿，画上的雪景啊宫殿啊山水啊，都很美，有的还烫金，闪光耀眼。可是范用只能欣赏，虽然角把钱一张，也买不起，口袋里没那么多钱。

范用自己做贺年片，是受丰子恺的启发。小时候，他喜欢丰子恺的漫画（谁能不喜欢呢），也喜欢看他的文章。丰子恺给《新少年》半月刊写了一系列《少年美术故事》，头一篇的题目就是《贺年》，讲了一个做贺年片的故事。小学生如金、逢春姐弟两人在除夕前做贺年片，爸爸当参谋。逢春做的贺年片是画的花草图案，如金做的贺年片，画的是老鼠拉车——新的一年是鼠年。他们收到表哥做的贺年片，画的是松树、初升的太阳、白云、小鸟，并写了"美意延年"四个字。读了这篇文章，范用就开始自己动手做贺年片了。他画的是大海上有一条轮船迎着旭日乘风破浪前进（从烟囱冒出的黑烟可以看出海上风大），然后写上"迎接新年"几个字。只是简单的几笔，颜色比较鲜艳。他画了好多张，分送给老师同学，他们不仅不嫌他寒碜，还大加称赞。这画本是美术老师教的，用上了，他很开心。从此，他做贺年片上了瘾，做了一辈子。

一张一张画很麻烦，他按照丰子恺文章中说的，用个大白薯剖成三片作为印版，用手工刀刻出图案和"新年好"三个反向的字，三色版套印，可以印二三十张。

范用退休前，每年都为三联书店设计贺年片，然后交给出版部印刷发放。他曾请许多文化老人预写贺词，或者画几笔，留作每年做贺年片时选用。三联书店的同事都很喜欢用他设计的贺年片寄送朋友，寄给他们所联系的作者、同行。他预约的贺词每句只有三个字。冰心的题词是"寿而康"，启功的题词是"万事吉"，顾廷龙的题词是"日月长"，俞平伯的题词是"共此时"，黄苗子的题词是"春长在"，刘海粟的题词是"若比邻"……用到贺年片上，三个字以外再配上一幅画。

范用 1983 年印的贺年片，请艾青写了这么几句："哪儿传来／嫩绿的、圆润的歌声，／一声声呼唤／春天的第一个早晨。"不但诗情洋溢，而且一笔秀丽的硬笔书法也很好看。

丙寅年范用请华君武画了个"老虎读书改邪归正"；乙丑年请黄永玉以极简的图案手法画了头老黄牛，后来《新民晚报》用它作为《未晚谈》的栏头饰画。黄永玉的这张画稿范用一直收藏着。到他离休，有两幅预约题词未及用上，一是唐弢的"仁者寿"，一是陆俨少的"满庭芳"，有些遗憾。

在文化圈里，范用的贺年片名气很大，被称为"范式贺年片"。其最大的特点是每年绝对不一样，总能给人惊喜。很多人到了新年，就在等他的贺年片。离休后，他的贺年片内容趋向个人化，感情更投入，内容更新奇。比如1991年的贺年片，内容是他的外孙女的作文《我的外公》，而在一角印了一幅丁聪画的范用头像。1998年的贺年片，正值《老照片》流行，他的贺年片印了自己的三张老照片，并附了留言："时下老照片热，凑趣寄呈几张，聊博一粲，兼贺新岁。其一，不满周岁乳臭未干黄儿；其二，十岁与家父合影，稚气未脱；其三，小学毕业照，家父弃世一年矣。面对人生，四顾茫茫，不知路在何方！戊寅岁杪"……

很多人接到贺年片后回信称赞。唐弢收到1988年贺年片后给范用写信说："谢谢您的贺年片，俞平老作字，精彩别致。我买到的（贺年片）大都十分恶俗，不想寄发……"王元化则说："贺卡收到。您的一笔漂亮钢笔字，使我和张可（王元化的夫人——作者注）把玩良久，爱慕不已。荆公诗虽多拟句，但这首确是寄意远深（王安石诗《孤桐》——作者注）。尤其是岁老阳骄一联，此时读来更有比兴之义。"一枚贺年片，竟能引起学问家的共鸣，贺年片的作用可小觑乎？作家、出版同行苏晨专门写了一篇《范用的贺年卡》，发表在《南方都市报》上。文中说："这位原来是生活·读书·新知三联书店总经理、总编辑（原文如此。范用没有做过三联书店总编辑——作者注）的范老总，出版图书有胆量，重装帧，在中国知识界、出版界有口皆碑。就连私人贺卡，他也必是别出心裁，精心设计，真的是讲究成性，处处乐此不疲。"

在并非年节时间，有时候心血来潮，范用也会制作贺年片，

范式贺年片

作为纪念卡使用。他喜欢卞之琳的诗和字，就请卞之琳抄写几句自己的诗，留作纪念。卞之琳是老友，当然不会推却，抄写了四句众口流传的诗句："你站在桥上看风景，看风景的人在楼上看你。明月装饰了你的窗子，你装饰了别人的梦。——少作《断章》一首四行，寄奉范用同志哂存。卞之琳，1994年3月22日"。范用找来一种浅咖啡色的卡纸，内页一面印上卞之琳的手迹，另一面空白留作书写贺辞；外面是一只鸟站在枝梢上鸣叫的简笔画，用土红色印制。里里外外是那样和谐、雅致。任何人收到这样的纪念卡都会喜欢。有人说，若让范用专门设计贺年片，肯定会大大提高该行业的水准！

范用每年寄出的贺年片在三百张左右，在封发贺年片时，他会想起与师友们相处时的悠悠岁月，一些永在记忆中的往事，那遥远的童年时代，那残酷的战争年代，那哭笑不得的风风雨雨年代，希望的年代，失望的年代。当然，他首先想到的，是那不可磨灭的情谊。他为师友们祝福，要他们见到贺年片知道他还活得好好的。

有一年，启功赠给范用一幅题为《新晴》的朱竹水墨画，后来范用把它印为贺年片寄给师友共赏。在寄出时写了这样一句歌词："天也晴朗，心也晴朗，新年愉快，康泰吉祥"……制作贺年片，寄发贺年片，些许小事，可以看出范用的交友之道，可以看到他对待友谊的赤子之心。

范用一生设计制作的贺年片有多少枚？如果搜集全了，是否可以办个展览，或出一本有趣的书？

出版同行的来信

在范用的朋友中，同行占了很大一部分，三联书店和人民出版社系统的自不必说，其他如柯灵、叶至善、楼适夷、韦君宜、绿原、葛一虹、姜德明、宋原放、赵家璧、李致、钱伯城、方行、方平、范泉、丁景唐、钟叔河、朱正、苏晨、黄伟经等；海外如罗孚、刘以鬯、吴羊璧、马国亮、杜渐、董桥、痖弦、戴天、古兆申等。他和这些朋友通信很密，谈的都是书，都是关于出版。

柯灵（1909—2000）原名高季琳，浙江绍兴人，早年任《万象》杂志主编而出名，后任《文汇报》副总编辑、《大众电影》主编。1985年4月30日，收到范用策划出版的《柯灵杂文集》样书后，给范用来信：

这套丛书，为时代风沙着一痕迹，当为一大功德，我得以附骥，喜愧交作。但我估计一般读者，未必配胃口，三联这一赔本生意，在出版界奔竞求利的潮流中，难能可贵，当为识者所共见。

昨得复旦大学分校殷仪、黄乐琴信，她们是《周木斋研究资料》的编者，搜集木斋遗作，得杂文二百余篇，都二十万言。木斋为文谨严，人格卓荦，尤为庸流所难望，徒以早天，不为世人所知，且因鲁迅先生谈"何家干"笔名时，有"王平陵告发于前，周木斋揭露于后"一语，深滋后生误解，视为"反动文人"同俦，更是旷世奇冤，在 30 年代杂文家中，木斋的成就，实不在有些徒拥虚名者以下。不知尊编杂文丛书中，可为木斋遗文留一席地否？鲁翁一言兴邦，受之者终身受用，津津乐道；而一言丧邦，往往使受之者沉冤莫白。鲁翁当然不尸其咎，而持平求实，责在后人，您以为然否？

可惜的是，周木斋的杂文未见出版，个中原因就不得而知了。

姜德明生于 1929 年，山东高唐人，1951 年从北京新闻学校毕业后到《人民日报》工作，编文艺副刊三十余年。曾任《人民日报》文艺部编辑，人民日报出版社社长。1986 年 4 月 20 日，他给范用来信说：

三联分家后可能一时难以多发稿，我着手编的那本作家学人谈书的稿子，湖南让我马上交稿发排，我想交他们。可能以岳麓（书社）的名义印。西谛的最多，约十二篇。阿英的八篇，唐弢与黄裳的当在五六篇之内。其余巴金、郭沫若、施蛰存、朱湘、朱自清、周煦良等各一篇。赵万里、谢兴尧、周越然、傅惜华、陈乃乾的也兼收。叶灵凤、周作人的也收。陈原的拟收三至四篇，戴望舒的三篇全收。所收篇目都不是谈某一具体的书，而是谈藏书、禁书、访书、买书、卖书、书坊、书市、书价等等。

书名尚未想好，拟名《书市风景》，望吾兄多赐良示，提

绿原

供篇目及编辑意见。湖南表示一定印得讲究些。

多年来，我有志编两本书，一是关于北京的，一是谈书的。此外，似乎也没有什么可以再引起我兴趣的选题了。唐弢、黄裳均有信来谈及这本书的一些想法。

这封信写出不久，三联书店出版了姜德明的《书味集》。信中所说关于北京的书，大概就是十多年后三联书店出版的《北京乎——现代作家笔下的北京》；三联书店还出版了姜德明编辑的《书衣百影》一、二两集，《插图拾翠》一集，都是范用组的稿。其中《插图拾翠》本已与山东画报出版社签约，后来范用请姜德明劝说追回，仍在三联书店出版。

1995 年 12 月 31 日夜里，诗人、人民文学出版社副总编辑绿原（1922—2009）给范用写了一封信：

1995 年即将过去。趁迎春钟声将响未响之际，提笔向你致贺——祝你在新的来年里身体健康，创作丰收，阖家欢乐！感谢你的"心安理得度余年"的启示，明年将努力活得更自在些，也许比黄永玉画的"除却惜书沽酒外，更无一事扰公卿"更自在些。因为为了抵制假烟假酒，我早已戒吸戒饮了，而且近年由于不言而喻，渐渐练得不读书不看报也能过日子了。可惜离止水无波胜境还远。偶翻歌德的《维特》，有云："心情不佳是一种病？……是一种懒惰？……（不，可以肯定）是一种罪过。"愿以之与兄共勉。能做到笑口常开最好，否则要将恶劣情绪扑灭于萌芽状态；届时何妨一跃而起，到河边树下向鱼儿鸟儿哼半支久已不唱的旧曲……

绿原是三联书店老作者，1942 年生活书店就发行了他的诗集《童话》，1985 年三联书店又出版了他的诗话《葱与蜜》——封面是范用设计的。这封信可以看出绿原的诗人气质。

在 80 年代的中国出版界曾有一个说法：北有范用，南有钟叔河。钟叔河，1931 年生，湖南平江人，曾任《新湖南报》编辑、记者。1957 年被划为"右派"。1979 年平反，曾任岳麓书社总编辑，发起编辑"走向世界丛书"，影响深远。他和范用何时相识已不可考，但起码 80 年代就频频通信。如 1986 年（月日缺失）：

拙编《知堂书话》，纸墨俱劣，实不足呈览。但此书诞生，却是由于您的一句话。这还是大前年，朱正同志从北京回来，说："范用同志想约人编一本周作人散文选，不知您愿干否？"我说："我倒是想干这件事，但条件不够，周作人的三十多部集子，我所有的不过二十部，先得把书找齐再说。"去年才把书找齐，朱正又说："三联已约舒芜编了。"但兴趣已经煽起，便不甘寂寞，于是决定改编《书话》。原来是连序跋一起编的，后来觉得序跋文主观色彩、感情分子更多，便决定另成一辑。现在，《书话》已出，《序跋》也付排了（大约今冬明春可印出）。《文选》我也还是想编它一本……

1994年10月28日，钟叔河来短笺说：

在《文汇报》上读到您怀念田家英的文章，我想告诉您，这是我所读到的最好的文章之一。您不以文名，而能绘世人以如此好文章，足可不朽矣。

我仍在编周（作人）书，写此信并无别事，就只想告诉您这一点。

2001年3月19日，范用给钟叔河去信说："久未通问，读《出版广角》，知笔健不辍为慰，广角《学其短》每期必读。释文非寻常之白译，也可说是创作，希望集印成册，请岳麓出版。是很好的大中学生课文读物。现在文风太坏，一句话两句话能说清楚的，要写上五六七八句，且后现代名词满篇皆是，令人生厌。我每天都要背诵《古文观止》中的一些名篇。前年给老三联编一老照片集，写说明文，其中有两句：'祝愿国家昌盛，三联长青。后继有人，前程远大。'念来念去，改成'……前程远大，后继有人'，方觉得平仄顺口。闲来无事，就这样自得其乐。读《学其短》也是一乐。"

2002 年 8 月 6 日和 10 月 20 日，钟叔河给范用来信：

很高兴收到了你的信。骂止庵的"文章"虽未见到，却在意中。今天骂止庵的，也就是十多年前骂钟叔河的。随着人性的复苏和文学观的取正，周作人的历史价值和现实意义日益显现，此辈靠教条在"学界"混生活者之气急败坏，我看正是一种好现象，盖说明其亦自知命不久长了也。

知堂单行本，我 1984 年至 1989 年在岳麓印过二十来种，后来湖南"三种人"（《查泰莱夫人的情人》、《丑陋的中国人》、周作人）遭殃，遂告中断。幸得止庵之力，卒告全部问世，此私心极为快慰之事。其中《木片集》一种，原本即我们提供，《老虎桥杂诗》谷林抄本，原本亦是从我处拿去的也。新书有周氏儿媳寄了我一套，止庵当然也是同意相赠的。

我正把《学其短》加上一点自己的私货，用"念楼学短"为名，拟印成一册，不久即可奉寄。去年 3 月间你曾来信，对此谬加赞许，这也是印书的动力之一（先寄校样一页呈教）。

还记得去年 3 月你写来一信，叫我将《学其短》辑印成书。现在这书已经印成，特寄上一本，作为奉复。希望你能看看，并提出批评。

《出版广角》今年曾发表一教师文章，批评《学其短》不"信"，也就是没有完全"忠实"于原文。其实我是以我们现代人为本位来"读"和"曰"的，并没有打算当老师讲译文规范，和他正是"两股道上跑的车"，不搭界也……

1996年元月，原《随笔》主编黄伟经给范用写了一封长信：

你一直对我很关心、爱护，这次在贺卡上又鼓励我今后"最好多写多译一些东西"。这点，还在1991年9月和兄拜见钱锺书、杨绛两老时，他们也勉励过我。"伟经，"钱老当时就对我说，"你满六十岁就不要再去编《随笔》了，你自己写点东西吧！你有一双干净的手，你尽可以写！"杨绛先生也在一旁点头："你到年龄就退下来，自己写点译点吧。"的确，我是应该卖力去写点译点的，尽管我自知自己的写作才能有限……

过了元旦，我已踏入六十四岁。当然，在你这位师长面前，我不敢言老，但毕竟也入老人行列了。今年我要做的第一件事，就是将我十七年来（从编《随笔》至今）老作家给我的大批信件——总共有二三十包，认真整理一次。我认为，这大批老作家给我的信，都是有事有文而谈，有感有情而发，既反映了他们的写作生活，也在某一点或某个小侧面反映了我们的时代。其中，仅钱锺书、杨绛两老十多年来给我的信（钱老前年入院动手术前还给我写信）就有一百四十余封。钱、杨两老的信，我特别珍惜，我得抽时间整理出来，当然，在他们俩百岁之前，我不会发表。一些已谢世的老作家如廖沫沙、田间、陈学昭、黄药眠、陶白（东方既白）、荒芜、秦兆阳、康濯、杨沫、邹荻帆等，都与我通信多年至十多年，都有不少给我的信，我都得先整理出来，加上必要的注释……

黄伟经生于 1932 年，广东梅州市人，1949 年曾短暂考入广州三联书店做见习生，后来在《南方日报》《羊城晚报》做记者，所以他也可以说是"三联同人"。

相约在书店

范用有一种本领：把作者变成朋友，或把朋友变成作者。他曾说："要同作者做好朋友，书刊要靠朋友写稿，越多朋友越好，没有好朋友支持，就做不好出版。要尊重作者，你不要随便改动作者的稿件，错白字当然要校正，但别人的意思千万不能动。如果你有不同的想法，一定要同作者商量研究，真的需要改动也只能由作者自己去改，因为我们自己的想法并不一定是对的。多听听作者的意见，要理解他们的真意所在。你尊重朋友，朋友也会尊重你。"

范用在人民出版社工作一转眼就过了三十六年。在这里他接待过好多位作家、学者、画家，如费孝通、黎澍、王芸生、萧乾、吴祖光、黄苗子、郁风、冯亦代、黄宗江、方成……人民文学出版社韦君宜、严文井、楼适夷、孟超、李季、许觉民、绿原等，与人民出版社在一个楼里办公，他们也随时过来坐坐，香港三联书店馈赠的咖啡，正好用来招待客人。

有一年，艾芜要率团到朝鲜访问，从成都来京，七十多岁了，还爬上五楼到范用办公室。20世纪30年代他就是读书生活出版社、生活书店的老朋友，和范用是1942年在桂林认识的。当时他住在郊外观音山，生活清苦。初次见面，他杀了一只自己养的鸡招待范用。那一年范用二十岁，艾芜长他十八岁，人称"汤先生"（艾芜本名汤道耕）。老朋友戈宝权更是常来访范用，每回来只谈书不谈别的，一谈谈了四五十年，从重庆谈到上海，又谈到北京。卞之琳从擀面胡同的家里到东四邮局寄信，走累了，没地方歇脚，也爬五楼，进了范用办公室说："你忙你的。我抽支烟。"1972年范用从干校回京又做出版社领导了，袁水拍那时还"靠边站"，没事干，一个人在家里推敲毛泽东诗词英译，有时也来，一脸无可奈何的样子……在很多年里，范用的办公室成了一个驿站，许多朋友，都是乘兴而来，尽兴而去，而范用在陪他们聊天之中，得到快乐的同时也常常发现可以出书的项目，或书稿的端倪。

　　范用有很多老朋友都是在1949年前共同战斗过的，如前面提到的戈宝权，都是过命的关系。人民出版社的老同事戴文葆更是通家之好。上世纪30年代，抗战爆发，两位镇江师范的女同学逃难到大后方重庆，一位到撤退到重庆的复旦大学读书，认识了戴文葆，后结为夫妻；一位进了读书出版社，认识了范用，后来也成为一家子。抗战后这两家人回到上海，戴文葆供职《大公报》，范用则作为地下党进行秘密工作（以别的名义继续做出版），遇到麻烦时就躲到戴文葆家（海军月刊社，门口有岗哨）。1949年后二人分头来到北京，进了人民出版社，

范用与戴文葆

又成了同事。1957 年，戴文葆被打成"右派"，后被送到农场劳改，范用一直与他保持通信联系，并照顾他的家人。这期间，范用按月给戴文葆寄《红旗》杂志，在精神上鼓励他，还曾在周末坐"京山线"夜车，去农场送衣物和吃食。后来，戴文葆病重，奄奄一息，农场怕负责任，同意他回京治病，需原单位有人来接。范用主动承担了这件没人愿意做的事。1960 年 4 月的一天，范用坐永定门火车站晚 11 时的车，第二天早晨 4 时许到茶淀清河农场，6 时有汽车到五科。8 时到五科后，没马车只好走十来里路，约上午 11 时才到于家岭西村的三分场六队。当天办完手续（领外就医手续），戴文葆不能行走，范用借了一辆平板车把戴文葆拉到车站，搭车回了北京……在那个年月里，范用有自己的是非判断标准，在戴文葆最困难的时候做了朋友应该做的事情。

　　1988 年，北京的三联书店老同志首倡成立"三联书店联谊会"，编辑《联谊通讯》，随后，上海、广州、西安、南京、重庆、成都、昆明、南宁、天津、济南、沈阳、哈尔滨、贵阳、浙江、湖南等地也相继成立联谊会，组织联谊活动，编辑各自的《联谊通讯》，然后互相交流。北京三联联谊会每年在新闻出版总署召开年度大会，到会一般有二百多人。这些老同志，当年都曾在一起出生入死，绝大多数在1949年进北京后，已不在三联书店工作，但退休后都愿意参加三联联谊会的活动，把联谊会看成他们温暖的"家"。范用是其中的积极分子。

1996年三联书店在美术馆东街的大楼建成后，楼上三四层是办公场所，一二层和地下一层开了一家书店——三联韬奋图书中心，还在二楼设了一个咖啡室。咖啡室墙上挂着黄苗子、王世襄等人的题词原件。这地方离王府井大街北口不远，靠着隆福寺，交通十分方便，不但有好几路公共汽电车到达，后来还修了地铁站。大名鼎鼎的"二流堂主"唐瑜曾专门给范用写信说："30年代上海永安公司四楼有个大东茶室，一些报刊编辑、写稿人每天下午4时都到这地方去'饮茶'，一壶茶，一碟点心，各人在此进行稿件交易，或约稿或卖稿，完了各人付各人的账。也可请客，小洋二三毛而已。40年代，重庆二流堂，老夏（夏衍）约两三人到那里谈事，乔冠华约人到那里研究问题，于伶、宋之的等约人到那里聊天、喝茶，应云已约人打四圈麻将……我感到三联的咖啡室，正具备了文化的气息、环境，便利的交通，我们是否可以通过阁下的关系，在那里搞一个'联络站'呢？比如，我们约定每个星期五中午10—14时在那里，愿意来的可以来，来了碰不上可以留条子。咖啡室中有几种可以解决肚子问题（的简餐），再为它设计几种小点心，就

三联书店老同志聚会，左起：倪子明、刘大明、仲秋元、曹健飞、范用、李志国

和大东茶室类似了。如果要到哪里撮一顿，就在这里商定。如
何，如何？"此后这地方果然成为京城文化人会面之所，三联
联谊会的很多活动也改在这里举行；一些小型的聚会，也以书
店为中心；一些信件、相互间的赠书等也常常放在咖啡室，等
对方来时自取。2006年以前，每个月的第一个星期二的上午，
三联书店老同志、联谊会的核心成员在这儿聚会一次。有时在
办公区三楼中国出版协会的茶室，后来三联书店在四楼的会议
室装修了一下，聚会就改到那儿了。每次聚会必到的有仲秋元、
王仿子、曹健飞、许觉民、倪子明、刘大明、李志国、范用等。

仲秋元1920年生于江苏苏州，1937年入职生活书店，曾
任初始合并的三联书店总经理（在重庆），1949年后到文化部

倪子明

范用

仲秋元

曹健飞

工作，1981 年任文化部副部长；王仿子是上海青浦人，30 年代在衡阳、桂林、上海、香港生活书店和桂林《救亡日报》从事出版发行工作，1949 年后曾任文化部出版局副局长兼中国印刷公司经理、文物出版社社长、中国版协副主席；曹健飞十九岁进入新知书店，曾任中国国际图书贸易总公司总经理，是北京三联书店老同志联谊会会长，也是北京《联谊通讯》的主要组织编辑者；许觉民 1921 年生于苏州，1937 年进生活书店工作，1949 年后曾任人民文学出版社副总编辑、中国社科院文学研究所所长、《文学评论》杂志主编，他和范用还是儿女亲家；倪子明 1919 年生于安徽桐城，1939 年在桂林参加读书出版社，1949 年后曾任国家出版局研究室主任，兼任三联书店总编辑；

刘大明，原名赵子诚，范用在汉口读书生活出版社的同事，是范用的入党介绍人。这些老同志，年轻时在战争和白色恐怖中并肩战斗，堪称生死之交，几十年的感情，不分你我，胜似家人。聚会时，除了联谊会的公务，大多并没什么要紧的事，也就是聊聊天，喝喝茶，接近中午的时候，一起到附近的"沪江香满楼"去吃上海菜。一般都是范用付账，他的酒平常就存在那里。其实，这种每月在三联的聚会也是范用组织的。八个老人里面，他年龄最小。2006年，他八十三岁，仲秋元八十六岁，王仿子和曹健飞已经快九十了。

参加老同志聚会时，范用经常带一个可以背在肩上的蜡染大布袋，这个布袋子是三联书店年轻的女编辑曾蕾送给他的，他很喜欢。布袋子里一般装着一封封要发的信件和需要复印的材料，交给总编室的同事，请他们代发或帮忙复印，还有一些给老朋友的字条和书，则放在书店咖啡室等人来了转交他们。他顺便在书店里兜一圈，看看出了什么新书，跟偶遇的熟人聊聊天。总之，每次来三联书店，他都忙得很，兴冲冲的。

2001年10月，出了十三年的《联谊通讯》，出到第八十期，首页刊登了一篇《终刊辞》：

我们向诸位宣布，《联谊通讯》自八十期以后决定改出不定期、篇幅少的《简讯》。

事情是在今年5月份经与北京联谊会会长、副会长商讨后决定的。原因只是一点，对这一繁重的编辑出版工作，几个主持的老同志，近年来一直带病工作，坚持至今实在已力不胜任，难以为继。几年来一直吁请几位适宜的同志接办，也是因为年事已高为由，未能如愿。在此困境中，除休刊外，已别无他途可循。

《联谊通讯》本是三联书店同人间互通音讯的刊物，自创刊以来，至今已出满八十期，曾普遍地得到三联书店同事们的喜爱和支持，如今一旦休刊，包括本刊编者在内的三联书店的同志们都会感到惋惜。我们正是在一种惋惜、歉疚和力不从心的心情下做出了这个决定，我们相信，这种心情可以为诸位所理解。

刊物虽然停了，而联谊会的联谊活动仍应继续坚持下去，我们深信诸位都会这样做的。刊物不过是活动的形式之一，还有相互间通信、互访、旅游、叙谈等活动形式，都是应该加强而不应该终止的，如古人所云："青山行不尽，绿水去何长"，我们的联谊之情将如青山绿水般的连绵不尽。我们的年龄固然已老，这是自然规律，生活着只要对人生追求是高尚的，便是我们最大的快慰。我们深信，以韬奋为代表的一代出版工作者在战斗中结成的友谊永远是常青的。在我们每一个联谊会成员的心坎上，都不会忘记过去走过的路并寄希望于现在和未来。

范用在终刊号上发表了一篇《八十感言》。他说："《联谊通讯》出了八十期，也算得上高寿了，如今无疾而终，是喜事……三联年轻一代曾经有人惊奇老同志们为何有如此的凝聚力？我告诉他，是在战斗中积蓄磨炼形成的。这批三联人，不仅有理想、有信念，而且有深厚的情感……"

范用在联谊会做的主要工作，是编了两本书，一本是《战斗在白区——读书出版社 1934—1948》，一本是三联书店老同

《战斗在白区》（2001）　　　　　《生活·读书·新知留真集影》（1998）

志的照片集《生活·读书·新知留真集影》。《战斗在白区》足有四五十万字，前后编了十多年，署名"范用编"。编辑这部社史有相当的难度。读书出版社从创办起就一直身处国民党统治区，随时有遭受破坏的可能，难以保存档案资料，而在要编这本书的时候，当时的出版社领导人多已不在人世，只能向在读书出版社工作过的仍在世的同人和读书出版社的朋友们征稿。所以，这本书除了第一部分为刘大明和范用撰写的出版社简史（约八九万字），其他内容主要是各位同人的回忆录，而回忆录中，回忆几位创办人和领导人的文章又有比较重的分量；最后一部分是保留下来的一点可怜的文献，如《读书生活出版社征股启事》《〈读书生活〉两年来的回顾》等。

　　《留真集影》也编了好多年。主要是征集照片不容易，整理也很费事。此前只在《联谊通讯》上发了两次通知，没想到全国各地老同志寄来的照片太多，千挑万选，还用了一千多张。粗略统计，1949年前参加三联书店工作的同事有两千多人，照片集所收不过半数多一点（许多照片是合影，一张有多人），而确认这些照片中的人物姓名和身份（比如是三店中的哪一家）也是不小的工作量。但范用编辑这些照片时，心里充满感情，"编者从这一大批照片中，又见到了我们亲爱的老伙伴，其中有的已经不在人世，还见到许多从未见过面的战友，当年都还是小年青，只听说过他们的名字。照片把我带回到往日，那艰苦、团结、战斗的年代，意气风发的年代。编写完牺牲、殉难同志名单，更是无尽的思念，不胜感慨系之！他们的精神，会永远激励我们继续前进……"

这两本书的设计师都是范用。《战斗在白区》的封面用了大面积黑地儿，加上红、白，三个颜色强烈对比，这些颜色代表了那个年代和读书出版社的风骨；《留真集影》的封面也是这样，大面积黑之上的红和白。这本照片集不是供艺术欣赏之用，在编排方面没有刻意追求美观，也没有豪华包装。因为照片太多，往往许多照片挤在一页里，照片之大小，位置的先后，纯属版面安排所需，别无用意——实际上，三联书店一向上下级平等，绝无官气，也无商气，这种安排方式符合三联传统。在照片集最后，范用特地加了三个附录：《生活书店、读书出版社、新知书店机构名单》《生活书店、读书出版社、新知书店、三联书店人员名单》《生活书店、读书出版社、新知书店、三联书店牺牲、殉职人员名单》。

"爱书人"很多，"书痴"则凤毛麟角。范用是真正的"书痴"。

——刘　杲

我不善于写作。偶尔写点怀旧文字，怀念故乡，怀念母校，怀念同学师友。我是用真情实感写的。

——范　用

你写的文章一口气读完，太好了，比我（或我们）这些毕生"舞文弄墨"的好多了。好就好在平凡和真挚。望多写一些——发表后千万寄我复印本——也许可以让读书界呼吸一点新鲜空气。

——陈原致范用

"书 痴"

范老板住在朝阳门内以南，一条南北街路东，一座花园式的小楼，推想是外国人建造的。楼两层，他住楼下，房间不少，面积很大。一进屋就吓了一跳，一间最大的，布满书架，由地板到天花板，都是书。古旧的不多；文学革命以后问世的这方面的重要著作，几乎都有。另几间，墙上挂着书画、照片，都雅而美，可说是艺术气味十足。还有个柜，摆的都是罕见的酒瓶，也很美。因物及人。可见主人不仅是个读书人，还是兴趣广泛的艺术家，用古话说是"多才多艺"。

上面是张中行在范用北牌坊旧居所见。搬到方庄，基本面貌未变，只是客厅里以漫画家所画范用以及酒瓶陈设为主，书都"藏"在里屋。在文化圈里，范用的书房是很有名的，据说台湾、香港的出版人说，没有到过范用先生的书房，就等于没到过北京；范用书房的座上客，可以编一本中国文坛名人录。

范用纪念文集《书痴范用》（2011）

范用爱书成癖，被人称为"书痴"，他喜欢这个称呼，去世前自编一本《书痴范用》交给我。我在《后记》里说："《书痴范用》这个题目是范先生 2009 年秋天交给我的。为这本书，他给我写了几封信，给了我一些剪报、书和刊物的复印件等……当时感到，编一本书，这些材料不够，而且记得，还有一些文章没有收入；还有些朋友，与范先生交往很深，他们也愿意写。与同事杨进商量，大家一起，再约些稿子，同时收集发表过的文章。"这本书在 2011 年 1 月编辑出来，遗憾的是，范用已于三个月前去世，但他生前的行状、人品留在朋友和同事的笔下，留在这本书里，成为永久的纪念。

范用在家里

中国自古有许多爱书的君子，他们的言谈行状被记录下来，成为美谈。据黄裳考证，宋代诗人尤袤自称他藏书的目的是，"饥饿之以当肉，寒读之以当裘；孤寂而读之以当友朋，幽忧而读之以当金石琴瑟也"。后代有学人为自己的书斋取名为"四当斋"。范用爱书，堪比古人，爱到了孳孳的地步。满屋子的书，都是他亲自上架，然后一遍遍调整过的，哪本书放在哪里他都记得。从北牌坊胡同搬家到北京方庄时，房子虽然很大，房间也多，但原先家里摞在一起的书还是放不下，他处理了一车书，让中国书店拉去了，剩下的都是特别珍爱的书，有很多书跟了他一辈子。比如1936年出版的比利时画家麦绥莱勒的四本木刻连环画故事，分别是鲁迅、郁达夫、叶灵凤、赵家璧作序的精装小开本，他十三岁买的，到老还和新的一样；同样是1936年鲁迅出版的《死魂灵一百图》，精装版大十六开，范用在环衬工工整整写下一段题记：

1936年，时年十四岁（虚岁——作者注），还是小学生，在镇江五卅图书馆看到《死魂灵一百图》，爱不释手。这一年，父亲去世，破产还债，身无分文，买不起这本画集。1946年，从重庆到上海，也还是穷，但终于买下了这本书，贴有两张书票，甚佳，至今未能查考出藏书主人是谁。似乎是日本人。近由李济生兄送请当年主持出版此书的吴朗西先生在书上签名。范用记于1989年10月。

在环衬中央，端端正正盖了一枚图章：鹤镛藏书。如此郑重，可看出他对这本书的珍爱。

他的书房最正中地方，书橱里放着 1946 年版的《鲁迅全集》，这套书是恩师黄洛峰送给他的。鲁迅著作单行本，除了一两种，范用几乎都买到。1950 年他得到这部二十卷的《鲁迅全集》后，心血来潮，将单行本全部赠送新华辞书社，很快就后悔了，因为那些单行本多是鲁迅经手出版并设计封面的。

老版的《大卫·科波菲尔》《奥列佛尔》《匹克威克外传》《巴黎圣母院》是他 1949 年前在上海时出版的（用的是三联书店二线书店"骆驼书店"的名义），还有他特别喜欢的《约翰·克利斯朵夫》，都摆放在《鲁迅全集》周围。

他对与鲁迅有关的书情有独钟。书橱中藏有 1931 年鲁迅以三闲书屋名义刊印的苏联 A. 绥拉菲摩维支著、曹靖华译长篇小说《铁流》，是抗战时期在重庆上清寺欣欣书社（书上有印记）购得。同时购到的同一开本版式的书还有亚历山大·法捷耶夫著、鲁迅译长篇小说《毁灭》。印数前者一千册，后者

《大卫·科波菲尔》（1949）　　　《巴黎圣母院》（1949）　　　《约翰·克利斯朵夫》（1949）

两千册。在《铁流》中夹有一张《铁流》插图特价券，上面盖有"洛人"印章。国民党政府曾通缉"堕落文人"鲁迅，鲁迅即以"洛人"为笔名。曹靖华在范用的这本《铁流》上题签："范用同志正译，译者于北京，1976 年夏。"

范用收藏鲁迅印造的书还有：《梅斐尔德木刻士敏土之图》，图共十幅，1930 年出版。当时鲁迅先生赠送苏联版画家一批宣纸（用宣纸拓印版画效果比洋纸好），请他们用原刻拓印二百五十份，线装；《引玉集》，1934 年出版，据作者手拓，用珂罗版翻造三百部，五十部为纪念本，不发售，二百五十部为流通本。这两部书都是他后来淘到的二手书，品相一般，但基本完整。

特别喜欢的书，范用是舍得花血本去买的。20 世纪 60 年代，人民文学出版社曾影印出版了一套线装本《鲁迅日记》（四函四十册），锦缎装帧，印制精良，价格昂贵。家里不宽裕，他就好言好语跟妻子商量。丁仙宝非常理解他，心甘情愿地卖了一件自己珍藏的首饰，买回了这套书，范用捧在手里不舍得放下，翻来覆去地摩挲，丁仙宝看在眼里也很欣慰。

范用收藏了许多好书，也喜欢一些特殊的版本。他曾有书几万册，但"文革"抄家损失了不少，搬家又处理了一些，还有一些书刊捐给了相应的部门（比如捐给三联书店韬奋图书馆的，有一个专架），最后整理他的遗物，书刊还有一万五千册之多，装满了家里的三十多个书架和书橱，每个书架书橱都像不堪重负，木板都压弯了。尽管如此，他并不是藏书家，只是爱书家，是书痴。他不关心书刊的经济流通价值，基本不藏古籍版本，而是关心书里的文化价值，当然还有很多感情因素（比如黄洛峰的《诗词存稿》）。半个多世纪以来，他一本本把书买回家，读这些书，谈这些书，整理这些书，视其为生命的依托。

范用珍藏的书里有一个大项，就是签名本。不是一般的签名本，比如《死魂灵一百图》请当年主持出版者吴朗西签名，签名时吴朗西已经八十五岁高龄了。在战争年代，他辗转买到艾青1936年自印的《大堰河》，读了不知多少遍。这书当年只印了一千本，版权页上有单贴的红泥专印的"艾青"名章。1978年，他请艾青在这本书上签名。艾青见到这难得的版本，十分激动，在书上题写了几行诗：

好像一个孤儿

失落在人间

经历了多少烽火硝烟

经历了多少折磨苦难

相隔了四十多年

终于重新相见——

身上沾满斑斑点点

却保持了完好的容颜——

可真不简单！

题赠藏书的范用同志，以志感激。

以上只是范用亲自请人签名的书，还有一些是从书店淘来的签名本。比如他很小的时候读到《大公报》民国二十六年（1937）二月二十四日《文艺副刊》刊登的曹禺的文章《我怎样写〈日出〉》，此前他已读过《日出》剧本，幼小的心灵受到莫名的震撼（他一直收藏着这张报纸）。令他惊喜的是，几十年后竟然在北京一家旧书店买到一本曹禺1937年签名赠送郑振铎的初版精装本《日出》，黑布面，书名烫银。买到这样的签名本，简直是一种缘分！他还淘到了汉语言文字学家黎锦熙赠送"岂明先生"的签名本，是民国二十二年（1933）二月北平立达书局出版的《辑雍熙乐府本西厢记曲文》。像这样的书，怎么能借出去呢！别说借出去，即便被家人翻动过，他也会追问。可是在20世纪七八十年代，书还很难找的年代，范用的书成了爱书的朋友"觊觎"的对象，免不了有借书的事情。有人借了书看过不还，时间一长记不清是谁借的，找不回来，他很心疼。有时突然发现某本书不见了，瞬间急出汗来。于是他自己订了一个借书登记簿，记下哪本书哪天被哪个人借走了，连家人也不例外，时间一长，就会催要。借阅他的书还有很多规矩：不能把看到中途的书打开扣着放，不能卷握着书看，不准折书页角……以至于他的女儿范又宁愿到单位的图书馆借书看，也不把父亲的书借回去看。其实，女儿也许不知道，范用这些"怪癖"是"其来有自"的，古代藏书家曾说：聚书藏书，良非易事。善观书者，澄神端虑，净几焚香。勿卷脑，勿折角，勿以爪侵字，勿以唾揭幅，勿以作枕，勿以夹策。随开随掩，随损随修……三联书店编辑孙晓林曾形象地描写过：最怕的是范老来找他的书，他会直奔你而来，问得你发蒙，上次什么书，是不是给你了？有一两次，他在三联布告栏上张贴"露布"，寻找心爱的书，所有人都知道，那真是天大的事。

三联书店老同事吉少甫夫妻俩调回上海工作，女儿吉晓蓉还在北京读书，就托付给北京的三联老友。每逢节假日，晓蓉到各家去玩，大家都不拿她当外人，去前不用打招呼，到后坐下就吃饭，没事就乱翻书，想不走就住下来。她去得最多的是范家，因为范用夫人丁仙宝做的饭最香，范家的书刊最多，最好看。一次她在书架上发现了一本《浮士德百卅图》，是1947年上海群益出版社初版的蓝灰色布面精装本。1945年，吉少甫奉命由新知书店调到以出版郭沫若译著为主的重庆群益出版社，协助郭沫若在文化出版界开展统战工作。抗战胜利后又奉命赴上海组建群益总店。晓蓉曾听父亲讲过，出版郭沫若译的《浮士德》全译本，是时任群益主编的冯乃超定下的选题。原版中的一百三十幅精美插图，如放入书中，会大大增加书的厚度，读者阅读起来不方便，价格也会贵很多。冯乃超建议，像鲁迅出版《死魂灵一百图》一样，将《浮士德》的插图单印成书，并请郭沫若为每幅图编述一段文字说明。郭沫若非常赞同，很快写好了文字内容交给吉少甫。《浮士德》全译本共印了三万册，随后出版的《浮士德百卅图》印了五百本，其中正文道林纸、蓝灰布面精装本只印了一百册。如今这一百册特装本不知流落在谁的手中，连主事者吉少甫手头都没有，没想到范用这儿竟然藏着一本！

也许是太喜欢这本书，而且打小就认识范叔叔，晓蓉捧着这本书向他讨要，结果发生了意想不到的一幕：范用瞪着眼

范用自制的藏书票：愿此书
亦如倦鸟归巢，鹤鳙自制

睛吼了一声："不行！"把晓蓉吓了一跳，立即意识到自己的莽撞，连忙说"对不起"，退而求其次请求借给她看一下，范用又吼了一声："不行！"晓蓉可怜兮兮地说，就看一周，下周一定完璧归赵。也许是碍于她父亲吉少甫的面子，范用无可奈何闭上眼，掉转头走了。为此事，范用和晓蓉别扭了小半年才缓过来。

为了提醒借书人早点还书，范用自己制作了一张藏书票，画面是一只摆满了书的书架，中间有几处空着的。在书架右侧写着一句话："愿此书亦如倦鸟归巢"。

说到爱书和读书，刘再复讲过一个故事："2001 年 8 月我刚到香港不久，天地图书公司的朋友告诉我，范用老先生写信给他们，说我的书他都有，就缺了一本《漫步高原》，请'天地'帮忙补齐。朋友说起这事时是淡淡的，很平常，而对于我，却又像听见了大事，心里微微颤动：从北到南，从东到西，在这个世界上漂来泊去，竟然还有一双真实的、真知的目光注视着我的足迹与心迹。这一刻，我真感到有幸，感到被故国一颗很美的赤热的书魂所厚爱的幸运。"他由此想到，范用每到新年给他寄贺年片，其中较早的一张写着：

天各一方，我常常想念您，以及其他几位老友！我一切如故。祝福。

这张贺年片背后录了一首王安石的《孤桐》诗，是张白山先生书赠范用的："天质自森森，孤高几百寻。凌霄不屈己，得地本虚心。岁老根弥壮，阳骄叶更阴。明时思解愠，愿斫五弦琴。"刘再复认为这首诗很能看出范用的风骨，而这是离范用万里之遥（时刘再复在美国）才更为深切感受的，同时，他还感受到范用那种酷爱书、读书能真读进去的罕见的书痴性格。

类似的事情，在范用身上发生很多，比如《鲁迅学刊》的编辑王观泉有一天接到范用寄来的该刊创刊号一册，附信中说：此为多出的一册，但缺第二期，希望帮忙补齐以成"全套"。信中还说：如无第二期，创刊号不必退还，可赠与别人补阙。巧的是，王观泉恰恰缺了创刊号，又恰恰多了一本第二期，于是皆大欢喜。

还有这样一段逸话：范用某天去三联书店，在出版部看到一部待发排的书，是钱穆的《八十忆双亲·师友杂忆》。这本书他十多年前就看过，是引进台湾东大图书公司的版本。随意一翻，见书上有多处改动。钱先生已经去世十多年，莫非是生前留下的修订稿？仔细一看，其中凡是民国纪年一律改成了公元纪年，才明白这不是作者的修订，而是出于编辑之手。范用向来认为，重印前人著作，出版社无权作任何改动。为了某种原因作必要的删节是可以的，也要尽可能得到作者或作者家属的同意，并且向读者说明。为此，他写了一纸书面意见，提请三联书店考虑。可是，过后看到出版的书，纪年还是改了，他的心情有些不安。果然，不久就有《秀州书局简讯》上的一则消息："刘云舟先生12月8日来秀州书局买一套《藏要》时说：'我昨天花了三个小时，将北京三联新出的《八十忆双亲·师友杂忆》中的公元纪年，全部用改正液改回民国纪年。钱穆先生的文章，不用民国纪年，读起来缺少气氛。'"另有读者因此认为三联书店编辑变得"低劣"了。范用则不依不饶地追问：为什么改？民国是中国历史的一部分，若改，清朝明朝古籍是否也得改？为此他专门写了一篇文章，题目就是《令人赧颜不安的事》。此事既可以看出范用的出版观，也可见出他对书的态度，就是认真，或说是较真儿。

其实范用读书是很随性的，并无什么计划，就是凭兴趣读。他喜欢斟一杯洋酒（浅浅的），捧一本书，在灯下读书，自得其乐。

范用喝酒，跟外婆有关。外婆是绍兴人，随外公到镇江。浙江同乡常在晚间来外婆家喝酒聊天，谈家乡事。他们多是手艺人，银楼的、咸货店的、锡箔庄的。喝的是绍兴黄酒。喝完了酒，外婆炒盘年糕给他们吃。范用小时候还抱在大人手上时，他们用筷子蘸点酒抹在他的嘴唇上，于是上了瘾。范用的父亲不会喝酒，范用十来岁时，来了客人就由范用替父亲喝酒。一来二去养成了一辈子的习惯。

上世纪40年代在上海，范用常常一个人到小酒店要碗五茄皮酒。那酒血红，甜咪咪，略带药味。喝完了，在酒店门口摊子上来碗油豆腐线粉，算是一顿。

范用喝酒很慢，一口一口喝，从不跟人干杯。他认为如果不在舌头上打个滚就咽下去，未免糟蹋了酒。他一生只醉过一回，那是1941年在重庆，范用十八岁，传来"皖南事变"消息，心情悲愤到极点，跟一位同事借酒浇愁，一碗一碗地喝，结果烂醉如泥，大骂国民党。同事怕声音传出去，用棉被把窗户挡住。他挨了批评，此后再也不敢放肆喝酒，再也没有醉过。1960年初，生活困难期间，根本买不到酒，偶然在药店里发现一种治骨痛牙痛的广东冯了性药酒，于是喝这个，聊以过瘾。在他的经验里，"酒瘾"是和"书瘾"连在一起的。

喝了酒读了书喜欢发感慨，或打电话，或写信对人说。有一次读了一本谈"狂与逸"的书，感慨起来，想起楼适夷赠给他的龚自珍的诗句"亦狂亦侠亦温文"，便给编辑刘丽华写信说："狂者，知其不可为而为也。我一生就有这毛病，好钻牛角尖，所以老碰壁吃瘪。逸，我是逸不起来的。不过，看好书，也算一逸。"他读自家老祖宗文正公范仲淹《与中舍书》，"千古圣贤，不能免生死，不能管后事，一身从无中来，却归无中去。谁是亲疏？谁能主宰？既无奈何，即放心逍遥，任委往来"，很有感触，写文章时说："一梦七十年，梦里不知身是客。赤条条来，归无中去。但愿书长久。"

1997年中央电视台《读书时间》栏目对范用专题采访。"他在演播室里叙说他的一生，略带沙哑的嗓音透着几分苍劲，格外舒缓的声调却显出一派安详，渐渐就把我们都带离了拍摄现场。话到终了，主持人问了一句：'都说做出版就是为他人作嫁，您一生都在为他人作嫁，就没有一点遗憾？'范用先

范用在家中
书橱前

生几乎是一字一顿地回答：'我很愉快。'采访至此戛然而止。"
《读书时间》策划人朱正琳后来回忆说，"节目做完后范用先生
就与我们栏目结了缘。他乐于'为人作嫁'，我们很快就亲身
体验到了。在他的直接或间接帮助下，黄永玉、黄苗子、郁
风、王世襄、杨宪益……他那帮老朋友先后都成了我们的'嘉
宾'……就是在范用先生那间不大的客厅里，我开始对'出版
家'有了一个概念。不过，依我看，范用先生也许该算是'老
派的'出版家——他自己爱书，而且对书显然有一种很'老派'
的看法。在闲聊中偶尔提到一本现在不太好找的旧版书时，他
每每就会眼睛一亮，说：'我这里有一本！'然后准确地走到
书架某一位置，一伸手就取了出来。我当时想，这才叫如数家
珍！让我难忘的还有他说过几遍的一句话：'为什么不出小册
子？历史上有重大影响的书很多都是小册子。例如《共产党宣
言》……'看来在他眼里，书的价值主要在于书的作用，而不

仅仅在于能有个好的销路"。

我爱穆源

范用打小热爱写作，十三岁就已经在《江苏日报》上发表文章，还差一点主编报纸的一个儿童栏目。他在穆源小学上学时写的一首诗保存了下来：

我要奔向大海

我打雪山上下来，
　　我要奔向大海。
就好像儿子，
　　扑到妈妈的怀里。

我们先是细流，
　　然后成为大江。
我们快活得又跳又唱，
　　浩浩荡荡奔向远方。

鱼儿在水底下游，
　　船儿在江面上走。
不管好天还是下大雨，
　　我们一路前进不停留。

啊，我们终于看到了大海，
　　她张开双臂把我搂进怀里。
孩子啊，你歇一歇脚，
　　再去大洋看看这个世界！

诗虽然幼稚，但作为一名少年，已很难得。可是自从进入读书出版社以后五六十年里，他极少写作，主要原因可能是：做书是无止境的，他在替他人作嫁衣的繁忙过程中体会到极大乐趣，无暇也无意个人写作。晚年退居二线，闲下来了，他曾经在朋友的督促下，写下一个系统的写作计划：

回忆平生

篇前：故乡·明月·坟头草

　　——我的老家，故乡风习小景，祖母，外婆和父亲、母亲

沸腾的日子

　　——1937—1938 武汉一年

轰炸·浓雾·泥泞

　　——1938—1941，1944—1946 重庆五年

南行·撤退

　　——1941—1944 桂林三年

破晓之前

　　——1946—1949 上海三年

篇后：走入混沌

　　——1949—1950

这个写作计划，不知写于哪一年，最后没有实行。七十岁前后，他怀念自己的母校穆源小学，与小同学们通信，无意间开始了专题写作，后来有两位挚友把这些信拿给香港天地图书公司，出了一本小册子《我爱穆源》，成为他这位一辈子为他人出书的人的第一本自己的书。他在书前写道：

近几年，故乡镇江穆源小学母校的小朋友，知道北京有个

范用在穆源小学教室里

穆源的毕业生，来了几十封信，和我交朋友。

我读小朋友的信，他们的天真无邪，使我在迟暮的寂寞中，感受到一股清晨的甜爽的气息。我一一写了回信。后来感到力不从心，于是拟了十来个题目，每隔十天写一封信寄去，讲讲我在母校的生活。写这些信，仿佛时光倒流，我又回到童年，我的幸与不幸的童年。有时情不自禁，竟至于流下眼泪。这才体会到冰心先生的这几句话："童年，是梦中的真，是真中的梦，是回忆时含泪的微笑。"……在南京从事教育工作的洪桥先生，看了我写的信，来信说："这些回忆是很真实的，如能放手细腻写出，该多好，在这个基础上，是不难加工写成一本别有风味的回忆录的。现在假大空的回忆文章太多了，像先生这样的求真是很少的。"

我是一个普通人，谈不上写回忆录，只是乐意给小朋友写写信。写信就是写信，把事情讲清楚，把意思和感情表达出来就行了，不是写文章。这大概就是洪桥先生说的"求真"吧。只是我信里所讲的，毕竟是半个世纪以前的旧事，怎么看也是一张发黄的褪了色的照片，它只是想告诉小朋友——热爱生活吧！

范用梦里的穆源小学，抗战年代已被日本侵略者炸毁，成了一片菜地，他希望在回忆中把它恢复：从进学校大门、屏风式的大镜子，到校长室、接待室、院子里的两棵大树、教学楼、教室、礼堂，礼堂里的乒乓球台子和钢琴、风琴，一直到教师宿舍、操场、医药室、食堂和厨房……所有物事一点也不落下。他甚至根据回忆，用纸板和颜料剪贴绘制了一个当年穆源小学的立体模型，面面俱到，费了好大心力，送给现在的穆源小学留念。

在信里，他还回忆了创建学校的校长爷爷、几位亲爱的老师、同学好友，以及体育比赛、小小图书室、唱游课、远足、暑假生活、童子军、演戏剧等，还有做贺年片、戴校徽的回忆，他讲得津津有味，读的人也被迷住了：

我们穆源，三层楼上有一个图书室，买了两套印得很讲究的儿童读物，一套中华书局的"小朋友文库"，一套商务印书馆的"小学生文库"。这两套书每套都有好几百本，各门各类都有，有故事、童话、寓言、历史、传记、地理、游记、科学知识，还有教你做手工，做科学小实验的。

图书室还有别的书，有画报、杂志，有《小朋友》《儿童世界》杂志。同学们爱看画报，图书室里有一批旧的《少年》杂志，看出版年份，我还小哩。另外，还有一本《中学生》杂志，大概是给老师看的，也借给学生，我都借来看了。印象最深的是其中有一栏《文章病院》，专门告诉你报刊上的文章有哪些不通的句子，看了以后，自己作文就知道要注意什么……

我和同学们还自己办了个小小图书室，大家把自己的书拿出来放在一起，也编上号码，也做卡片（其实是一张厚纸片），借书也得填单子，一点都不含糊。还给小小图书室起了个名字："晨光图书室"。暑假寒假学校的图书室不开放，小小图书室照常借书。放假嘛，大家正好有时间看书。

学校的图书室和小小图书室出借的书，有几本借出的次数最多：《爱的教育》《中华民族英雄故事》《说岳（岳飞）》《水浒》《苦儿努力记》，丰子恺的《儿童漫画》和《学生漫画》，冰心的《寄小读者》，叶圣陶的《稻草人》，老舍的《小坡的生日》，外国的儿童读物《表》《大人国和小人国》《木偶奇遇记》。你看，真正的好书，同学们还是喜欢看抢着看的。

……

《我爱穆源》感动了许许多多不同的人：孩子和老人，学问家和普通人，港台朋友和内地好友。

作家池莉说："您可能不知道收到您的信和书我是怎样的高兴。已经有很多年没有写信——没有写这种拥有个人真实情感的信了。您的书一收到，翻了一翻便放不下手，一口气读完了，真好……您的书读得人心里头宁静极了，干净极了，美丽极了。

《我爱穆源》（2002）

谢谢您！"

学者陈乐民认为这些故事所表达的是一个老人的真性情。"何谓真性情？真性情最直白的表现，就是童心、童趣、童真，就是赤子之心。赤子之心最真诚"；"怀旧，是老年人的习惯。怀旧，容易引起伤感，也容易使人陶醉于昔日的盛景。然而最宝贵的还是回到了少年的纯真；这时，岁月的距离便一下子消失了。我想，人若是想享有真情，最重要的就是保留这颗赤子之心；如果人人都能以赤子之心待人，人间肯定要纯净得多，空气也会清爽起来。十四封信，平静地回忆着几十年前的一座普通小学的有韵味的生活，没有训世的'警句'，也没有任何豪言壮语，却有今天最需要、最可珍贵的真情。所谓大人者不失其赤子之心是也"——陈乐民文章的题目就是：《赤子范用》。

作家邵燕祥读了《我爱穆源》后，写了两篇文章，一题《小学生范用》，发表于《羊城晚报》（同时给了香港的报纸），一题《又一本〈寄小读者〉》，给了郑州《中学生阅读（高中版）》。

人民文学出版社社长韦君宜从头至尾看完了《我爱穆源》，对范用说："真感激你，让我在我的童年里自由地游玩了一趟。你怎么想起这个主意来的！真好，使我也想没事的时候写写我的少年时代。"

诗人绿原说："《我爱穆源》收到后，一口气读完，连同许双的好文章。你永远是那么亲切、朴素而又别致，这就是艺术。"

香港天地图书公司出版《我爱穆源》后不久，北京三联书店又出了简体字版。这一版增补了范用新写的几篇怀念师友之作，都是童年记事。其中《只有一年》一篇近六千字，大概是《我爱穆源》里字数最多的文章。这篇文章用梦一样的文字回忆了十二岁那年和同班一位女同学的友情，是情窦初开少年的一段美好但又悲伤的经历，这个梦和这种悲伤在他心里存了一辈子，直到七十多岁才把它写下来。那个小姑娘在他笔下像公主一样美丽——"冬天，你戴个鲜艳的桃红色绒线帽，在下巴打个蝴蝶结，又围上一条雪白雪白的羊毛围巾，把小脸蛋衬托得格外好看，就像童话里的小公主"；又像普通家庭的小姐姐一样善良、多情——"你特别爱干净，衣裳总是整整齐齐，不喜欢我邋遢相"。她叫范用"星星"（恰好范用小名就叫伏星），"天上星星再多，我也能一眼看到你是哪一颗"。"好啊！那我叫你弟弟。"范用说。她是个女孩子，可是他愿意叫她弟弟。倒不是因为别的，就觉得这样自然一些。

我们爱上国文课，爱做作文。每回发还作文本，要紧看看打了多少分，老师怎么改的，评语说些什么。我们又推敲一番，把作文改得更通顺更生动一点。到现在，我写东西，还有这个习惯，跟你学的。

我们另外买了本作文本，把两个人的作文工工整整抄在一个本儿上，每个题目两篇作文。我在封皮上画了一对小燕子。老师教的歌，有这么一句："飞到东来飞到西，相亲相爱不分离。"我们就是小燕子。

还有一件事，我一直记在心上。那是秋雨连绵的时候，跟平日一样，我们还是最早到校，愿意两个人在教室里待一会。这一天，我先到，站在教室屋檐下等你。你来了，走到我跟前，突然扑在我身上，抱住我，两个大眼睛盯着我，马上你放开了手，没有说话，走进教室。我愣住了，心想大概下过雨砖地长了青苔，你差一点滑倒才抱住我。是的，是这么回事，你是我的弟弟嘛，抱抱我有什么关系。当然，当着别人的面，会难为情。后来，我们都没有再提这件事情，但是我常常想起它。六十年了，至今想起来，好像是昨天的事情。

这是何等纯洁动人的同学友情！可是，第二年春天，范用的爸爸病死，欠了一大笔债，店铺让债主拍卖了，他家成了破落户，只剩下外婆、母亲和自己，无以为生，为升学发愁。小姑娘的父亲叫她少跟范用来往，她不听，仍旧和他做好朋友，甚至更亲密了。"可是，我的幼小心灵却因此受到极大的伤害，蒙受屈辱，我发誓再也不进你的家门，我不想再见你的父母，尽管你一再要我去，可我怎么也想不开。""跟着来的更大的打击，暑假中你家突然搬走了，人去楼空，邻居说是去了上海。就这样，再也见不着，你仿佛从地球上消失了……我到穆源小学读高小，可心还留在同乡会小学，还留在靠马路的那间教室里。我常常到学校门口发呆，以为你会从学校里走出来，窗子里会传出你的笑声，喊我的名字……"这一年，在一位老师的引导下，范用爱上了文学。他读了一本丽尼的散文集《黄昏之献》，模仿着也写起散文，一气写了十篇，老师拿去用"帆涌"的笔名登在《江苏日报》副刊上。他把这些发表出来的散文剪贴在一个本子上，一直保留到老。

这些散文全都是表达他对"弟弟"的感情，相处时曾有的欢乐，以及后来的悲苦与伤感，宣泄了当时当地一个少年的苦闷，是"失败之歌""恼人之曲"，是"说不出的故事"：

我曾经爱过一个年幼的孩子，他的名字我忘了，我的记忆已染上了黑色之幕，我恍惚于最深的失望

范用在穆源小学碑石前

之中。

我为他写过十篇散文，在这十篇散文之中，我已经深深感到人生的渺茫，我的伤感都先有一番热烈的感情。(《说不出的故事》)

我说是美丽的小鸟，才比得上他的活泼，驯良的小绵羊，才够得上他的温柔。

我说是小鸟，你比小鸟还可爱。我说是绵羊，你比绵羊更疼人。小斐斯弟弟。你低低地吹那支琴，我被你的音乐所沉醉。(《小斐斯弟弟》)

梦，我爱梦，我尤其爱第一次记忆中的梦。

梦中，高山托在我掌心毫不吃力，把滔滔的大水转回了东流的方向。我放下大山，压倒我讨厌的许多东西。大海在我的指引下，冲撞更多的岩石。(《梦》)

可是，命运是残酷的，现实告诉我，无能为力，我是柔弱的，就像一株小草，我叹息，伤感；

二月的蓝天，流过一朵白云，接着又跟上来一朵。我向流云低诉旅人的悲哀，旅人啊，你只想放歌，你的歌喉却嘶哑了。(《旅人的心》)

这一扇封闭着的破窗，我将要尽我全身的力量打碎它，让可爱的阳光洒到我身上。终究我是失望了，我的巨掌已失掉力量。

记不清是春天还是秋天，我踏在荒凉的山头。我隐隐听到有人叫我的名字，我掉过头，才看清是一个老早认识的朋友，但我叫不出他的名字，我愣住了。好一会才将步子移到他的面前，但他已经走失。一幅黑暗的画，张在我的面前，只看到那画上是一块浓重的墨色，压住我的心，使得我昏沉，失去了知觉。我终究推不开这幅画，我永久沉没在这黑色的画面之中。（《说不出的故事》）

文学和艺术的种子其实从那时候，从最初的人生欢喜与忧伤中，就已经深深植在范用心中了。很多很多年后，他看电影《城南旧事》，影片中那个女孩子，从她的穿着、她的模样，可以看到"弟弟"的身影。那校园，那歌声，"长亭外，古道边，芳草碧连天……"，把他带到六十年前，想起那不能忘怀的江南旧事。看完电影，好几天，他恍恍惚惚，心里只有弟弟——他的"小英子"。他想，"走入黑夜之前，且到童年往日栖息片刻，在这里呼吸一点清爽的空气，重温旧梦"。

泥土　脚印

给穆源小学学生写信，重新引发了范用写作的欲望。在以后的七八年里，他成为《文汇报》副刊《笔会》和香港的一两家报纸的经常供稿者。他说自己"写东西很慢",每写一个题目,都要看许多自己收存的有关资料,大致有了腹稿以后,便反复向人讲述,在一遍遍讲述中,激发补充新的回忆,然后一气呵成,基本上没有大的改动。他说,对自己文字的要求,一是平实,二要流畅。这些文章,有讲述小时候事情的(如《最初的梦》),也有讲述革命年代生活和工作的(如《迎接上海解放的日子》),还有许多谈书、谈杂志的文章(如《关于莎士比亚画册》);随着一位位老前辈、老战友的去世,写作悼念文章也越来越多起来,但所有这些文章,都是纪实的,非虚构的,都可称之为"回忆"。他虽未接受洪桥的建议正式写作回忆录,可这些单篇文章汇总起来,还是有了半部回忆录。由于是回忆录,则一定是留在作者印象中的、深刻的、难忘的人和事,有深厚的感情因素和鲜明的个人色彩。三联书店老同事、出版界公认的学问家、文章高手陈原看了范用的回忆文章,给范用写信说:"你写的文章一口气读完,太好了,比我(或我们)这些毕生'舞文弄墨'的好多了。好就好在平凡和真挚。望多写一些——发表后千万寄我复印本——也许可以让读书界呼吸一点新鲜空气。《为了读书》一篇胜似长篇大论,不写出来太可惜了。"

范用的写作状态是十分放松的,有感而发的,从来没有为了作文而作文。他对朋友幽默地说:写文章"骗点钱,好买书"。他真的用一本学生练习簿,封面写着"卖文"二字,里面记着某年某月某日写的文章得稿费若干的流水账……

《为了读书》讲的是范用为了读书才选择了出版这一行,

讲他在读书生活出版社，黄洛峰老板怎样教给他读书，"他带领我们读好书，学习《大众哲学》（后来到重庆，学习政治经济学），同时又放手让我们读各式各样的书，包括那些内容有些问题的书，多多益善，开卷有益……这样，多年来我养成了一个读书习惯，越是有问题的书，尽可能找来读一读，不信邪，也不怕中邪。而且要读'原装'的、'整装'的，不要拆装过的，不要零件、'摘编'之类"。"作为一个现代人，一个知识分子，还是多看点书报杂志的好，你干工作也才能称职。不能把自己装在保险柜里，做'套中人'。我因为做出版工作，要同国外的朋友、香港台湾来的朋友打交道，见面总得交谈，有话谈。他们提到'先总统'，我说我看过他的《苏俄在中国》；他们提到'故总统'，我说看过他的《风雨中的宁静》；他们提到白先勇，我说看过他的《台北人》。不光看过，还可谈一点读后感，略加评论。我不能让人家看成是个光会谈吃什么、玩什么的人，看成是个什么都不知道的白痴，看成是个只会讲几句套话客气话的官僚。"范用总结自己的读书格言是：

博学之，明辨之，开卷有益，读书无禁区。

从编书到写书，范用是从七十岁开始的，断断续续写了十多年，尤其老伴去世以后，写作成了他打发时间的方式之一。这是他最后的书时光。

先是，江苏凤凰出版社为他出版了散文集《泥土　脚印》

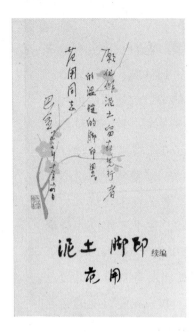

《泥土 脚印·续编》（2005）

（2003）。题目来自巴金给他的题词：愿化作泥土，留在先行者的温暖的脚印里。后来，三联书店出版了《泥土 脚印·续编》（2005）。两本书一共收有一百零九篇文章，不到三十万字，加上《我爱穆源》四五万字，总共不过三十三四万字。他交朋友多，写信也多，写下的信无法统计，但少说也有三四十万字吧（他保留下来的朋友的来信总计八十多万字）。也就是说，他写下的，留在世上的文字，总计不过六七十万字（如果能把他的书信也编辑起来的话）。这六七十万字留下了一个偶然进入出版社的少年，一个闯进大动荡年代的革命者，一个经历了新时代坎坷的文化人一生的性情和履痕，以及因他而涉及的风云人物和重要事件。

在《泥土 脚印·续编》里有一篇《我爱唱歌》，范用写道：

老妻先我而去，独守空巢，少了个说话的人，久而久之，感到舌头有点不太灵活。可以打电话跟朋友聊天，但我舍不得花电话费。想了两个办法：一是吟诵《唐诗三百首》和《古文观止》中的名篇，如白居易的《琵琶行》、陶渊明的《归去来兮辞》，再就是唱歌，我爱唱歌。

他还记得上小学时唱的黎锦晖作的《麻雀与小孩》《小小画家》，以及每周开周会必唱的《总理纪念歌》，尤其喜欢放学唱的《夕歌》："落日向西垂，同学们，课毕放学归。父母望儿回，一路上切莫徘徊。"还有三首歌是他爱唱的，一是李叔同填词的《送别》，二是《踏雪寻梅》，三是赵元任、刘半农的《教我如何不想她》。后来看电影，又学会了许多歌：《渔光曲》《十字街头》《夜半歌声》《四季歌》。还学会了几首苏联歌曲，如《祖国进行曲》。唱苏联歌曲很时髦，是进步的表现。抗战期间，唱《松花江上》《歌八百壮士》《在太行山上》。范用在学校还喜欢唱聂耳的歌曲：《卖报歌》《大路歌》《开路先锋》《毕业歌》，唱得最来劲的是《义勇军进行曲》，放开了喉咙大声唱。虽然大家还都是孩子，但只要一唱起聂耳的歌，就会热血沸腾。一直到老，聂耳的歌始终在他心中回旋。

范用在一篇文章里回忆起，1942年到1943年，他在广西桂林，出版社资金困难，李公朴介绍他去找聂耳的哥哥、云南兴文银行经理聂叙伦，商量贷款。聂叙伦很热情，给范用一本空白支票本，同意他随时到银行支款。闲谈中，聂叙伦提出找一位作家写一本聂耳传记的愿望，范用一口答应。聂叙伦交给他六本聂耳日记，都是写在软面洋抄本上的。范用当即找到诗人洪遒，将日记交给他，希望他来写。没想到日军沿湘桂西侵，桂林紧急疏散，他怕丢失聂耳日记，和妻子丁仙宝穷一天一夜之力，将日记抄了一份副本，原件还给聂叙伦。这份抄稿他一直保存着，到北京后把它交给了中国音乐家协会。1985年人民音乐出版社和文化艺术出版社出版的《聂耳全集》收有全部聂耳日记。

聂耳遇难后，在日本的朋友曾成立"东京聂耳纪念会"，募捐印了一本《聂耳纪念集》，其中印有聂耳作曲、日记遗迹以及郭沫若、秋田雨雀等人的悼念诗文。这本纪念集洪遒有一份，后来赠与范用珍藏。纪念集的编者之一天虚，是聂耳的同乡挚友。天虚原名张鹤，曾写过一部以苏区农民暴动为题材的五十万字的长篇小说《铁轮》，还写过一本抗战报告文学《运河的血流》。抗战期间他由昆明来到重庆，与范用相识，成为朋友。1941年天虚去世后，与聂耳同葬于昆明西山，纪念碑上是郭沫若手书的"滇南二士聂耳天虚"。1976年范用去昆明，曾在聂叙伦的陪同下去墓地凭吊。聂叙伦一直关心《铁轮》的重印，经过战乱，连一本书都找不到了。范用也费了很多周折。2014年《铁轮》终于作为"云南文学丛书"之一出版了，距天虚去世已是七十余年。

1997年，范用写了一篇文章，再一次回忆聂耳日记的往事。聂叙伦看到后，给他写了一封信：

日前岳世华同志来访，面交了您托他转交给我的、您在《大公报》上发表的一篇《几件往事》的文章（复印件），已经收到了。谢谢！读后很受感动，使我回忆起当年在桂林时我们相聚在一起的情景。聂耳的日记本在日军沿湘桂西侵、兵荒马乱的时刻，您安全地完整地把它保存下来，并在后来交给我，说明了您对聂耳的关心和爱护，这是我终生难忘的一件大事……

爱看书的广告

早在 20 世纪 70 年代末，范用编了一本《书籍广告》小册子，只有两个印张，是作为"参考资料"印的，编者署名"三联书店资料室"，每册"酌收工本费 0.15 元"——这本小册子曾在"文革"后 1979 年长沙全国出版工作座谈会上分送与会代表。内容为三部分：一，钱伯城的文章《30 年代书籍广告》（署名辛雨）；二，生活书店、读书出版社、新知书店的书刊广告式样（影印）；三，鲁迅写的书刊广告文字。虽为"参考资料"，但设计印制颇为经心：文字竖排，书页右翻；版面疏朗，每页仅排十二行；目录五号仿宋，正文五号宋，题目扁宋；封面用 120 克胶版纸专色印；内文 70 克胶版纸——毫无疑问，这一切都是范用手笔，目录页虚线所用独一无二的"范用点"即可证明。由于并非正式出版物，范用在设计时大概过了一把 30 年代书籍风格的瘾——小册子的内容都是 30 年代的，这样设计也恰如其分。

《爱看书的广告》（2004）

二十五年后，2004 年范用又编了一本《爱看书的广告》，由三联书店正式出版。内容仍由三部分构成，只是每一部分都大大扩展了："广告文字"除鲁迅外，又汇集了叶圣陶、巴金、施蛰存、胡风等十多位名家所写，以及三四十年代文化生活出版社、北新书局、新月书店、良友图书公司等的广告文字，共计三百余例。这些广告文字，堪比微型文学作品，许多是短小的书评，传达出撰写者的理解和感悟；"广告式样"五十多幅，每幅刊登书籍广告三四种、十数种不等，设计美观实用而富变化；"广告谈"收入李一氓、赵家璧、叶至善、姜德明、李辉等共计十六篇文章，介绍中国现代书籍广告的史实掌故，论述书籍广告的要点和意义。以上三部分内容互为映衬，既饶有文化趣味，又不乏实际指导作用。

范用在《编者的话》中说：

我爱书，爱看书的广告。

我看书的广告，最早是在 20 世纪 30 年代。那时父亲病故，家境困难，买不起书，只能到书店站着看不花钱的书，看报纸杂志上的书的广告。

印象最深的，是商务印书馆的"每日新书"广告，印在《申报》《新闻报》头版报名之下，豆腐干大小的一块。我不大看商务印书馆的书，而是看几家进步出版社：生活书店、读书生活出版社、新知书店（现三联书店前身）出版的书刊，看它们的广告。这三家出版社的广告，设计新颖，书名用美术字，有的还配图。生活书店出版的《文学》《光明》《世界知识》等杂志，底封和底封里都刊登新书广告。

开明书店的广告，文字编排有特点，不留一字空白，我曾刻意模仿。

正如范用所说，爱书人，都爱看书的广告。而出版人，为自己编辑和出版的书写广告，也有莫大乐趣。范用进入读书生活出版社后，就学着自己编写设计广告，后来出版社的广告就让他包办了。一干十来年。1949年后由于"运动"不断，虽然书仍在出，但在计划经济模式里，书的广告越来越不被重视。直到1979年，《读书》杂志创办，底封和封三有两面广告，范用又有了设计广告的机会。凡《读书》的读者，都不会放过这两页设计新颖悦目、文字简约实在的图书广告。这些广告与正刊融为一体，成了《读书》特色的一部分。他曾满意地给朋友看某期《读书》杂志封底广告，三十二开大小地方，预告七本三联新书，每本所写文字，恰好填满一个方框，不留一字空白。如其中的《西谛书话》，连标点在内仅七十个字空。其他几本，《译余偶拾》《傅译传记五种》《红楼梦人物论》等，上下之差不过一二字空。为了美观，煞费苦心，"削足适履"，却又自然流畅。

范用自称，他不过是学习前辈如鲁迅、叶圣陶、赵家璧等做广告的优良传统罢了。五六十年间，出于爱好，他剪贴收藏了许多报刊上的图书广告，书友们知道他的癖好，也帮他搜集，最终编成了一本书：《爱看书的广告》。书稿编好交给三联书店，还不满一个月，他已经几次打电话问责任编辑书出了没有。他做了一辈子出版，明知出书进度，不可能这么快。他只是心急，像孩子一样，心急得不讲道理。其实爱书人、爱出版的，都是这样，都恨不得稿件一经编完，明天就看到成书。书出来后给他送样书时，他的表情，用一个俗气的词儿，就是"喜上眉梢"。他不要稿费，要很多样书，寄给他的朋友们——那几天他真是忙得很……

范用认为："用短短的百来字介绍一本书，是很要用心的。出版社的编辑应当学会写广告文字，这是编辑的基本功之一。广告文字要简练，实事求是，不吹嘘，不讲空话废话。"也许有人不解，广告广告，不吹嘘还叫广告吗？"某某牌雪花膏，让君永葆青春"，消费者听了，并不大惊小怪，反觉理所当然。为什么图书广告却不能吹嘘，不能讲空话废话呢？若不这样，怎么"广告"呢？范用没细说，但从这本书中所收的广告文字范例可以看出，"突出图书的原创性、唯一性，突出图书的特点"，是撰写图书广告的要义所在。无须吹嘘，即可吸引读者。比如叶圣陶为《冰心著作集》所写：

作者以诗人的眼光观看一切，又用诗的技巧驱遣文字。她的作品，无论诗、小说，还是散文，广义地说都是诗。二十多年以来，她一直拥有众多的读者。文评家论述我国现代文学，谁也得对她特加注意，做着详尽的叙说，这原是她应得的荣誉。现在她把历年的作品整理一过，定个总名叫做《冰心著作集》，交由本店（开明书店——编者注）分册印行。

"诗人的眼光观看一切""诗的技巧驱遣文字",这是冰心独有的艺术特色;作者自己"把历年的作品整理一过",包含了诗、小说、散文,也属少见。短短一百四十来个字,凸现了《冰心著作集》特别值得关注的,和别的图书不一样的地方,又毫无夸张之语,令读者一目了然,心存信任和喜欢。

范用认为:"现在发展市场经济,出版社又开始重视图书广告了,但好的图书广告太少,有向前辈学习的必要。"

郑超麟及其回忆录

范用晚年做得最费心费力的事,就是编辑出版郑超麟的文集,前后出版两套书,都署名"范用编"。

大约在1942年,范用买到一本上海中华书局出版的《诸神复活——雷翁那图·达·芬奇》,是俄国作家梅勒什可夫斯基写的传记小说,厚厚一大本,译者是绮纹。当时对绮纹是何许人也一无所知,后来才知道,绮纹是大名鼎鼎的"托派"人物郑超麟的笔名。20世纪80年代,范用在三联书店策划出版了一套外国文学传记丛书,《诸神复活》列入其中,但当时无法与译者取得联系。还是楼适夷和他谈起郑超麟。楼适夷早年曾被国民党特务抓捕,在南京中央军人监狱和郑超麟关在一起。因为关了许多文化人,监狱就让他们翻译德文《军事法典》。名为翻译,实际上是大家跟郑超麟学习德文,边学边翻译。译

郑超麟

稿拿出去出版，得了稿费，分一部分给译者。郑超麟所得最多，买了不少食品、药品。他自己用不了多少，就分给大家。

郑超麟因反对国民党坐了七年牢。1949 年以后，又因"托派"坐了二十七年牢，1979 年恢复自由，被聘为上海市政协委员。

从楼适夷那里了解到郑超麟传奇的一生，范用非常想见一见这位老人。先是写信联系，1989 年出差到上海，便去拜访了他。郑超麟住在一所简陋的居民楼里，见面后他说"我们是同行"，原来早在 20 世纪 20 年代，郑超麟任中共中央宣传部出版局主任，负责编辑中央机关报《向导》《布尔什维克》，当时的出版机构就叫"人民出版社"，而范用如今的身份是人民出版社副总编辑。

从那以后，他们之间通过很多封信。范用极力鼓动郑超麟继续撰写回忆录（此前写过一部分），因为他是中共早期历史的见证人，已经很难找出第二人。郑超麟生于 1901 年，福建漳平人，1919 年赴法勤工俭学，1922 年参加少年共产党，1924 年参加中国共产党。他和周恩来、王若飞、陈乔年都熟识。

1989 年 6 月 1 日，郑超麟给范用写了第一封信：

我好久以前就知道中国有个范用，是出版界的宿将，只恨无缘同您联系，不意今天先得你的信，快何如之。我是做过出版工作的，有个时期曾担任中共中央的出版局主任，可以谬托同行了。

郑超麟给范用的信

拙译《诸神复活》一书，几年前得到沈昌文同志来信，说三联打算重版。我以为是适夷同志推荐的，原来是您推荐……

对范用建议他续写回忆录，他很感激，"决定借我为线索，写我所经历的那个时代，写我所认识的在此时代活动的人物，而少写我自己"，"近年白内障严重，看书需用放大镜，写字像刻蜡纸，更不敢订出较大的写作计划。度过九十岁生日，并清除了白内障以后，那时如果没有更重要的东西待写，或可考虑续写问题也"。

从1991年起，范用和郑超麟的通信开始频繁讨论回忆录稿件的事情。其间，郑超麟介绍一本评论古代书画的书稿《据几曾看》，作者葛康俞是陈独秀的亲戚，1949年前中央大学艺术系的教授。此稿写于20世纪40年代，凡九万余字，著录古代书画一百九十七件，都是作者经眼之名作。郑超麟一直到去世前一年还在关心这部书稿的出版，反复写信给范用。范用把这本书推荐给三联书店，并请作者葛康俞的老朋友王世襄亲笔书写了《读后记》，郑超麟听说后十分欣慰，并托付陈独秀胞姐的孙子吴孟明就中联系。所有这一切，都是出于大家对陈独秀的感情。《据几曾

《据几曾看》（2003）

看》2003 年出版后颇受好评，但很少有人知道是郑超麟介绍给范用的。

1992 年最后一天，郑超麟郑重向范用推荐一部世界名著：《先知三部曲》，共三大卷，每卷约三十万字。第一卷名为《武装的先知》，第二卷名为《被解除武装的先知》，第三卷名为《被抛弃的先知》，著者多依切（Isaac Deutcher），波兰人，后逃亡英国，入英国籍。原文为英文，牛津大学出版社出版，有德文、法文、日文及其他文字的译本。"中文至今没有译本出版，因为这是一部托洛茨基的传。对于托洛茨基，过去是无人敢碰的，或者当作反面教材翻译他的著作。但从 1988 年苏联最高法院平反了 30 年代三次'托派'冤案后，中国对于托洛茨基就应当有与前不同的看法了。去年和今年中国也曾出版了几本托洛茨基的著作，如《肖像集》和《文学与革命》，作为正面教材出版的。我有几个老朋友，几年前就着手翻译这部百万字的名著，今年已经译完了，正在互校之中……我想到你，所以今天写信给你，请你介绍此译本给人民出版社。"

后来范用辗转将此译稿介绍给中央编译出版社出版了（1999 年）。

1995 年，在范用的推动下，东方出版社出版了郑超麟的《怀旧集》（内部发行）。郑超麟最满意的是，"其中曾在期刊发表的几篇横遭期刊编者删节而在书中是没有删节的"。

1997 年 8 月 18 日，范用给三联书店去信，建议将郑超麟的《论陈独秀》列入"读书文丛"出版。信中说："郑老今年九十七岁，我在竭尽全力为他的几本稿子谋求出版。这是一位值得尊重的革命老人，一生为革命，吃尽苦头而志不改。"后来这个选题未获通过，他写信重重地批评了一句：三联没勇气。随后，他又在《文汇报·笔会》撰文，隐去作者姓名"公开"推荐："一个早期党的历史见证人，晚年写了几十万字，十分珍贵，稿子在我手里，仿佛捏着一块红炭。"

到1998年，七八年间，范用把郑超麟前前后后写的回忆录《髫龄杂忆》《记尹宽》《怀旧集》《鳞爪集》《回忆录》，以及《论陈独秀》和诗词《玉尹残集》、晚年诗词等汇编成三卷《史事与回忆——郑超麟晚年文选》，交香港天地图书公司出版；后来经过改编和增删，又以《郑超麟回忆录》为题由东方出版社出版（两卷本，内部发行，2004）。全书近百万字，范用整整看了三遍，第一遍为初读，第二遍为编选，第三遍是看排印清样。香港天地图书公司发印时，正值郑超麟百岁大寿，为了赶上这一时刻，故在北京植字排版，制成菲林寄香港付印。出版社全力以赴，第一册印出后经航空直送上海，上午10点送达医院病房，遗憾的是郑超麟已于两小时前去世（1998年8月1日），未能见到。

郑超麟去世前，曾写了两首诗词《赠范用》，其中一首曰：

爱书须爱刻书人，历代名家功德存。
小可幸交毛子晋，山房扫叶压群伦。

1997年3月27日

当年范用编郑超麟这部书，香港天地图书公司出版这部书，曾得到罗孚的资助，款项来自罗孚卖了自己的一幅藏画（后来罗孚澄清，他虽曾打算卖画资助出版，但后来天地自愿担负出版资金，他没有出钱）。郑超麟去世前十四天给罗孚写了一封信：

昨日意外地收到您的信，喜出望外。

我们虽未见面，但心交已久。不记得哪一年香港杂志（《中报月刊》或《明报月刊》）在拙作《玉尹残集》尚未出版以前，便以"程雪野"笔名发表了一篇评论文章。我颇惊异，因为非熟人不能写这篇文章，但其中某些事实有出入，又不像熟人所写的。我和朋友们猜想了多时不得解决，直至认识了范用先生之后才知道了是您写的，而且由此知道了您这个人，还看了大作《北京十年》，又知道了您也是楼适夷的朋友，于是一切疑问都可解决了。由此，我又认识到在"市场经济"之下并非每个人都是"自私自利的"，罗孚和范用此次共同无私的帮助就是证据……但我们二人只能"心交"，今生无能会面了。我不是简单的"违和"，而是医院做出确诊"大限已到"。所以，您随时可收到我的讣告。

这是郑超麟写给罗孚的第一封信，也是最后一封信。其实，罗孚给郑超麟写信也是一个意外。几个月前，他偶然看到香港《大公报》上范用的一篇文章，说他手头有一部上百万字的稿子，一个早期党的历史的见证人的，出版无期。罗孚心里一动：莫非是郑超麟的著作？一问，果然。于是他主动提出赞助出版，玉成了一件好事——十年前他幽居北京时，在范用那儿看到尚未出版的《玉尹残集》，感到那些古体诗词很有新意，就以"程雪野"为笔名写了一篇评论文章。一切都是偶然和意外。说到底，这就是文人之间的文字之交吧！

香港天地版的《史事与回忆——郑超麟晚年文选》销售不错，范用深感欣慰。当年范用曾致信郑超麟，书出版后看情况能否支付一点稿酬，但当时出版社给作者家属寄去一大批书，稿费一事就无法提起了。他请罗孚转告天地，如果书再版，一是跟郑超麟的孙女郑晓方签一个合同，二是能否付一点稿酬。罗孚很感动，范用对郑超麟先生的书稿真是负责到家了。

《叶雨书衣》

在出版社，范用几十年分管美编室，这差事也可以说是他自己揽的。他从小喜欢美术，喜欢画封面，包个书皮，订个本子，都要画上两笔，学人家书上印的，写上美术字，还要在角落上写个英文字母"F"作为标记。他很喜欢20世纪30年代上海的一些出版社的标记，每拿到书，总有兴趣仔细看看，琢磨一番。中华书局的标记，两支麦穗一本书，表示书是精神食粮；开明书店的标记，旭日之下一本打开的书，寓意开卷光明；天马书店的标记，一匹展翅腾飞的骏马，天马行空；良友图书公司的标记，一对白鹅，潜台词是友情应当是纯洁的；光明书局的标记，烛台上一支点燃的洋蜡，昭示黑暗之中，豆大的光亮也是可贵的；文化生活出版社的标记，一座艺术雕塑，说明专出文艺书……新知书店和读书生活出版社的标记，给他留下深刻的印象。"新知"标记里的那根火柴，点燃了读者的心。读书生活出版社的标记是比利时画家麦绥莱勒的一幅版画：一个瘦弱的年轻人在路灯下读书自学。当时，范用刚失去父亲，家境困难，上不起中学，他想，自己也会这样去读书，上进。1939年，生活书店换了新的标记：三个工人朝一个方向抢铁锤，很美，而且有新的含义。他很想把这些标记集中起来收藏，可是舍不得撕书，也买不起书。后来亲自设计书籍，他对在封面放置标记是很上心的。他认为，这些标记既是美术的，又有着深刻含义。

范用十几岁在读书生活出版社时设计了很多书，以至于有段时间，本社的书基本上都由他来设计（还为社里设计藏书票）。他十分喜爱鲁迅先生设计的封面，像《引玉集》《铁流》《海燕》，以及那些杂文集。巴金先生主持文化生活出版社出版的几套丛书，封面设计他也很喜爱。这些封面清新朴

读书生活出版社社标

生活书店店标

新知书店店标

素，他曾刻意模仿，想在出版物上保持这样的风格。出版社领导懂设计的很少，范用在这方面是很突出的。他特别重视美术设计工作，每月都要开美编室会议，在会上点评每本书，或拿来一些优秀的设计样本，和大家一起观摩。不了解他的人，会觉得他有些孩子气：发现一本设计美观的书，迫不及待地介绍给每个人，见人就说，你看这本书多漂亮！反之，看到一本设计不成功的书也反复跟别人说，一边摇头，一边叹气。为了一本书的封面，他还跑到印刷厂，与工人师傅共同研究调墨调色。多年来他养成一个习惯：凡他喜欢的书，总是自己动手设计封面，或提出明确的意见（比如画出铅笔草图、标明字体字号），交给美编制作。而这样印出来的封面，他都会留下一份整张的、未裁切的大样，贴在硬纸板上保存。久而久之，就有了一大摞。

设计师宁成春曾回忆："有时候我画的方案总是通不过，书又急着开印，范老就笑眯眯地哼着小曲走来，一只手拿着小纸片，纸片上用软芯粗的铅笔画着他思考的方案，一只手搭在我的肩膀上说：'试着这样画一个'，'把这个图改一下'……他并不明确告知怎么改，我只能自己揣摩他的意思。"

上世纪80年代，三联书店大量出版人文社科类图书，在全国造成深远影响。这是范用设计图书最多的年代。他那极有个性的设计风格同样影响深远。

用作者的手稿装饰封面或者扉页，是范用常用的手法。他自己最满意的巴金《随想录》的设计就是这样：满版烫银的作者手稿，压在浅黄色的底子上，同样是作者手书的"随想录"

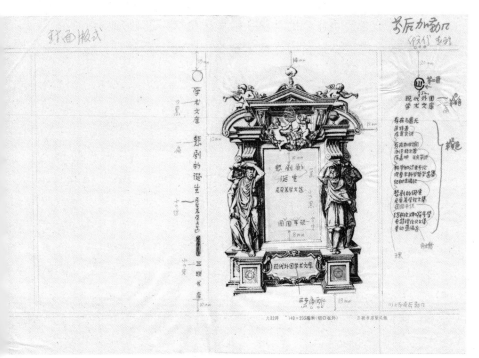

范用设计的《悲剧的诞生》封面草图（张伟提供）

三个大字，则用灰蓝色印在封面的右上方。黄地儿、银色手迹和灰蓝色的书名形成三个色调、三个层次，朴素中见出高贵。

范用设计封面和扉页，爱用文字，也许有个特殊原因：他不是画家，不擅长绘事。这也是鲁迅设计封面的特点之一，比如《华盖集》《萌芽月刊》，乃至外国木刻《引玉集》等。20世纪三四十年代，文字设计在中国书籍设计中有很重要的地位，产生了许多杰作。汉字原本就是象形文字，具备绘画元素，以汉字设计封面，有先天艺术优势。

利用文字设计封面成功的范例之一是"读书文丛"。这套丛书是将各位作者在《读书》杂志上发表的文章结集出版，坚持了很多年，有几十个品种。范用设计这套书的时候，封面装饰主要是作者的手稿，但做了形式上的处理：横排的手稿斜放，像是被风吹动的一条条文字线，向右上方飘去；竖

范用设计作品《西窗漫记》　　　　　范用设计作品《天下真小》

《读书》杂志

排的手稿同样斜放，文字像一串串雨珠向地面落去。在左下方空白处，是一位坐着看书的裸体少女的剪影。范用原有一本法国版画集，后来被人借走，不知下落，但画集的包封还在，上面有这个图案。他请美术组的宁成春重新绘制，用在这套书的封面上。整个封面只用两色：书名和作者手写的签名印黑色，手稿和少女图案印专色。这一"风"和"雨"的设计可以说是神来之笔。

1990 年底，《读书》杂志的编辑商量要给下一年的封面做些变化，议论了好久也没有拿出主意，范用知道了，亲自设计，很快拿出了设计图稿，打电话让编辑去他家取。当大家在他的书房看到新设计时，不由喜出望外，新封面用蜡笔斜着写了一个浅色大大的"1991"，然后把本期要目压在上面，变化大胆，又保留了原来的风格，真是出手不凡。

"不看书稿，是设计不好封面的。"这是范用书籍设计理念的一个要点。《编辑忆旧》是赵家璧回忆 20 世纪 30 年代编辑生涯文章的结集，封面选用西方线刻画《播种者》，以红色印在满版黑地儿上；扉页选用一页作者写在方格稿纸上的手稿，目录前还选登了一些木刻画——是正文内容的插图。范用自己说，这个封面设计"算是大胆，甚至出格"，但如今看来，整本书内外气韵统一，味道浓厚，未读正文已先有感觉。像这样自己编辑、自己设计的书，范用做了很多。由于吃透了书稿，设计时得心应手，形式与内容交相呼应。

"书籍要整体设计，不仅封面，包括护封、扉页、书脊、底封，乃至版式、标题、尾花，都要通盘考虑。"这是范用书籍设计理念的另一个特点，也是特别具有前瞻性的一点。在20世纪整个八九十年代，一般出版社的书籍设计者，都只设计封面，正文版式则由出版部门的技术人员制作。如此，只是为书籍穿衣服，而未将书籍看作一个有生命的整体。

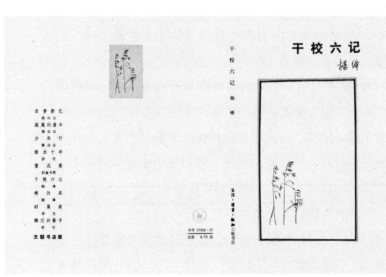

范用设计作品《干校六记》（大样）

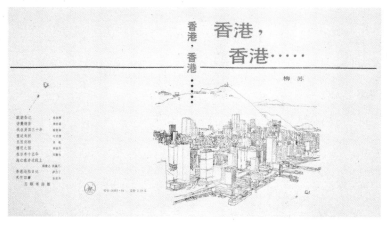

范用设计作品《香港，香港……》（大样）

　　《北京乎——现代作家笔下的北京1919—1949》是一本
"唯美"的书：封面书名"北京乎"是中国书法家协会会长启
功写的，封面画是邵宇专门画的，封面图章是曹辛之专门刻的。
邵宇当时是人民美术出版社社长，曹辛之是老三联人，设计家、
篆刻家、诗人。封面画是老北京城的边缘线，从封面直到封
底；两枚图章，一枚是本书的编者姜德明的名章，另一枚是生
肖印——蛇，曹辛之是属蛇的。封面简到不能再简，连三联书
店的店名都没有，书名的副题也不要，不为别的，只为这个封
面上没法再加别的东西了。内文是简体字竖排——这也很少见。
既然是竖排，就要按照竖排的规则，扉页和目录页都加了红线
框，正文天头地脚都很舒朗，文章名和作者名都占了比较大的
空间。整体上是简约、从容和雅致的，全书浑为一体。

　　范用的设计观能有这样的前瞻性，关键在于他是一位真正
的爱书人，"爱屋及乌"，爱书的内容，也爱书的每一个细节、

范用设计作品《北京乎》（大样）

范用设计作品《天下真小》（大样）

角落。范用设计封面时，是把整个封面打开考虑，如此，从左至右，后勒口、封底、书脊、封面、前勒口，五部分一目了然。如果用专色，他会巧妙地安排好哪部分用，哪部分不用，绝不会浪费一个颜色。他特别重视勒口和封底的设计，总要加上一些文字内容。他认为这是给读者提供信息的最好位置，而且经过设计排列的文字，使书也更有文气——这正是范用的设计充满书卷气的一个重要因素。他从20世纪80年代初就在勒口和封底编排作者简介、内容提要和其他图书目录等信息，在当时可谓开风气之先，影响了三联书店的图书面貌，也影响了全国出版界。他总是巧妙安排三联店标，或在封面，或在书脊，或在封底的正中，或在条码定价之上，十分用心。

范用从来不会忽视扉页（内书名页）设计，但同样坚持简洁、美观、高雅的原则。一般只有书名、作者名和出版社社名，最多加一两条线，或者印一个色。如果是书话书，则在扉页印制作者手稿作为装饰；他设计的目录页，章节题目与页码之间，常用一种宽舒连缀的粗圆点，堪称独一无二的"范用点"。内文版式更要体现他认为的书卷气。一般情况，他喜欢版心小、天头大，看去疏朗赏心的版式。其他如字体、字号、字距、行距、书眉、标点、页码等，无不精心设计，甚至版权页也不放过。如果正文末尾有空白页，他则会设计一些图书广告。

"简练，巧用文字设计"；"设计者要读懂书的内容，做到内容与形式的统一"；"整体设计，关心书的每一个细节和每一个角落，把书视为有机的生命体"——这三条，再加上"独创性"，就是范用书籍设计的真谛，而如果要用一个词儿概括他的设计风格，那就是"书卷气"。无论是范用本人，还是他交往的朋友、他喜欢的书、他编辑的书、他设计的书，一言以蔽之，都浸透了书卷气。舍此，就没有"范用风格"或"三联风格"。这"书卷气"是三联书店之宝，潜移默化地熏染着每一位后来者。所以杨绛才会说：三联书店"不官不商，有书香"。

离休以后，范用仍然关心三联书店的书籍设计，他喜欢写信，给时任三联书店美编室主任的宁成春写信，直言不讳，语重心长。宁成春是他一手培养的设计师，水平很高，又很谦虚。1996年，宁成春、吕敬人等四位设计师搞了一个展览，范用看了展览以后给宁成春写了一封信，其中说：

> 四人展很成功，使我大开眼界。丁聪说：就是跟过去大不一样。我们中国，善于吸收外来的东西，看汉唐就知道，这是中国的长处。我希望不要忽视民族特点，推陈出新。你们四位如果可以称为一个学派，是否可以说，这个学派，源于东洋。我看过西方如德法的一些书装，其特点是沉着、简练（无论是用色还是线条），似乎跟中国相近。总之，希望大家都来探索，在实践中更上层楼……《四人说》内容编排、印装都很有特色，只是翻起来比较费劲。

他还特意把宁成春和吕敬人叫到家中，给他们看自己收藏的书，讨论书装设计。

1998年元旦，《北京青年报》刊登了一篇尚晓岚的文章，题目是《减法的艺术》，其中说："范用热爱简洁、大方、韵味深远的设计，他力避繁复，深知'减法'之妙。《诗论》一书的封面就是将朱光潜先生的两个蝇头小字放大作为主要设计内容，看上去和谐、自然、悠长，充满'诗味'。"这期报纸出来后，尚晓岚给范用写了一封信："从今年起，每周四的第十一版都是《书坊》这个读书专版，《表面文章》这个有关装帧的栏目每双周刊出一次。1月1日，第一期，能够'从您做起'，我觉得是一个很好的开始。谢谢您的帮助。"范用很喜欢这位年轻的编辑所下的论断，收存了她的信和文章的剪报。

1999年5月，《秀州书局简讯》第九十四期刊登了一则舒罕先生的来函："近日出版书籍，似乎封面不够重视，纸张、印刷效果上去了，但意境却不够了，甚至连三联老店也如此，新版《西谛书话》(郑振铎)、《晦庵书话》(唐弢)封面均不及初版，记得原来是钱君匋设计的。而现在的不说差，至少少了典雅之气质。"范用看到后，给秀州书局写了一封信：

当年三联书店出版书话集，在装帧上是用了一点心的。书话集总得有书卷气。这十来本书话集，避免用一个面孔，连丛书的名称都不用，只是从内封面（扉页——作者注）可以看出是一套书。

《西谛书话》，郑振铎先生不在了，封面请叶圣陶先生题写书名，叶老对我的请求从不拒绝。这一本和唐弢的《晦庵书话》的封面，请钱君匋先生设计，使这套书有个好的开头，这也遂了愿。至于内封面，则采用同一格式，印作者的原稿手迹。这也费了一点力，叶灵凤的《读书随笔》，从香港找来一张《香港书录》目次原稿。《西谛书话》找到一张郑振铎先生《漫步书林》目录手稿。其他黄裳、谢国桢、杨宪益、陈原、曹聚仁、冯亦代、杜渐、赵家璧书话集，都承作者本人题签，或由家属提供。

《读书随笔》封面，选用叶灵凤先生最喜爱的比亚兹莱的插图，有西书的味道。黄裳《榆下说书》则用了两幅中国古典小说木刻插图做封面。

郁达夫书话集《卖文买书》的书名，未能从遗墨集到这四个字，也没有请别人题写，排的铅字。这一本的封面最不理想，在这套书话集里显得很不协调。其时我已不在位，未能尽力。

《银鱼集》的封面闹了笑话。黄裳先生把蛀蚀书页的蠹鱼赐以"银鱼"美称，结果弄得此鱼落水，出现在封面上的是七八条在水中畅游的鱼儿。出版社美编设计封面往往仅凭一纸通知，不看书稿。没有对美编交代清楚，我有责任。

……《傅雷家书》出新版，封面也换了。原来是特地请傅雷先生知友庞薰琹先生设计的，废而不再用……叶圣陶、钱君匋、庞薰琹先生都已作古，三联再也不可能请到这几位前辈、名家了。他们的遗墨遗作，不也是出版社的可贵资产（有形或无形）？轻易废弃，未免可惜。

2002 年 4 月，范用给朋友去信说："我想编本《叶雨书衣》请三联出版。"他整理几十年来保留下来的那些封面大样：七十多张四开大的纸板上整整齐齐贴着一件件封面设计作品，每件作品都有一段往事。他在开首的一页用蓝色和红色铅笔写着："叶雨书衣（红）——自选集（蓝）"。"叶雨"是他的笔名，"业余"之谓也。硕大的字，潇洒有力的笔画，透出他的自得和珍爱。他约编辑去他家里，交付一本二十四开、白纸装订的本子，是《叶雨书衣》的设计稿。已用铅笔画好了版式，一共七十多页，并写好了一篇《自序》。编辑提出：一、请范用针对每一个封面写篇短文，讲讲设计这些书时的想法；二、不仅收入封面设计，也选一些扉页和内文版式的设计作品，以便看出整体设计思想；三、查找资料，简介每本书的内容，让读者更好地理解这些设计。

当时范用已经八十岁，关于书籍设计背后的故事，是他和编辑对谈，录下音来，整理好再交他修改的。没想到这工作断断续续进行了四年（中间经历了"非典"疫情），直到2006年夏天才告一段落。其间，编辑曾向三联老美编宁成春咨询，为什么一些书中设计者的署名不是"叶雨"，而是其他人，是否会有版权问题？宁成春解释道，那时范用是社领导，分管美编室，封面设计好要经他签发，他不能自己签发自己的稿件，所以他从不署名。他设计的书，谁帮着制作，就署谁的名。直到他离休以后设计的封面，才开始署"叶雨"。

范用在《自序》里说：

我每拿到一本新书，先欣赏封面。看设计新颖的封面，是一种享受；我称之为"第一享受"。

1938年在汉口，我到读书生活出版社当练习生，知道了书的封面是怎样产生的。社里派我到胡考先生那里取封面，有的封面是当着我的面赶画出来的。我看了挺感兴趣。

于是，我也学着画封面。并非任务，下了班一个人找乐儿偷着画。一次，出版社黄经理看到了，称赞了几句，我非常开心。以后，有的封面居然叫我设计了……

设计封面，是做自己觉得很愉快的事情，其实并不轻松。设计一个封面，得琢磨好几天，还要找书稿来看。不看书稿，是设计不好封面的……封面是华丽绚烂好还是朴素淡雅好，得看什么书。文化和学术图书，一般用两色，最多三色为宜，多了，五颜六色，会给人闹哄哄浮躁之感。

《叶雨书衣》的整体设计，没用范用自己设计的稿子，而是请陆智昌操刀。陆智昌是香港设计师，到北京十多年了，他简约的艺术风格对整个出版界影响很大。他在某些方面和范用投缘，虽然他们日常极少来往。陆智昌喜欢范用这些设计作品，"每一件都有创造性，都是新鲜的"。他认为，范用设计时更重视图书的内容，但又不是与内容亦步亦趋，他的设计与内容之间有一种"抽象的默契"。正因为范用不是专业设计师，所以他没有条条框框，构思更大胆，更具冲击力。

陆智昌对三联编辑部给他的图像资料很不满意，亲自找了咖啡色的衬纸，选择各角度的灯光和色调，将样本书重新拍照，重点强调其书卷气和厚重感。整本《叶雨书衣》的

《叶雨书衣》（2007）

基调也是如此，朴素、疏朗，极力展示作品的内力。或者说，《叶雨书衣》不仅展示范用的图书设计，也在展示范用主持编辑出版的一批影响深远的好书。可是到设计这本书的封面时，陆智昌似乎被难住了，做了许多方案，都不满意。出书日期一拖再拖，后来他灵机一动，采用书中范用自己的一件作品：曹聚仁《书林新话》的封面，稍加改动。《书林新话》是关于书的书，《叶雨书衣》也是关于书的书。封面画是一卷书、一柄剑、一支燃着烛的烛台和一只杯子，左上有题字曰：检书烧烛短，看剑引杯长。是杜甫的诗句。这幅画包含了文、武、酒、夜，隐含着陆智昌对范用出版生涯的理解和尊重。

《叶雨书衣》是范用七十多年编辑出版生涯中的最后一本书。

《存牍辑览》

《存牍辑览》是范用最后编纂的书稿，没等到这本书的出版，他就去世了。这部书稿，他大约编了五年，从 2005 年就开始了。

熟悉范用的人都知道，他编辑生涯的传奇中，其中一奇，就是保存了两千多封作者和朋友的来信——不是一般的保存，而是像档案整理那样，一封封贴在自制十六开的牛皮纸本上；每本封面编号，并在正中贴一枚邮票（未付邮的），作为装饰；封二写有本册所存通信之人名录，是他一笔不苟、秀气的钢笔字；封底也有同样手写的名录，许多人名边上画了红圈或打了红钩，表示其人已经去世。同一人的信尽量贴在一起，同一类作者的信尽量贴在同一本之中。这些牛皮纸本和这些由收信者本人整理过的信件，可谓出版史上辉煌的一页。

其实范用一生所收的信件，何止万封。他保存是有选择的，一般都与编书、出书有关，也有因为喜欢书法笔迹的，也有关于文史记录的，当然也有关乎情感的。粘贴保存之外的信件，有一些分享给其他专门收藏名人信札的朋友，比如曾将戈宝权、萧乾、楼适夷、杨宪益、臧克家等人的部分信件寄给书友吴小铁收藏。总之，他对作者和朋友的手迹极为珍爱，不愿烧掉，更不愿意当作垃圾处理。

《存牍辑览》的内容，全部选编自粘贴保存下来的信件。做了一辈子编辑，范用却用了最笨的办法编纂这部书稿：五年间，他亲笔一封一封抄写选出的一百零三位作者的三百七十五封信。信抄在三联书店编稿废弃的校样背面。不知为何，有的信重复抄了一遍、两遍、三遍；这样重复抄的信件，有数十封。总计所抄不啻二十万字，摞起来半尺高。既是为了发稿，抄写一笔一画，不容潦草；抄写同时，进行编辑加工——对一些旁人不明的词句加以注解，对一些涉及写信人隐私或无意义的段落斟酌删节，对一些难认的笔迹做出判断。

范用收藏朋友书信的
自制牛皮纸本

信函：01

《存牍辑览》（2015）

　　抄写之前，是选择：选哪些人？哪几封信？范用在信纸上拟了一份又一份名单，在一份显然是最后的名单下面，仍注有"可能还不止这些人"的字样。你不能不惊叹范用通信之广，一些如雷贯耳的名字，在这里齐刷刷出现；一些陌生的名字，一查，竟是在某一行当贡献非凡的人物。

　　很难看出范用选择抄写的标准。贴在牛皮纸本里的两千多封信，本来就是经过选择的。如果说，侧重文化大家的来信，可是其中许多名流的来信未选；如果说，选择是与重要出版物相关，则也有一些关涉范用经手名作的信件落选……所以，宁可揣测，与自己感情深笃或趣味相投，是范用选择和抄写的助力。陈白尘选了十六封，萧乾、楼适夷各选了十二封，三位是范用亲近敬爱之人；黄裳选了三十九封，唐弢选了三十五封，姜德明选了十五封，三位都是藏书家，是"书痴范用"的书友、"毛边党"同好。

尽管如此，这些入选信件里还是披露了《傅雷家书》的来龙去脉，《读书》杂志的光彩与坎坷，《珠还记幸》题目的来由；保留了《随想录》《懒寻旧梦录》《干校六记》《云梦断忆》《郑超麟回忆录》《一氓题跋》《聂绀弩杂文集》《编辑忆旧》《读书随笔》《语文闲谈》《北京乎》……一大堆书背后有趣或曲折的故事；另外，还雪泥鸿爪般呈现出通信人对学问和社会的真知灼见，比如叶圣陶关于汉字简繁体的意见，就似未见诸书刊。其中也反射出范用作为文化寻矿者、发现者的执着和赤诚，反射出一个活生生、有血有肉、有情有义的范用。那种人与书的难以割舍，编者与作者之间的相濡以沫，经历过无数磨难的书写者展开在纸上的丝弦一样颤抖的情愫和思绪，让读者不胜感慨。这不仅是一封封信函，分明是一代文化人的心灵史，是劫后中国三十年文化史、出版史的一个侧面缩影。

　　然而从这些抄件中还可以看到晚年范用的寂寞，深深的寂寞。抄写这些信函之时，范用八十多岁了，十数年以来，书苑老友一个一个离世，一次一次的噩耗让重感情的他心酸心伤。他去协和医院看望弥留之际的楼适夷和韦君宜，其时楼适夷已不省人事，韦君宜虽然认得范用，却动不了，说不出话来。探视出来，在医院门口，他停下脚步，拄着拐杖，泪如雨下，白发微微颤着、颤着……2000年9月5日老伴丁仙宝的去世对他是一个沉重打击，他跪在地上大哭。有朋友来看他，他黯然拿起一本《启功韵语》，翻开用纸条夹起的一页，指着圈出的四句诗："今日你先死，此事坏亦好，免得我死时，把你急坏了。"默默以此自慰。愈到晚年，他的肺气肿、哮喘病愈厉害，呼吸

粗重频繁，身骨日见虚弱；延续多年的、每月第一个星期二与三联书店老同事的聚会，随着许觉民去世、众友老迈而停止了；喜欢吃的东西，吃不下了；喜欢喝点洋酒的习惯放弃了；唯一余下的，就是对书的爱好。抄这些信函，也是对自己经手的书，因书交往的人、发生的事的一种怀恋和思念吧！抑或是对自己为书籍的一生的回顾（牛皮纸本中有李公朴上世纪40年代写给他的几封信）。朋友们无法想象，在方庄芳古园一区一号楼一单元十楼寂静、整洁的书房里，数年如一日，范用一笔一画抄写亡友信函的凄苦心境。

其实这部稿子直到他去世也未编完。最后两年，编辑每去看他，问:《存牍辑览》编好了吗？我们等着出呐！他总回答：快了，等我有空……可是不然，他明明有空，只是躺在床上不起，心情抑郁。这本书的构思，恐怕不止十年；书名"存牍辑览"，早已请黄苗子题写，就放在他卧室的桌子上，和那些抄件在一起;《编者说明》也已写就;他甚至设计好了封面,选定了封面用的画片,用玻璃纸小心地封住……如果说,《叶雨书衣》是范用最后的个人著作,《存牍辑览》就是他最后的编纂著作,是遗作。

范用去世后,儿子和女儿把他们亲爱的父亲的抄稿移交给三联书店的编辑。蹊跷的是,那幅黄苗子的题字怎么也找不到了,编辑只好又求年届百岁的黄苗子写了一幅。过了几个月,范里整理父亲遗物,那幅字又找到了,这样,就有了两幅黄苗子题写的"存牍辑览"。这两幅题字,体现着两位文化人至死不渝的友谊。

2015年范用去世五周年纪念会上,《存牍辑览》首发。封面是根据范用留下的画稿和铅笔小样,由宁成春精心设计的。

范用最后的背影

在前衬页上，是范用手书：

邮书是人生的安慰。

——伏尔泰

扉页之后是《编者说明》：

曩昔，看过一本孔另境编的《现代作家书简》，鲁迅作序，留有印象。

由于长期从事出版工作，与文人作家交往，积存了一批书信。今选编一卷付梓，不过十一，亦雪泥鸿爪也。

其中叶圣陶、巴金、唐弢、黄裳部分书信，曾分别编入《叶圣陶文集》(1994 年版)、《巴金全集》(1994 年版)、《唐弢文集》(1995 年版)、《来燕榭书札》(2004 年版)。余为首度编次。

范用　2009年

呜呼，斯人已逝，英灵不朽。君不见，天空没有留下鸟的痕迹，但它已然飞过。

2020年9月—2021年12月第一稿
2022年3月—2022年5月增订第二稿
2022年10月末最后订正
北京十里堡

我厌恶说假话（对敌人、坏人、不可靠的人，不能讲真话），厌恶势利眼。我唯一的爱好是看书看报，一天不看，难过得要命，这大概跟我干出版这一行有关。

——范　用

　　他认准的事，家里人很难说服他改变主意。

——范　又

我这个人

范　用

　　我的历史，说起来很简单。我出生在一个小商人家庭，独生子，十四岁以前娇生惯养，十五岁离家自食其力，十六岁参加中国共产党，一辈子做出版工作，六十四岁离休。

　　在家里，对我最有影响的两个人，是外婆和父亲。

　　外婆是个能干人，遇事有主见，有魄力；在那个时代，像她这样的妇女不多见。她年轻时，跟着外公到镇江，先在洋浮桥开豆腐坊，以后又开酒店、染坊，最后在西门大街开了爿百货店，还有几部缝纫机，做洋服、学生装。如果是现在，她就是很会做生意的个体户，有点像日本电视剧里的阿信。

　　她爱交朋友，从银楼、酱园、自来水厂老板，到茶楼跑堂、锡箔庄师傅、卖菜的、倒马桶的、讨饭的，都有她的朋友。

　　我的父亲正好相反，没本事，没主意，从小到镇江当学徒，外婆看他人老实，要他做上门女婿，又把百货店交给他，让他当老板。可是他不会做生意，年年亏本，把本钱蚀光了，欠了不少债。他觉得对不起外婆，两次自杀未成，1936年一病不起，给他看病的名医叶子丹大夫对我说："你爸爸是急死的。"

　　几十年后，看电影《林家铺子》，它把我带回到范家铺子。

不同的是，林老板出门躲债，我父亲躲不了债死了。他一死，债主拍卖了范家铺子。

外婆和父亲，两个人的性格完全相反，外婆很坚强，没有见她叹过气；父亲却非常软弱，成年唉声叹气，没有见他脸上有过笑容。后来我在困难的时候，倒霉的时候，就会想起外婆，我要做一个坚强的人。我也有软弱的一面，怕出头，老是躲这个防那个，就像父亲躲债一样。现在大概生活好了，怕失去什么，有包袱，不像年轻时毫无顾虑。

母亲对我可以说没有什么影响，是个旧式家庭妇女，一个阿弥陀佛求菩萨保佑的人。她打年轻时候起，守了三十几年寡，1969 年死的时候，身边没有一个亲人，我做儿子的总觉得欠她什么。我一生只对她说过一次谎，那一年去干校，没有告诉她，只说出差去了，就此永别。

死了父亲，家里破了产，一家人生活成了问题。我开始尝到被人瞧不起的滋味，上了人生的第一课，知道了什么叫"势利眼"。

第二年我小学毕业，外婆说借债也要上学，她就是什么都要争口气。好不容易凑钱把我送进了省立镇江中学，开学不到两个月，日本人打来了，学校解散，学费全丢了。从此，我再也没有上过学，以后做事填表，一直写的是"小学毕业"，为了好看一点，有时就写"中学肄业"。要是现在，我是没资格进出版社大门的。

1937 年 10 月底，外婆给我八块银元，让我出外逃难，我到汉口找到舅公，没想到三个月后他也病死了，吃饭又成了问题。

舅公做事的书局，二楼租给一家出版社办公，就是读书生活出版社，我每天都到这个出版社玩，跟那里的先生们混得很熟，尤其是几个青年人，像大哥哥一样待我。出版社经理黄洛峰先生看我手脚灵活，收下我当练习生，我有了一个饭碗，说不出的高兴。当时我不知道这个出版社是共产党领导的，只觉得这里非常自由，人人平等相待。我常常一面做事一面唱歌，唱得同事孙家林先生求我："小老子，你不要唱好不好！"你看，够淘气吧。我第一次领到八块钱薪水，真想交给外婆和妈妈！

在出版社，起先我做收发工作，每天收信寄信送货，给几千个订户寄杂志——党的公开刊物《群众》周刊。我的字不好，七歪八倒。黄先生订了个本子亲自教我练字、写信。解放后我才知道黄先生是1927年入党的老党员。我打算盘是跟新知书店的一位华应申先生学的，他也是老党员。就这样，边干边学，我在读书生活出版社工作了十一年，学习了十一年，算是有了点办事能力。出版社就是我的家，出版社就是我的学校。

1939年到1946年，我在重庆、桂林工作，出版社所有工作我都干过：打包、送信、杂务、邮购、批发、门市、会计、出版、编辑。有时我还设计封面，没有人叫我干，是个人爱好自己干的，我喜欢把书印得像样一些，打扮得漂亮一点。1966年"文化大革命"期间，我在人民出版社又学会打扫修理厕所、烧锅炉，也有用处，现在家里这两样活归我，挺顺手。

1938年春天，出版社同事赵子诚介绍我参加中国共产党，1939年秘密宣誓的时候，生活书店的华风夏监誓，后来他去延安参加党的第七次代表大会，回来路过成都被捕牺牲。他是一个好党员，我永不忘记他给我监誓，更不会忘记自己的誓词。

抗日战争胜利后，1946年我被调到上海工作。不久，全面内战爆发，出版社不能公开活动，转入地下，同事有的进入解放区，有的转移到香港。我和几个同志留在上海，除了出版社的工作，党还给了一些别的任务，为解放接收上海做准备。

1949年5月，上海解放，再也不用东躲西藏，我被调到军管会工作，穿上了军装。我高高兴兴到镇江看望外婆和妈妈，穿着这套军装同她们照了张相，她们一生只照了这张相，它一直挂在我的床头。8月，调到北京工作，一直到退休。

就这样，我做了五十年出版工作，虽然是平凡的工作，却是有意义的工作。我们有明确的目标：过去是为了推翻压在中国人民身上的三座大山，现在是为了振兴中华，也为了我们的子孙后代，能够生活在一个理想的幸福的社会。我热爱这份工作，看重这份工作。倘若问我：你的乐趣是什么？我说：是把一部稿子印成漂亮的书送到作者读者的手中，使他们感到满意。

我最大的毛病是性子急，脾气不好，常常得罪人。如果说我有什么长处，我想，做事勤快，为人坦直，可以算两条。我厌恶说假话（对敌人、坏人、不可靠的人，不能讲真话），厌恶势利眼。我唯一的爱好是看书看报，一天不看，难过得要命，这大概跟我干出版这一行有关。此外，我还喜欢唱歌，听音乐，是个"漫画迷"，还喜欢游泳，喜欢交朋友，跟年长的人在一起，我可以学到不少东西，跟年轻人在一起，我这个老年人也年轻了。

　　我的老伴是我年轻时的同事，没有媒人，没有花一分钱，自己结的婚，生了一男一女，如今又有了孙女外孙女，如果我还能再活几年，说不定做太爷爷。

1992年11月14日

出版工作之外的父亲

范　又

父亲去世后，我陆续读到他的朋友、同事怀念他的文章，从中得知许多以往不知晓的事情，感到自己对父亲的了解远不及他的朋友与同事。在我眼中他只是一位普普通通、脾气有些怪的父亲。

说实在话，从小到大，无论是哥哥还是我，与父亲交流并不多。我们小的时候，他整天都忙，顾不上和我们说什么，就连喝酒、吃饭的时候也常是边喝、边吃、边看书看报，不怎么理睬我们。等到退休，不那么忙了，他喜欢一个人看书、看电视、喝酒，吃饭也经常与家里人不同步，就像我女儿上小学时在一篇日记中写的，"我们吃饭的时候他睡觉，我们睡觉的时候他吃饭"，在一起说话的机会不多。或许他觉得我们对书、对他喜爱的出版工作知之太少，和我们没什么可说的。只有当同事、朋友来到家里，无论年老、年少，聊起和书有关的事，他才兴奋起来，话也特别多。

记忆中，父亲和母亲对我们的学业很少过问，顶多是学期末看一看成绩册，即便哪门功课成绩不大好，也未见很着急。完全不像我们这一代人和现在的年轻父母们，对子女的学习那么上心。可能他们认为学业方面的事自有学校和老师操心。

不过父亲对我们的成长并非不关心。记得上小学之前，每晚睡在床上，父亲都会给我讲一段《格林童话》或是《安徒生童话》中的故事。他还给我订了《小朋友》和《儿童画报》两份杂志。那时儿童读物品种很少，有条件订阅的人家也很少，这两份杂志成了我和小伙伴们共同的精神食粮。

20世纪60年代初，我上小学五年级的时候，一则有关毛泽东主席畅游长江的报道，激起一场全国上下学游泳的热潮。父亲在那个时候学会了游泳。接着他就兴致勃勃地教我游泳。那年暑假里，他先是让我在家把脸泡在脸盆的水里学憋气、吐气，然后又利用每天午休的时间，带我到北京工人体育场游泳池教我游泳。就这样，这个假期里我也学会了游泳，教练就是父亲。

对我们课余做些什么父亲也不大过问，但是对看不惯的行为他是要说的。1966年我初中毕业那年，发生"文革"，学校停课，没事可做，同学们有时在一起打扑克牌，我不会打，于是买了一副牌学着打，被父亲看到，立刻遭到他的批评。他说打扑克太浪费时间，有时间应当多看看书、练练字。那以后我就没再玩过扑克牌。

父亲也反感吸烟。1968年，我下乡去了东北的黑龙江农场。1969年，哥哥大学毕业被分配到当时的内蒙古赤峰市工作。同年，父母亲去了湖北咸宁"五七干校"。一家人在三处，靠书信保持联系。可能是为了省时间，父亲写给我和哥哥的信有时用复写纸一式两份。有一次父亲的信中有劝哥哥不要吸烟的内容。想必那时父亲发现哥哥学会了吸烟。哥哥听进了他的劝告，没有再吸。

那时父亲的来信中有时还夹带着先前我写给他和母亲的信，里面的错别字和病句都被他标出并做了修正。可能是出于做编辑工作的职业习惯，也可能是想通过这种方式在文字方面给我一些指点。

父亲爱书，爱到了吝啬的地步。家里书架、书柜上的书，都是他一手摆放的，哪本书在哪里他非常清楚。如果发现有人动过他的书，就会追问。我每次从书架上取书看都是小心翼翼，尽量让书籍摆放保持原样，但是他总是会发现，不知道他作了什么记号。

有的人向他借了书看过不还，时间一长记不清是谁借的，找不回来，他很心疼。于是他用纸订了一个借书本，记录哪本书被谁借走了，连家里人也不例外。从他那里借书看，过些天他就会催要。有时外人借书他忘了登记，事后想不起是谁借的，就会一遍遍追问是不是我们拿了。所以我宁愿到单位的图书馆借书看。

他倒不是反对我们看书，只是担心书被弄坏、弄脏。借阅他的书有很多规矩：不准把看到中途的书打开扣着放，不准卷握着书看，也不准折书页角。所以每次看他的书我都包上书皮，准备一个书签，一时找不到书签就用纸条代替。后来从图书馆借阅书，不论是新书旧书，我也是这样做。

除了爱书，父亲还有很多喜好，例如，看电影、听音乐、吹口哨、收集有趣可爱的小玩意儿、养金鱼、做爱吃的小菜、种花草、集火花（火柴盒上的贴画）。走在路上，他嘴里时常吹着歌曲。他曾收集了几大本火花，有时还与其他火花爱好者通信交换各自多余的品种。这几本火花集前些年送给了南京一位火花爱好者。

父亲喜爱孩子，特别是抱在手上的幼儿。见到小孩子他就很开心。哥哥和我长大以后，父亲经常把住在近旁的年轻同事的孩子抱到家里来玩。1981年我的女儿出生，产后最初两个月住在父母家，父亲时常抱着我女儿哄逗。那时还没有纸尿裤，有时被她尿湿了衣裤，父亲不但不着急，反而高兴地说，再往后就没机会闻到小孩子的尿味了。

父亲不喜欢体育活动，从不主动锻炼身体，叫他出去散步从来叫不动。不像母亲，每天一早就到室外散步、打太极拳。游泳是他唯一喜欢过的体育运动，1972年从咸宁干校回到北京后，晚上下班后他还经常去游泳。直到后来患了一次比较严重的中耳炎导致耳膜穿孔，医生告诫耳朵进水中耳炎易复发，那以后他不再游泳，也不参加其他任何体育活动。

但是他喜欢看足球比赛。退休后，每逢足球世界杯赛，他会守在电视前整夜地看。其实他并不懂足球比赛，只要看到进球就大声叫好，也不管进球的是哪一方。

父亲是独子，幼年被他的外婆和父母宠惯，婚后我母亲对他十分迁就，独生子女的某些毛病在他身上很明显。

父亲的很多朋友说父亲慷慨好客。他有时给报刊投稿，文章刊登后能得到点稿费，每次拿到稿费，他就请上几个老朋友或是小朋友，找家小馆子一起吃顿饭。退休后，他每到月初都要张罗三联书店的老朋友们聚一次，吃吃饭，聊聊天，每次都是他用自己的稿费付账。

母亲有位侄女，从江苏远嫁到广西，生活不宽裕，母亲生前每到过春节会寄些钱给她。2000 年母亲去世后，每年春节，父亲都替母亲继续寄钱去。

父亲的单位每年最后一个月都给职工发双份工资。父亲对家里雇用的保姆也实行这个政策，每到年末也给双份工资。有一年他到香港去访问，回来时给家里每个人都带了份礼物，其中也有买给保姆的毛线衣。

从这些事看，父亲是慷慨的。但是对家里人，他有时又小器得很，一些吃的、用的东西，喜欢独自享用，不让别人碰。

朋友送给他的巧克力糖、奶酪、点心，他都收得好好的，自己一个人慢慢吃，只是在偶尔高兴了的时候会拿点给孙女或外孙女吃，但是如果孙女们自己拿着吃，他就会说："我还要吃呢，你们留点给我。"不像多数老年人，孙子辈的要什么给什么。因此，哥哥的女儿和我的女儿饿了或是馋了，会向我母亲要吃的东西，从不问他要。

哥哥的女儿喜欢吃奶酪，母亲有一次拿了些别人送给父亲的奶酪给她吃，父亲发现了很不满。母亲说奶酪已经放了很久，再不吃会坏的，父亲说："坏了我自己会扔掉！"他有时就是这么不讲理。

朋友来了，他会忙着泡茶、煮咖啡招待。可是他的茶叶、咖啡家里人是不准随便动用的。就连招待客人的玻璃杯、茶具，他也不让家里人用，怕打破了。

女儿小时候，我先生给她买过一只漂亮的玩具雪球，她很喜欢，父亲看到了也喜欢，拿去放在书柜里，从此只能隔着书柜的玻璃窗看，不准拿出来玩。以后女儿一看到外公走过来，就赶紧把手里正玩着的小玩具藏起来，生怕被他收去。

父亲的酒就更不让人碰了。有段时间我们一家与父亲住在一起。我先生出差带回在飞机上没有喝完的红酒，父亲看到问也不问就收进酒柜，我们如果再拿来喝，他会说："你们为什么喝我的酒？"总之，他的东西我们不可随便动，家里别人的东西只要他看上了，也成了他的。

与父亲相处时间不长的人都说他是个和气、幽默的老头。但是家里人却感到他很不好说话，脾气大，急躁，任性，固执。

他要我们帮他做事时，不管我们正在忙什么，都得马上先办他的事，行动慢点，他就在那里不住地唉声叹气。

他中年时患上气管炎（真正的气管炎，而不是"妻管严"），逐渐发展为肺气肿。医生一再叮嘱要避免受凉感冒，因为感冒会导致肺气肿进一步加重。每到春秋季气温变化较大时，我们都提醒他注意添衣保暖，不要着凉。但是他偏偏很贪凉，该加衣服时就是不肯加，几乎每年春秋季都要大病一场。

最令我们伤脑筋的是，他生病了不肯去医院。等到病由轻拖到重，还要劝说一两个小时才肯去看病。住进医院不等痊愈又天天吵闹着要出院，连医生都拿他没有办法，只好在出院单上注明"病人自己坚持要求出院"。

家中的事一般是他说要怎么办就得怎么办，不容商量，如果不照他说的做，他就会发火。他认准的事，家里人很难说服他改变主意。

1994年，因为原来的住所拆迁，父亲搬入方庄一座楼内第十层的单元房。这套房子南北两面都有阳台，北京经常刮大风，阳台上满是灰沙，加之楼层高，晾晒的衣物也容易被风卷走，母亲和我们都主张给阳台加装玻璃窗，而父亲坚决反对，理由是《新民晚报》上有篇文章里说过，封了阳台会妨碍居室通风透气，他完全没考虑南北方在气候上的差异。无奈之下，母亲只好向他的老朋友求助，请他们帮忙说服父亲，当然不能让父亲知道。后来听了一位老朋友的"建议"，他终于同意给卧室外面的阳台加玻璃窗。往往就是这样，同样的事、同一个道理，家里人对他说他根本听不进，而从老朋友口里说出来，他会欣然接受。

我们有时当着母亲抱怨父亲脾气不好，母亲总是说："他这个人像个小孩子，别跟他计较。"在母亲眼里，不但我们永远是孩子，父亲也永远是孩子。

母亲对父亲极好，好到溺爱的程度。母亲比父亲年长三岁，生活上处处照顾他，什么事都依着他，迁就他。父亲喜欢吃的东西，母亲都舍不得吃，留给他，直到他吃得倒胃口。父亲喜欢每天喝点"二锅头"之类的白酒。上世纪六七十年代，副食品供应紧张，"二锅头"也难买，母亲虽然明知喝白酒没什么好处，还是到各处商店里去寻觅，有时也派我去找。

父亲要母亲帮忙做事时，不是走去对母亲讲，也不看母亲在哪个房间，在做什么，只管在自己的房里"仙宝（母亲的名字）！仙宝！"地大呼小叫个不停，直到母亲听到。而母亲从不怪他。相比之下，父亲对母亲的关心和为母亲做的事情少得多。这大概也是独生子女的通病，生活上习惯于别人的照顾，不善于照顾别人。2000年母亲突发脑溢血去世，在医院里母亲的病床前，父亲流着泪跪到地上拜别，嘴里不住地说："她对我太好了，她也是我的妈妈。"

母亲的去世对父亲打击很大。失去了母亲的悉心照顾，没有了可以说话、撒娇的老伴，他非常不适应。白天，我们上班的上班，上学的上学，他一个人十分寂寞，除了读书、看报，只有与电视为伴。一两年之后，他的心境略好了些，又振作精神编辑了几本书，写了一些散文。

近几年，父亲明显衰老。他本来兴趣广泛，整天忙忙碌碌闲不住，但是这两年变得对什么事都很冷漠，什么事也不想做，除了上卫生间，一天到晚都睡在床上，怎么劝都不肯下地走动，与以前判若两人。过去他虽然很少与家里人讲话，但是经常与老朋友电话聊天。近年由于听力越来越差，电话也不打了。

父亲走后的这些天，我回想起来才明白，他最后这一两年整日躺着不肯下床，饭也吃得很少，实在是受疾病困扰，没有力气，没有胃口，并不完全是任性。

1994年父母搬到方庄居住时，都已是七十多岁的老人，为了避免休息时互相干扰，他们各住一间卧室。母亲去世后，按照父亲的安排，母亲的骨灰瓶存放在她生前的卧室中，父亲也住进这间卧室，伴着母亲的骨灰度过了生命的后十年。

父亲留下遗嘱，遗体捐作医用。2010年9月17日送别父亲前，我们从他脑后剪下几小撮头发包了起来，因为遗体捐献后是拿不到骨灰的，我们把这些头发与母亲的骨灰放在一起，让他们永远相伴。

范用编辑出版大事年表

1923年

7月18日生于江苏镇江。祖籍浙江宁波镇海。

1929年 6岁

上私塾，读《百家姓》《三字经》《论语》。老师给他起名字"范鹤镛"。

1931年 8岁

进浙江同乡会小学读书。

1936年 13岁

父亲病死，家境败落。转校到穆源小学读五年级，得识沙名鹿老师和陈白尘先生。同年，以"帆涌""范多""汎容"为笔名在沙老师主编的《江苏日报》副刊《每周文艺》发表散文和小说。参加"镇

江儿童剧社"并排戏公演。

1937年 14岁

6月，毕业于穆源小学。在校期间编过一本手抄刊物《大家看》，还办了个漫画刊物《我们的漫画》。

7月，考入镇江中学，10月下旬为避日寇，只身一人逃难到汉口投靠开书局的舅公。书局二楼由读书生活出版社租用。

1938年 15岁

年初，舅公病死，舅婆回老家，将范用托给读书生活出版社的黄洛峰总经理，由此成为出版社的练习生，开始了一生的出版生涯。同年秋，随出版社撤退到重庆。范用的任务是打包、跑邮局、送信、收发、登记来信。

1939年 16岁

在重庆加入中国共产党。

1941年—1944年

18岁—21岁

在桂林，任新光书店（读书出版社的二级书店）经理。1942年与同事丁仙宝成婚。

1944年—1946年

21岁—23岁

在重庆，任读书出版社分社经理。

1946年—1949年5月

23岁—26岁

在上海读书出版社、三联书店任主任，其间以"骆驼书店"名义出版《巴黎圣母院》等外国古典文学作品。

1949年 26岁

5月—8月，在上海军管会新闻出版处任联络员。

8月—10月，在北京中宣部出版委员会任杂志科科长。

10月，在出版总署出版局任杂志科科长。

1950年 27岁

4月—12月，在新华书店总管理处出版部出版处任副主任。

1951年 28岁

在人民出版社，任期刊编辑部主任。

1952年—1959年

29岁—36岁

在人民出版社任秘书室主任，办公室副主任、主任，历史编辑室副主任、主任，编辑《蒋介石言论集》以及"灰皮书"。

1960年 37岁

在人民出版社任副总编辑。

1962年 39岁

人民出版社建立领导小组，范用为六人小组成员之一。

1963年 40岁

中宣部设立"外国政治学术书籍编译工作办公室"，任命范用兼任该办公室主任。是年策划出版《为书籍的一生》。

1969年 46岁

被下放到咸宁干校。期间与陈翰伯商量将来办一份《读书》杂志的构想。

1972年 49岁

从干校返京。

1978年 55岁

在人民出版社任副社长、副总编辑、党委副书记。主持出版沈钧儒的《寥寥集》。

1979年 56岁

兼任三联书店总经理。1月，创办《新华文摘》杂志；4月，参与创办《读书》杂志。是年主持出版埃德加·斯诺的《西行漫记》和斯诺夫人的《"我热爱中国"》。

1980年 57岁

策划出版《夏衍杂文随笔集》，开辟了"杂文系列"；策划出版《晦庵书话》（唐弢），开辟了"书话书"系列。此后这两个系列十几年间各出版十余种。重印老版经典《经典常谈》（朱自清）、《语文常谈》（吕叔湘）。

1981年 58岁

策划出版《绿色的五月》（绿川英子）、《大地的女儿》（史沫特莱）等外国友人的著作，开辟一个品种；策划出版《干校六记》，开辟"历史的证言"一类图书，此后这类书出版十几种；经努力出版《傅雷家书》，成为"新经典"。

1982年 59岁

主持出版《励耘书屋问学记》，开辟"学记"系列；主持出版《闻一多全集》。

1983年 60岁

主持出版《中国青铜时代》（张光直），策划出版《傅雷家书》延伸产品《傅译传记五种》，策划出版《文章例话》（叶圣陶）、《文章修养》（唐弢）、《红楼梦人物论》（王昆仑）等一批雅俗共赏的老书。

1984年 61岁

策划出版《天下真小》（董鼎山）、《英美文学散论》（朱虹），是为"读书文丛"系列最初的两种。"读书文丛"是将作者在《读书》杂志上发表的文章、专栏汇集做成书，使之二次传播。这套丛书延续几十年。策划出版《编辑忆旧》（赵家璧），这本书是范用"催生"的。策划出版《人与诗：忆旧说新》（卞之琳），是为"今诗话丛书"第一种，这套丛书后来出版了十多种。主持出版《三松堂自序》（冯友兰）。

1985年　62岁

1月，文化部出版事业管理局成立恢复三联独立建制的筹备小组，任命陈原为组长，刘杲、吉少甫、范用为副组长；5月，出版局决定"三联书店的具体筹备工作由范用、许觉民同志领导"。

是年策划出版《我当小演员的时候》（新凤霞）、《理论风云》（李洪林）、《乡土中国》（费孝通）、《水泊梁山英雄谱》（张光宇）、《世界美术名作二十讲》（傅雷）、《永玉三记》（黄永玉）、《珠还记幸》（黄裳）。策划出版《懒寻旧梦录》（夏衍），属于文人回忆录的一种；策划出版《起源——达尔文传》，这是外国传记丛书的一种，以后又出版了多种；主持出版《泰晤士世界历史地图集》。

1986年　63岁

三联书店正式从人民出版社分出，恢复为独立的出版社，沈昌文被任命为总经理，董秀玉为副总经理。范用退居"二线"，任三联书店编辑委员会主任。是年策划出版《中国学术思想史随笔》（曹聚仁）、《为人道主义辩护》（王若水）、《香港，香港……》（柳苏）；主持出版《所思》（张申府）、《走自己的路》（李泽厚）。

1987年　64岁

策划出版《随想录》（巴金）、"外国漫画家丛刊"（十一种，方成编）。

1988年　65岁

策划出版《读书随笔》（叶灵凤著，三卷本，罗孚编）；推荐出版《诸神复活——雷翁那图·达·芬奇传》（绮纹译。绮纹即郑超麟）。

1990年　67岁

策划出版《论书绝句》（启功）。

1992年 69岁

策划出版《北京乎——现代作家笔下的北京 1919—1949》（姜德明编）。

1993年 70岁

给三联书店写信，推荐《王世襄文集》，即后来的《锦灰堆》（三卷）。

1995年 72岁

策划出版《牛棚日记》（陈白尘），出版《我爱穆源》（范用著）。

1996年 73岁

帮助《文汇报特刊》副刊《星星岛》开办《逝去的童年》专栏，约请一大批好朋友写稿。

1997年 74岁

策划出版《对人世的告别》（陈白尘）。

1998年 75岁

编辑出版《生活·读书·新知留真集影》（三联书店老同志照片集）。

2000年 77岁

老伴丁仙宝去世。

2001年 78岁

编辑出版《战斗在白区——读书出版社 1934—1948》（范用编）。

2003年 80岁

出版《泥土 脚印》（范用著）。

2004年 81岁

编辑出版《郑超麟回忆录》（范用编），策划出版《爱看书的广告》（范用编）。

2005年 82岁

出版《泥土 脚印·续编》（范用著）。

2006年 83岁

出版《我很丑也不温柔——漫画范用》（范用编）。

2007年 84岁

出版《叶雨书衣自选集》（范用作）、《凭画识人 ——人物漫画集》（范用编）。

2008年 85岁

三联书店举办"范用先生与三联书店七十年"展览，印行《时光——范用先生与三联书店七十年》。

2010年 87岁

9月14日因病在协和医院去世。9月18日，人民出版社、三联书店、中国出版集团召开"范用先生追思会"。

2011年

1月，《书痴范用》由生活·读书·新知三联书店出版（吴禾编）；9月，《书魂永在——范用纪念文集》由人民出版社出版（本书编委会编）。

2015年

范用生前编辑的《存牍辑览》由三联书店出版。

2020年

纪念范用逝世十周年，新编三联精选《书香处处》（范用著）出版。《范用存牍》（四卷本）由三联书店和中国近现代新闻出版博物馆出版。中国近现代新闻出版博物馆举办"为书籍的一生——范用逝世十周年纪念展"（上海）。

参考文献

《我爱穆源》
　　范用著，三联书店，1995

《泥土　脚印》
　　范用著，凤凰出版社，2003

《泥土　脚印·续编》
　　范用著，三联书店，2005

《叶雨书衣》
　　范用作，三联书店，2007

《存牍辑览》
　　范用编，三联书店，2015

《范用存牍》
　　汪家明编，三联书店，2020

《郑超麟回忆录》
　　范用编，东方出版社，2004

《爱看书的广告》
　　范用编，三联书店，2004

《文人饮食谭》
　　范用编，三联书店，2004

《买书琐记》
　　范用编，三联书店，2005

《战斗在白区
　　——读书出版社 1934—1948》
　　范用编，三联书店，2001

《莎士比亚画册》
　　范用、葛一虹编，
　　山东画报出版社，2002

《我很丑也不温柔——漫画范用》
　　范用编，三联书店，2006

《凭画识人——人物漫画集》
　　范用编，三联书店，2007

《书痴范用》
　　吴禾编，人民出版社、
　　三联书店，2011

《书魂永在
　　——范用纪念文集》
　　本书编委会编，三联书店、
　　人民出版社，2011

《生活·读书·新知三联书店
　　文献史料集》
　　三联书店史料集编委会编，2004

《生活·读书·新知留真集影》
　　三联书店北京联谊会编，
　　三联书店，1998

《时光
　　——范用与三联书店七十年》
　　三联书店编

《人民出版社往事真情》
　　人民出版社，2011

《人民出版社大事记（1921—2011）》
　　人民出版社，2011

人民出版社、三联书店部分书稿
　　档案

《如烟往事文存》
　　张惠卿著，上海人民出版社，2012

《西行漫记》
　　埃德加·斯诺著，三联书店，1979

《名人小时候》
　　顾军编，中国福利会出版社，2004

《古诗词新唱》
　　叶至善编配，开明出版社，1998

《爱书的前辈们
　　——老三联后人回忆录》
　　仲江、吉晓蓉主编，
　　三联书店，2015

《书韵流长
　　——老三联后人忆前辈》
　　吉晓蓉主编，上海三联书店，2015

《不沉的海
　　——忆老三联与老三联人》
　　吉晓蓉主编，2019

文末小记

写完这本书，我松了一口气。范先生的出版生涯长达七十年，七十年一直与三联书店休戚与共，写他，脱不开三联书店的历史，尤其在他五十五岁以后，成为改革开放以来中国影响力最为深远的出版家，写他，牵涉到几十年来中国出版变迁——往大里说，写范用就是写三联书店出版史，就不会不涉及中国当代出版史——我当然没有这样的储备，没有这样的能力。反复斟酌之下，我决定以书为线索来展现范先生一生的出版风貌。

做出版，说到底是和书刊打交道，包括最初的读书、买书，到后来的编书、设计书、出书，再到藏书、写书、推广书。围绕着书来写，最适合范用。有人说范用是纯粹的爱书人，也有人说，爱书人有很多，但能称得上"书痴"的，却是凤毛麟角。范用正是一位典型的"书痴"，连给朋友画像，都把他们归类于什么书；而朋友给他画像，称他为"绝版书"。

当然写这部书我还是有一点底气的。一是我和范先生是忘年交，十几年的交情，从他那里学了很多东西，对他有较多的了解；二是范先生写了一些回忆往事的文章，许多友人也写了缅怀范先生的文章，都是当事人最可信的实录，实可参考；三是我编辑了范先生收藏的一千八百多封作者和朋友给他的书信（已出版四卷本《范用存牍》），这些书信都与书有关，有很多难见的资料；四是我查阅了人民出版社和三联书店所存与范先生有关的书稿档案，其中有很多详细具体的史料，如选题报告、审稿意见、发稿说明等。对作者和友人来信，对档案资料的使用都是相当慎重的，以显现范先生行状和见地为限——这是不能不说明的。

感谢范用先生生前的同事、朋友以及三联书店、人民出版社等的热心帮助，感谢一直鼓励和督促我写这本书的朋友们。

2023 年 7 月 18 日是范用先生诞辰一百周年，谨以此书纪念他。